스캔들
세계사
1

스캔들 세계사 1

'베르사유의 장미'에서 '피의 백작부인'까지
우아하고 잔혹한 유럽 역사 이야기

이주은 지음

피피에

머리말

역사란 결국, 사람 사는 이야기 아닐까요

『정글북』으로 유명한 영국 작가 조지프 러디어드 키플링은 "역사를 이야기 형식으로 가르친다면 결코 잊히지 않을 것이다."라고 말했습니다. 세상에 역사만큼 풍성한 이야깃거리가 또 있을까요. 시공을 초월하여 오늘날까지 전해오는 아름다운 사랑 이야기부터 세상을 공포 속으로 몰아넣은 희대의 연쇄살인마에 이르기까지, 역사는 흥미진진한 사건과 사람들 이야기로 가득 찬 보물 창고입니다.

처음으로 역사 이야기를 인터넷에 올리기 시작하던 때가 기억납니다. 따사로운 봄날, 기차 안에서 저무는 석양을 바라보다가 문득 '말짱 도루묵' 이야기를 쓰면 사람들이 재미있어 하지 않을까 싶은 생각이 들었습니다. 다음 순간 곧바로 핸드폰으로 적어 내려간 짧고 농담 섞인 그 글을 본 사람들은 즐거워했고 다른 이야기는 없냐고 물었습니다. 그 뒤로 하루에 한 편씩, 때로는 1주일에 한 편씩, 그렇게 1년을 꼬박꼬박 써내려간 이야기는 모이고 모여 블로그가 되었습니다. 좋은 분들을 많이 만나고 점차 입소문이 나는가 싶더니 어느샌가 제 블로그는 하루 최대 27만 명이 찾는 공간이 되어 있었습니다.

블로그를 찾아주시는 분들께서 책으로 한번 내보라 말씀하실 때마다 "제 주제에 책이라뇨." 하고 멋쩍게 웃었던 것이 불과 얼마 전인데,

이렇게 제 이름이 박힌 책이 세상에 나오다니 한편으로 놀랍고 행복하기도 하고, 다른 한편으로 쑥스럽기도 합니다. 역사를 전공하지도, 세상을 많이 살아보지도 않은 사람이 너무 주제넘은 글을 쓴 건 아닌가 두려운 생각도 듭니다.

역사 교과서에는 수많은 왕조가 세워졌다 무너지고 종교가 뒤바뀌고 신대륙에 도착하는 등 굵직한 사건들이 가득합니다. 하지만 전쟁과 협정, 동맹과 침략 등 거대한 사건들 속에서 개개인은 배경에 불과하기 일쑤입니다. 사건을 일으키고 해결한 주인공들이 모두 당대를 살아간 '사람'들임에도 불구하고 사건들에 대해 다루느라 사람들이 오히려 평면적으로 표현되곤 하는 것입니다. 하지만 저는 거창한 사건보다는 사람들의 소소한 이야기가 더 궁금했습니다. 역사의 한 획을 긋는 중요하고 거대한 사건들을 일으키거나 자신도 모르게 휩쓸려간 사람들의 사연이 더욱 흥미롭고 안타깝고 정겨웠습니다.

드라마보다 더 드라마 같은 삶을 살았던 이들의 삶은 때로 뛰어난 예술 작품으로 탈바꿈하기도 합니다. 셰익스피어의 역사극 『리처드 3세』나 베르디의 오페라 「돈 카를로」 등은 각각 '영국판 세조'라 부를 만한 리처드 3세와 '궁정의 사이코패스'라 불러도 될 만한 스페인의 돈 카를로스 왕자를 소재로 하여 탄생한 걸작들이죠. '20세기의 3대 전기 작가'로 불리는 오스트리아 작가 슈테판 츠바이크는 루이 16세의 왕비 마리 앙투아네트의 삶을 추적하여 『베르사유의 장미 마리 앙투아네트』라는 걸작 평전을 쓰기도 합니다.

저 역시 이들의 이야기를 제 나름의 시선에서 담아보려 노력하였습니다. 우리 중에는 이 책에 등장하는 중세 유럽의 왕족이나 귀족 등의 삶을 부러워하고 동경하는 사람도 있을 것이고 한심하게 여기거나 경멸하는 사람도 있을 것입니다. 하지만 중요한 것은 그들도 우리와 똑같은 감정을 가진 사람들이었다는 점입니다. 그래서 저는 거대한 역사 이야기보다는 역사에 휘말려든 사람들의 사적이고 소소한 이야기를 하고자 합니다.

이 책에서는 주로 중세와 근세 유럽을 배경으로 벌어지는 이야기를 다룹니다. 비교적 구분이 명확한 고대와 근대에 비해 유럽의 중세를 언제부터 언제까지로 볼 것인지는 학자들마다 의견이 분분한데요, 일반적으로 5세기에서 15세기까지를 중세로 구분하고 이에 따라 '천 년의 중세'라고 하기도 합니다. 또한 국가에 따라 다르지만 대개 15세기 말, 16세기부터 18세기까지를 근세로 봅니다. 1천 년이 넘는 긴 시간, 이런 사람들의 이야기를 통해 악인에게 분노하고 어른들 싸움에 희생된 무고한 어린 아이의 죽음을 슬퍼하고 파란만장한 삶을 살고 간 사람들에게 감탄하며 1천 년

이상 시공을 뛰어넘어 옛날 사람들도 21세기의 우리와 똑같은 사람임을 느껴보고 싶습니다.

  이 책에는 많은 분들의 사랑이 녹아 있습니다. 제 글을 처음으로 읽어주시고 격려와 채찍질을 해주신 '눈송눈송 역사 탐방' 이웃 분들, 부족한 글이 책으로 나올 수 있도록 좋은 기회를 주시고 여러모로 애써주신 파피에 출판사 사장님과 처음 해보는 원고 작업을 내내 함께해주신 편집장님께 감사 인사를 드립니다. 그리고 언제나 저를 믿고 자랑스러워하시는 부모님과 사랑하는 동생 석영이에게 이 책을 바칩니다.

  저는 언제나 선선한 여름밤에 모닥불을 피워놓고 옹기종기 둘러앉은 친구들에게 이야기를 들려주는 상상을 하며 글을 쓰곤 합니다. 제가 재미난 이야기보따리를 풀어놓을 테니 여기 함께 앉아서 옛날 유럽 사람들의 우아하고 잔혹한 삶과 사랑 이야기를 들어보세요.

이주은

차례

머리말 · 4

1. 중세 최악의 프로포즈 · 12
　_ 정복왕 윌리엄 1세와 마틸다 왕비의 기묘한 인연

2. 술에 취한 배가 역사를 바꾸었다 · 19
　_ '중세의 타이타닉' 〈화이트십〉 침몰 사건

　　작은 유럽사1 ─ 피츠로이, 왕의 서자 · 26

3. 타조에게 못을 먹인 왕의 동물원 · 28
　_ 우리가 몰랐던 런던탑 이야기

4. 죽음도 그들을 갈라놓지 못하리 · 36
　_ 포르투갈 왕국 페드루 1세와 이네스 데 카스트루의 불멸의 사랑

5. 런던탑 실종 사건 · 46
　_ 12살 소년왕 에드워드 5세의 슬픈 최후

6. '피의 백작부인'은 억울하다? · 64
　_ 바토리 에르제베트를 둘러싼 진실과 거짓말

7. 중세 유럽에 여자로 태어났다면? · 75
    _ 계층별로 살펴본 중세 여성의 삶

8. 중세 유럽에 남자로 태어났다면? · 93
    _ 계층별로 살펴본 중세 남성의 삶

9. 아내를 살해하는 남자 · 105
    _ 헨리 8세와 그의 여섯 왕비

10. 눈처럼 하얀 피부, 피처럼 붉은 입술 · 131
    _ '처녀왕' 엘리자베스 1세의 비밀 화장법

11. 어느 위대한 작가를 둘러싼 진실게임 · 141
    _ 윌리엄 셰익스피어의 정체 논란

12. 첫날밤, 권리는 없었다 · 159
    _ 중세 영주들의 초야권(프리마 녹테)에 관한 오해

13. 태양왕의 은밀한 고통 · 164
    _ 프랑스 절대왕정의 완성자 루이 14세의 건강 이야기

14. 베르사유의 장미 · 172
_ 마리아 안토니아 공주 또는 마리 앙투아네트 왕비 다시 보기

작은 유럽사2 — 왕의 만찬 · 198

15. 결혼은 사랑의 무덤이다 · 200
_ 바람둥이의 대명사 또는 만인의 연인, 카사노바의 삶과 사랑

16. 감자를 먹는 사람들 · 213
_ '가난한 이들의 성자'라 불리는 구황 음식 감자의 유럽 전래사

17. 거울아, 거울아, 누가 가장 예쁘니? · 224
_ 동화 「백설 공주」의 모델이 된 비운의 공주들

18. 사랑은 영혼을 잠식한다 · 237
_ 카스티야 왕국 후아나 여왕의 상처투성이 사랑 이야기

19. 키다리 병정을 사랑한 남자 · 246
_ 프로이센 왕국 프리드리히 빌헬름 1세와 '포츠담의 거인들'

20. 아름다움이 아니면 죽음을 달라! · 253
　_ 패션에 대한 집착과 욕망의 초상

작은 유럽사3 — 왕의 광대, 그 위험한 줄 타기 · 274

21. 시녀는 아무나 하나요 · 276
　_ 유럽 궁정의 '시녀'와 '마구간 관리인' 이야기

22. 꿈을 먹고 사는 왕자님 · 287
　_ 바이에른 왕국 루트비히 2세의 동화적인 기행

각주 · 298

참고문헌 · 299

1. 중세 최악의 프로포즈
- 정복왕 윌리엄 1세와 마틸다 왕비의 기묘한 인연

중세 시대 한 남자의, 오늘날의 시선으로 봐도 참 엉뚱해 보일 수 있는 프로포즈 이야기입니다. 명색이 프로포즈인데 그리 로맨틱하지는 않습니다. 이야기는 주인공의 아버지로부터 시작됩니다. 1000년 즈음 태어나 1035년에 사망한 프랑스의 노르망디 공작이자 '악마공'이라 불렸던 로베르 1세는 프랑스의 팔레즈 지방에 갔다가 우물가에서 빨래를 하는 어여쁜 아가씨를 발견하고 한눈에 반합니다.

무두장이의 딸인 아를레트와 노르망디 공작인 로베르의 신분은 그야말로 하늘과 땅 차이였지만 눈에 콩깍지가 씐 로베르는 아를레트와 뜨거운 사랑을 나누었고, 아들 윌리엄(1028~1087)과 딸 아델레이드를 낳았습니다.

일부일처제를 따르며 정실 부인에게서 태어난 후계자만을 인정했던 당시 서유럽 사회에서 로베르는 결혼하지 않고 아를레트하고만 사랑을 나누었고, 그 결과 로베르 1세에게 자식이라곤 서자만 달랑 둘이 있게 되었습니다. 다행히 로베르 1세가 예루살렘으로 순례를 떠나면서 윌리엄을 후계자로 지명한 덕분에 서자인 윌리엄은 노르망디 공작의 작위를 물려받게 됩니다.

평민인 어머니를 두고 서자로 태어났기 때문에 출신에 대한 콤플렉스가 강했던 윌리엄은 귀족 가문의 아가씨와 결혼을 하고자 했습니다. 그래서 선택한 사람이 마틸다(또는 마우드, 1031~1083)였습니다. 윌리엄이 눈독들인 이 아가씨의 가문은 얼마나 대단했을까요? 아버지는 플랑드르 백작이었고 어머니는 프랑스 공주인 마틸다는 앵글로 족과 색슨 족을 통일시켜 영국의 토대를 만든 앨프리드 대왕(848~901)의 직계 자손이면서 프랑스의 '경건왕' 로베르 2세의 손녀이자 앙리 1세의 조카이기도 했습니다. 늘어놓은 혈통만 해도 얼마나 대단한 집안이었는지 알 만하지요.

이처럼 엄청난 집안의 고귀한 아가씨였던 마틸다에게 비록 노르망디 공작이라는 작위는 있었지만 서자에 불과한 윌리엄이 프로포즈를 할 수 있었던 경위에 대해서는 워낙 오래된 일이라 정확한 기록은 없고 이런저런 설만 무성합니다. 윌리엄이 다짜고짜 결혼하자는 청을 보내왔다는 설도 있고 사랑에 빠진 윌리엄이 몇 년 동안 마틸다의 곁을 맴돌면서 청혼을 했다는 설도 있습니다. 과거에 플랑드르에서 벌어진 내전에 윌리엄의 아버지인 로베르 1세가 군사를 보내주기로 약속하는 등 여러 면에서 관여했기 때문에 윌리엄과 마틸다가 서로 알고 지냈을 가능성도 있어 보입니다.

둘의 만남이 어떤 방식으로 시작되었든 윌리엄은 청혼을 했지만 프랑스 왕의 손녀딸에게 별 볼일 없는 서자인 윌리엄의 청혼은 굴욕적일 정도였고 당연히 마틸다는 코웃음을 치며 거절했습니다.

"나는 고귀한 태생이므로 사생아 따위와 결혼하는 것은 생각조차 할 수 없는 일이랍니다."라는 마틸다의 거만한 대답에 화가 머리끝까지 치밀어 오른 윌리엄은 냅다 말에 뛰어올라 프랑스의 노르망디에서 벨기에의 브루게까지 한달음에 달려갑니다. 이 거리는 약 460킬로

터프한 남자, 정복왕 윌리엄 1세.

미터. 오늘날 아무리 잘 닦인 도로를 타고 간다 해도 4시간이 넘게 걸리는 먼 거리이니 윌리엄의 상처받은 자존심이 느껴지는 대목이지요.

분노로 가득 찬 윌리엄이 브루게에 도착하여 마틸다를 발견했을 때 마틸다가 있던 장소에 대해서도 여러 설이 있습니다. 교회에 가고 있던 중이었다는 설도 있고 마틸다의 집 안이었다는 설도 있지요. 장소야 어찌되었건 주변 사람들이 말릴 새도 없이 윌리엄은 새침하게 서 있는 마틸다에게 터프하게, 그야말로 터프하게 청혼을 합니다.

어떻게 했을까요?

곱게 땋아 내린 마틸다의 긴 머리채를 커다란 손으로 낚아채더니 질질 끌고 가서 진흙탕에 집어던집니다. 그리고는 키가 약 150센티미터 정도였다고 알려져 있는 마틸다를 발로 마구 걷어차며 인정사정없이

폭행합니다(마틸다 1세는 그동안 키가 약 127센티미터였다고 알려져 영국 왕비 가운데 가장 키가 작았다고 『기네스북』에 실릴 정도였지만 최근 유골 감식 결과 키가 약 150센티미터 정도였음이 밝혀졌죠). 그리고는 땅바닥에 쓰러진 마틸다를 두고 그대로 떠나려 합니다. 윌리엄의 기가 막힌 무례함과 폭력에 마틸다의 집에서는

마틸다 1세의 상상화.

당연히 난리가 납니다. "어디서 근본도 없는 사생아 따위가 감히 우리 집에 쳐들어와서 귀한 딸내미를 폭행하고 가느냐!!" 하며 격노한 마틸다의 아버지 플랑드르 백작이 폭행 당사자인 노르망디 공작 윌리엄에게 칼을 빼들고 결투를 신청하기 일보 직전, 그야말로 일촉즉발의 상황이었습니다.

그런데 바로 그 순간 아무도 예상치 못했던 일이 일어납니다. 시녀들의 부축을 받아 겨우 정신을 추스른 마틸다가 결투를 벌이려는 아버지에게 "전 윌리엄 아니면 어떤 남자와도 결혼하지 않겠어요!"라고 소리친 것이었죠. 마틸다의 부모님은 아연실색하여 무슨 말도 안 되는 소리냐며 정신 차리라고 했지만 마틸다는 완강했습니다. 딸의 고집에 아버지는 어쩔 수 없이 허락했지만 대단한 혈통을 가진 마틸다와 노르망디 공작인 윌리엄, 이렇게 막강한 두 가문의 결합을 경계했던 정적들은 교황 레오 9세에게 혈족 결혼이라는 점을 부각시키며 반대를 종용했고, 교황도 여기에 동조하여 윌리엄과 마틸다의 결혼을 반대합니다. 끝까지 물러서지 않았던 두 사람은 거의 10년이 흐른 뒤에야 교회를 2개 지

「태피스트리를 만들고 있는 플랑드르의 마틸다」. 조셉 마틴 크론하임이 1868년에 그린 마틸다 상상화.

어주겠노라고 약속하고는 겨우겨우 결혼을 허락받게 됩니다.

 굉장히 당찬 여성이었던 마틸다는 노르망디 공작부인이 된 후 윌리엄을 옆에서 보좌합니다. 윌리엄이 전쟁에 나갈 때 자신의 돈으로 배를 사서 주기도 하고 윌리엄이 없을 때는 남편 대신 노르망디를 직접 다스리기도 하죠. 그런 부인이 있었기 때문에 윌리엄은 역사에 영원히 이름을 남길 수 있었습니다. 윌리엄은 훗날 영국을 정복하여 '정복왕 윌리엄'이라는 별칭을 얻었으며, 1066년에는 마침내 영국 왕 윌리엄 1세(재위 1066~1087)가 되었습니다(노르망디 공작으로서는 윌리엄 2세). 그리고 마틸다는 영국 왕비가 되지요.

프랑스 출신인 윌리엄이 영국 왕이 됨에 따라 영국은 많은 변화를 겪게 됩니다. 윌리엄은 노르망디와 브르타뉴, 플랑드르 등에서 자신을 도와준 이들에게 영국의 광대한 영토를 나누어 주었습니다. 이리하여 봉건제가 시작되었고 이와 더불어 그동안 평등한 삶을 누렸던 앵글로 색슨 여성들은 남성의 보호 아래로 들어가게 되어 여성의 인권이 악화되었습니다.

오늘날까지도 전해오는 눈여겨볼 만한 사실은 언어의 변화입니다. 외지인들이 영국을 다스리게 되면서 영국 사회가 사용하는 언어는 둘로 나뉘는데 왕족과 귀족 등의 상위 계층에서는 프랑스어를, 평민과 농노들은 영어를 사용하게 되었습니다. 그와 함께 프랑스어는 영어보다 고급스러운 언어라는 인식이 팽배해졌고 이는 지금까지도 영단어에 남아 있습니다.

몇 가지 예를 들면, 지저분하고 냄새나는 생물 상태의 돼지는 영어식 단어인 피그(pig)지만 그 돼지가 도축되어 깔끔하고 맛있는 요리가 되면 프랑스어에서 파생된 단어인 포크(pork)가 됩니다(프랑스어로 돼지는 포porc입니다). 평범한 음식은 푸드(food)지만 멋들어진 식사는 퀴진(cuisine)이 되는 것도 마찬가지죠. 애스크(ask)와 인콰이어(enquire)는 둘 다 '묻다, 문의하다'라는 뜻이지만 프랑스어 앙케리르(enquérir)에서 유래된 인콰이어(enquire)가 훨씬 격식을 차린 느낌이며 공문서에 사용됩니다. 풋 업 위드(put up with)나 톨러런스(tolerance)는 '참다, 관용'이라는 같은 뜻이지만 딱 보기에도 프랑스어의 톨레랑스(tolérance)와 닮은 톨러런스(tolerance)가 훨씬 고급스러워 보이고 실제로도 고급 영어로 쓰인답니다. 이처럼 영어에는 프랑스어가 많이 녹아들어 있고 대개의 경우 프랑스식 단어는 고급으로 대우받습니다.

　폭행으로 시작된 만남이니 두 사람의 사이가 그리 좋지 않았을 것 같지만 의외로 마틸다와 윌리엄은 10여 명의 아이를 낳고 오순도순 잘 살았다고 합니다. 그리고 그 아이들 가운데 셋째 아들과 막내 아들은 윌리엄 2세와 헨리 1세로 각각 왕위에 올라 영국을 다스렸습니다. 장남인 로베르는 영국 왕위가 아닌 노르망디 공작 작위를 물려받았지요.

　마틸다와 윌리엄, 두 사람은 굉장히 잉꼬 부부였다고 하며 마틸다가 먼저 세상을 떠나자 윌리엄은 절망에 빠진 나머지 죽을 때까지 폭군이 되어버리기도 합니다. 역사에 이름을 남긴 다양한 연인들 가운데서도 상식을 깨는 독특한 커플이 아닐 수 없습니다.

2. 술에 취한 배가 역사를 바꾸었다
― '중세의 타이타닉' 〈화이트십〉 침몰 사건

　전 세계적인 인기를 끌었던 영화 「타이타닉」(1998)은 1912년 4월 15일, 결코 침몰하지 않을 배라는 칭송을 받으며 첫 항해에 나섰던 호화여객선 〈타이타닉〉 호가 빙하에 부딪혀 속절없이 가라앉는 이야기를 소재로 삼고 있습니다. 20세기의 〈타이타닉〉 호처럼 중세 때도 바닷속으로 가라앉아 역사를 뒤바꿔버린 비극적인 한 척의 배가 있었으니, 그것은 바로 〈화이트십〉 호입니다.

　마틸다와 윌리엄의 자식들 가운데 영국 왕이 된 아들이 둘 있었던 것 기억하시죠? 아버지 윌리엄의 뒤를 이어 왕위에 올랐던 셋째 아들 윌리엄 2세가 1100년에 사망하자 형의 뒤를 이어 막내 아들 헨리가 헨리 1세(재위 1100~1135)로 영국 왕위에 오릅니다. 헨리 1세는 이번 이야기 주인공의 아버지입니다.

　헨리 1세는 1120년 어느 날 아버지 윌리엄 1세의 고향인 노르망디에

갔다가 돌아오는 길에 타고 갈 배를 한 척 선물받습니다. 왕들이 받는 선물이란 참 대단하죠? 하긴 요즘도 중동의 갑부나 러시아의 벼락부자들은 스포츠카나 수영장 딸린 별장 등을 자식이나 애인에게 척척 선물하곤 하니 시대가 바뀌어도 사람들의 행태는 그리 다를 바 없어 보입니다.

〈화이트십〉의 침몰을 묘사한 일러스트.

헨리 1세는 영국으로 돌아갈 준비를 마친 다음, 후계자인 윌리엄 왕자(William Adelin)와 서녀인 마틸다 피츠로이를 비롯한 자식들과 귀족들을 먼저 배에 태워 떠나보냅니다.

그 배는 '하얀 배'라는 뜻의 〈화이트십(라 블랑쉬 네프la Blanche-Nef)〉 호였습니다. 당시 최고의 성능과 위용을 자랑하던 위풍당당한 배인 〈화이트십〉은 어떤 위험 앞에서도 끄떡없어 보였습니다. 늠름한 왕자님과 아리따운 아가씨, 위엄 있는 귀족 나리들을 이처럼 위풍당당한 배에 모시게 된 선원들은 마음이 들떠서 헨리 1세의 후계자였던 윌리엄 왕자에게 술을 달라고 졸라대기 시작했습니다.

17살밖에 안 된 어린 왕자님은 우쭐하여 선원들에게 술을 하사했고 다 함께 엄청난 양의 술을 퍼마시기 시작합니다. 얼마나 많이들 마셔댔는지 몇 사람은 너무 취한 나머지 항해 자체를 포기하고 배에서 내리기까지 했습니다. 그때 배에서 내린 사람들 중에는 윌리엄 왕자의 사촌인 스티븐도 있었습니다. 이 운 좋은 스티븐을 잊지 말고 기억해주세요. 나중에 다시 등장하니까요.

부어라 마셔라, 주거니 받거니, 흥청망청 퍼마시다보니 어느덧 밤이 찾아왔고 그제서야 "어? 밤이네…… 이제 출발~ 해보까아~?" "흐흐~ 그르까요, 왕좌~님?" 하고 혀 꼬부라진 소리를 하며 〈화이트십〉은 곤드레만드레 술에 취한 선원, 술에 취한 선장, 술에 취한 승객들을 태우고 밤바다를 가로지르기 시작합니다.

〈화이트십〉의 침몰과 함께 17살에 숨진 윌리엄 왕자.

그리고……, 쾅!!

여러분, 음주 운전은 이렇게 위험합니다.

〈화이트십〉은 암초에 부딪쳐서, 그렇게 깊은 바닷속으로 가라앉고 말지요. 정확한 침몰 원인은 오늘날까지도 명확하게 밝혀지지 않았습니다.

윌리엄 왕자는 헨리 1세의 유일무이한 후계자였기 때문에 곧바로 구명 보트에 태워집니다. 하지만 위험에서 멀어져 가고 있던 그를 부르는 "윌리~엄!" 하는 애절한 외침! 그것은 배에 함께 타고 있던 이복남매 마틸다 피츠로이의 비명이었습니다. 윌리엄은 마틸다 피츠로이의 비명 소리에 배를 돌려 그녀를 구하러 갑니다. 그러나 죽음 앞에서 '왕자고 나발이고 나부터 살고보자' 했던 사람들이 우르르 배에 엉겨 붙는 바람에 윌리엄 왕자는 열일곱, 채 피지도 못한 꽃다운 나이에 노르망디의 바르플뢰르 해안에서 물에 빠져 죽고 맙니다.

헨리 1세의 족보를 보면 자식이 많긴 합니다. 20명이 넘지요. 그런데 윌리엄 왕자가 죽자 영국은 후계자가 사라져 혼란에 빠집니다. 이유는 그 많은 자식 중 정실 부인에게 낳은 자식은 윌리엄과 마틸다, 단 두 명뿐이고 나머지는 죄다 서자였기 때문이었습니다. 여기서 잠깐! 윌리엄과 함께 죽은 마틸다 피츠로이, 이 피츠로이(Fitzroy)라는 성은 왕의 서자에게 붙이던 성입니다. 왕이 자신의 자식이라고 인정한 경우에 내려주던 성이라고 보면 되겠습니다(26쪽 참조).

윌리엄 왕자가 사망하자 헨리 1세의 공식 후계 자격을 가진 사람은 정실 딸인 마틸다 공주 하나만 달랑 남게 되었습니다. 죽은 마틸다 피츠로이와는 동명이인입니다.

왜 이렇게 같은 이름이 많은 걸까요? 영국 역사에서 마틸다, 제인, 헨리, 윌리엄, 앨리스 등 프랑스식 이름이 많이 등장하기 시작한 것은 앞에서 이야기한 정복왕 윌리엄이 1066년에 영국을 정복한 이후입니다. 사람들은 새로운 지도자의 생활 방식을 닮고 싶어 했고 귀족들뿐만 아니라 평민들조차 에그버트, 베오트릭, 엘프리다 등 앵글로 색슨식 이름을 버리고 윌리엄이나 마틸다 등으로 이름을 바꿨습니다. 이런 방식은 오늘날까지 이어졌고, 결국 앵글로 색슨식 이름은 거의 사라져 버렸습니다. 2011년 「텔레그래프」 지 기사에 따르면 이때 영국에 들어왔던 프랑스 귀족들의 후손들이 오늘날까지도 당시 영국 평민들의 후손보다 더 잘 먹고 잘 살고 있다고 하니 대단합니다.

후계자가 사망했기 때문에 헨리 1세는 자신의 형인 노르망디공 로베르나 그의 아들 윌리엄이 왕위를 가져가지 못하도록 죽은 윌리엄 왕자의 누나이자 신성로마제국 황후였던 장녀 마틸다 공주를 후계자 자리에 올렸습니다. 그리고 자신이 새장가를 들어 후계자를 생산하려 했지요. 그러나 바라마지 않던 아들은 끝내 태어나지 않았고 결국 딸인 마틸다가 유일무이한 후계자가 되었습니다.

신성로마제국 황후 마틸다.

요즘 영국은 여왕이 다스려야 태평성대라며 여왕을 좋아하지만 당시는 여자가 왕위에 오르는 것은 천지가 개벽할 일이었습니다. 때문에 여자를 왕으로 인정할 수 없다는 명분을 내세워서 사촌인 스티븐이 반란을 일으킵니다. 술에 취해 비틀거리면서 〈화이트십〉 호에서 내렸던 것이 자신을 왕위로 올리는 결정적 계기가 될 줄 누가 상상이나 했을까요!

스티븐은 정복왕 윌리엄과 마틸다 사이에 태어난 딸인 아델라의 아들이었습니다. 그러므로 윌리엄의 손녀인 마틸다 공주와 마찬가지로 정복왕 윌리엄의 자손이기는 했지만 마틸다 공주는 아들을 따라 내려온 혈통이었기 때문에 왕위 계승 순위에서 스티븐보다 우위에 있었죠. 하지만 스티븐은 헨리 1세가 죽자마자 잽싸게 왕위를 차지하여 스티븐 1세(재위 1135~1141, 1141~1154)로 즉위했고 마틸다는 영국을 벗어나 있어야 했습니다.

스티븐 1세는 전쟁은 잘할지 몰라도 정치적으로 노련하지도, 결단력이 있지도 않은 왕이었기에 그가 다스린 20년 동안 영국 정세는 그야말로 혼란의 도가니였습니다. 게다가 정통 왕위 계승권자인 마틸다가 두 눈을 시퍼렇게 뜨고 살아 있었으니 늘 불안할 수밖에 없었죠. 1139년에 마틸다는 왕위를 되찾겠다며 영국으로 쳐들어왔고 애초부터 마틸다를 후계자로 받들겠다고 맹세했던 귀족들과 스티븐 1세 편에 섰던 귀족들 사이에서 내란이 벌어졌습니다. 스티븐 1세는 1141년 체포되었다가 석방됩니다. 하지만 얌전해졌을 것이라 예상했던 스티븐 1세는 다시 싸우러 돌아왔고 마틸다는 대관식도 채 치르지 못하고 영국의 왕좌에서 물러나 허둥지둥 달아납니다.

이후 계속되는 전쟁에도 지치고 후계자인 아들이 낙마 사고로 사망하자 영국의 평화를 위해 스티븐 1세는 자신의 왕위를 보전하는 대가로 마틸다의 아들인 헨리를 후계자로 지명했습니다. 결국 마틸다의 아들 헨리가 헨리 2세로 영국 왕위에 오르며 플랜태저넷 왕조의 시조가 됩니다. 플랜태저넷 왕조는 이후 약 250년 동안 영국을 통치하는데, 이로부터 먼 훗날 두 가문, 즉 요크 가문과 랭커스터 가문으로 갈라져 나와 30년에 걸친 장미전쟁을 일으키게 됩니다.

출항하던 날 밤 선원들이 술을 마시자고 조르지 않았더라면, 윌리엄 왕자가 마틸다 피츠로이를 구하러 돌아가지 않았더라면, 술에 취한 스티븐이 항해 직전에 배에서 내리지 않았더라면, 그랬더라면 아마도 영국 역사가 송두리째 뒤바뀌었겠지요. 역사에는 만약이 없다고 하지만 만약을 생각하며 여러 가지 상상을 해보는 것도 즐거운 일 아닐까요.

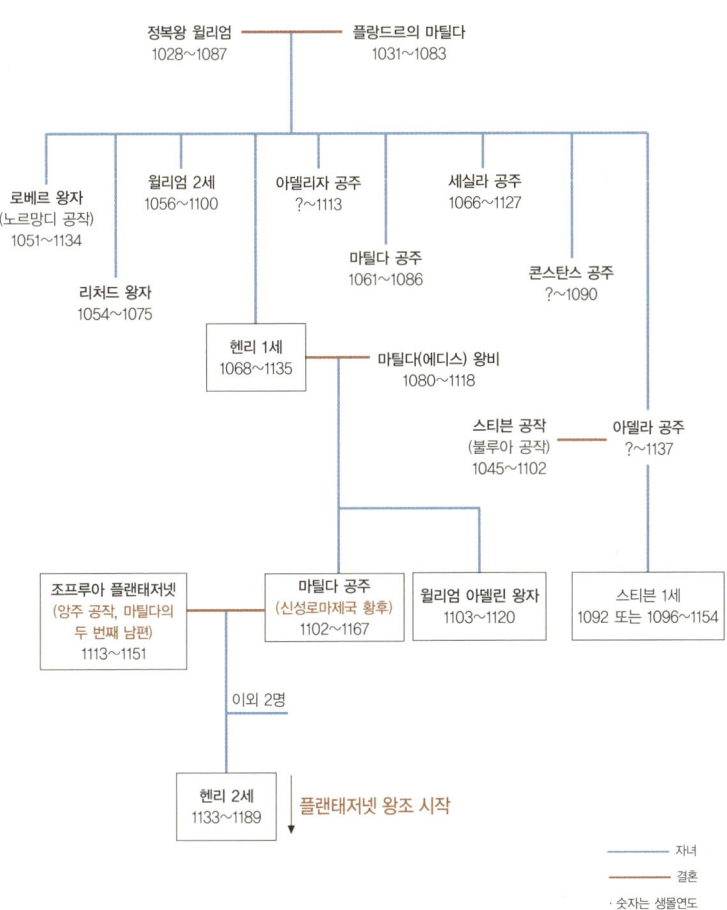

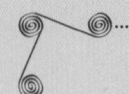
작은 유럽사 1

피츠로이, 왕의 서자

역사 이야기를 풀어놓으면서 한국과 유럽에 대해 많은 차이를 느끼곤 합니다. 그중 '왜 사생아들은 왕이 되지 못했나요' 라는 질문을 듣는 경우가 많은데요. 아시아권에서는 첩이나 후궁에게서 태어난 아들이라도 정비에게 자식이 없으면 얼마든지 왕이 될 수 있었죠.

하지만 유럽은 그야말로 뼛속까지 그리스도교가 지배한 대륙이며 『성경』에서는 결혼은 반드시 일부일처제로 이루어진다고 말하고 있습니다. 그렇기 때문에 신 앞에서 맹세한 부부 사이에서 태어나지 않은 자식은 법적으로 아버지의 지위를 물려받을 수 없었습니다.

물론 예외는 가끔 있었죠. 정복왕 윌리엄의 아버지처럼 아예 자식이 없는 경우 서자에게 물려주는 경우 말이에요. 하지만 그런 경우는 정말 극소수고 대부분의 경우 아들이 태어나지 않는다면 그 대는 끊어지고 그의 친척에게 지위가 돌아갔습니다. 어떻게든 정실 부인의 자식이 왕위를 이어야만 했던 것이죠.

하지만 유럽 역시 남성우월주의가 팽배했던 곳이니만큼 첩이야 넘쳐났고 서자도 넘쳐났지요. 대부분의 왕들은 자신의 자식임이 확실하면 작위를 내리고 영지를 주어 웬만큼 먹고살 수 있게 해주었습니다. 왕이 인정한 서자의 경우에는 '피츠로이' 라는 성을 받았어요.

서자 가운데 가장 유명한 사람은 헨리 8세의 서자인 헨리 피츠로이를 들 수 있는데요. 아들이 없던 헨리 8세에게 헨리 피츠로이는 정말이지 구원의 빛과도 같은 존재였고, 때문에 태어나자마자 당대 최고 권력자 중 하나였던 울시 추기경을 대부로 두었습니다. 이후 왕의 축복을 받으며 교육을 받고 자라나 아들이 없던 헨리 8세의 불안을 해소시키기 위해 이복누나인 메리 공주(훗날 일명 '피의 메리'라고 불린 메리 1세)와 결혼 일보 직전까지 가기도 했답니다. 심지어 교황청에서도 영국을 가톨릭 국가로 남겨두기 위해 그 결혼을 승낙해주려 하기도 했습니다. 만약 결혼을 했더라면 헨리 피츠로이가 헨리 9세가 되었겠죠?

그러나 사실 헨리 피츠로이와 같은 경우는 아주아주 특이하기 때문에 역사에 기록된 것이고 대부분의 서자들은 소리 소문없이 역사의 뒤안길로 사라집니다. 서자들이 궁금하시면 〈위키피디아〉 같은 곳에서 유럽의 왕 아무나 이름을 쳐보세요. 그럼 이름만 달랑 있거나 이름에 피츠로이 정도만 붙어 있는 사람들이 많이 있습니다.

예를 들자면 영국왕 찰스 2세(재위 1660~1685)의 경우 재위 기간도 25년, 알려진 서자도 무려 20여 명! 거의 해마다 1명씩 낳은 셈이네요. 서자가 너무 많아서 심지어 몇 명은 '피츠로이'가 아니라 '피츠찰스'라는 성을 받았답니다. 덕분에 새로운 작위를 얻은 귀족 중에는 왕의 서자가 바글바글했지요. 아무리 서자라 해도 왕의 자식이라 웬만하면 다들 귀족으로 죽을 때까지 잘 먹고 잘 살았으니 다이아몬드 수저까지는 아니더라도 금수저 정도는 물고 태어난 셈이라고 할 수 있겠죠?

헨리 8세의 서자인
헨리 피츠로이.

3. 타조에게 못을 먹인 왕의 동물원
- 우리가 몰랐던 런던탑 이야기

한국의 수도는 서울, 프랑스의 수도는 파리, 영국의 수도는 런던이죠! 런던이 언제부터 영국의 수도였는지는 정확히 알 수 없지만 기원후 1000년 무렵으로 짐작되고 있습니다. 이처럼 오랜 역사를 자랑하는 런던에는 다양한 건물들이 있는데요. 그중 이번 이야기에서 다룰 곳은 런던탑(Tower of London)입니다. 간혹 영국 여행을 가서 『피터 팬』에 등장하는 거대한 시계인 빅벤은 보고 런던탑은 보지 않는 사람들이 있는데, 그것은 서울에서 남산 타워만 보고 경복궁은 들르지 않는 것과 마찬가지입니다. 1천 년의 역사를 간직한 런던탑은 런던에서 세 번째로 많은 관광객들이 찾는 곳으로 옆에는 타워 브리지도 있고 몇 정거장만 가면 영국 역사가 농축되어 있는 런던 박물관도 있습니다. 그러니 런던탑에 꼭 들러보세요.

런던탑의 공식 명칭은 '여왕 폐하의 왕궁이자 요새(Her Majesty's Royal

수많은 역사의 희로애락을 간직하고 있는 오늘날의 런던탑 일부 모습.

Palace and Fortress)'지만 여기서는 일반적으로 더 잘 알려져 있고 많이 사용되는 명칭인 '런던탑'으로 쓰도록 하겠습니다. 런던탑은 앞에서 등장한 정복왕 윌리엄에 의해 지어지기 시작해 리처드 2세(1367~1400, 재위 1377~1399) 때 오늘날과 같은 모습으로 완성된 성입니다. 정복왕 윌리엄이 런던탑을 건설하며 "힘의 상징이요 방어의 요새이자 적의 감옥을 지을 것"이라 말했듯이 런던탑은 편안하고 안락한 삶을 위해 지어진 것이라기보다는 템스 강을 옆에 두고 방어를 위해 지어진 요새입니다. 이런 지정학적 장점 때문에 런던탑을 지배하는 자는 영국을 지배하는 것일 정도로 영국 역사에서 중요한 성이죠.

'탑'이라는 이름과 감옥으로도 많이 쓰였던 역사 때문에 음침하고 무시무시한 느낌이 들지만 사실 런던탑은 왕의 거처이자 요새로 위용을 자랑하던 곳이었습니다. 영국의 왕족과 귀족들은 계절에 따라 거처를 옮기는 것이 관례였기 때문에 한 궁에 오래 머물지 않았으므로 런던탑에 늘상 거주하지는 않았지만요. 왕과 그의 궁중 말동무들은 궁에서 궁으로 옮겨다녔을 뿐만 아니라 때로 다른 귀족의 집에 머물기도 했습니다(궁중 말동무에 대해서는 276쪽을 참조하세요). 전하께서 신하의 집에 몸소 납시셨으니 겉으로야 반겼겠지만 속으로는 죽을 맛이었을 것입니다. 왕은 혼자 다니지 않고 수백 명의 귀족과 하인들을 거느리고 다녔고 집주인은 그들 모두의 의식주를 해결하고 온갖 자질구레한 편의를 봐주어야 했을 테니까요.

물론 여러분도 아시다시피 런던탑을 유명하게 만든 것은 무엇보다 감옥으로서의 쓰임새였습니다. 런던탑에는 죄수이기는 한데 권력을 가진 왕족이거나 귀족이어서 함부로 대할 수는 없는 이들이 많이 투옥되었습니다. 유명한 죄수들로는 에드워드 5세와 그의 동생인 리처드 왕자, 헨리 8세의 두 번째 왕비였던 앤 불린, '9일 여왕' 레이디 제인 그레이, 처녀왕 엘리자베스 1세 등이 있습니다. 그 밖에 수많은 사람들이 런던탑에서 처형당했기 때문에 지금도 그들의 유령을 볼 수 있다는 소문이 있습니다. 위에서 말한 죄수 가운데 런던탑에서 죽지 않은 엘리자베스 1세를 제외하고는 모두 유명한 유령들입니다.

이렇듯 다양하게 이용되었던 런던탑에 동물원도 있었다는 사실, 알고 계셨나요? 런던탑이 예로부터 키워온 까마귀들로 유명한 것은 많은 분들이 알고 계시지요. 런던탑에서 까마귀가 사라지면 영국이 멸망한다는 전설이 있어 런던탑에서는 계속 까마귀를 키울 것이라고 합니다. 괜히 까마귀를 없앴다가 혹시 무슨 일이 생길지 모르니까요.

역사화가 폴 들라로슈가 그린 「레이디 제인 그레이의 처형」(1833). 제인 그레이의 순수함을 상징하기 위해 닫힌 공간에서 순백의 옷을 입은 소녀로 묘사되었지만, 실제로는 개방된 공간에서 어두운 빛깔의 옷을 입고 처형되었다.

    런던탑의 까마귀 이야기는 다음에 해보기로 하고 동물원 이야기를 해볼게요. 런던탑 안에 왕의 동물원이 생긴 것은 〈화이트십〉 이야기에서 영국의 왕이 된 마틸다 황후의 아들, 헨리 2세의 막내아들인 존 왕(재위 1199~1216) 시절이었습니다. 당시 노르망디에서 세 척의 배에 맹수를 가득 싣고 왔다고 하는데, 그 맹수들이 무엇무엇이었는지는 알려져 있지 않습니다.

    왕의 동물원이 성황을 이루기 시작한 것은 헨리 3세(1207~1272, 재위 1216~1272) 때부터였습니다. 영국은 '사자심왕(The Lion Heart)'이라고 불린 왕 리처드 1세가 있을 정도로 사자를 굉장히 좋아하여 문장에 3마리 사자를 넣기도 하고, 사자의 모습을 수를 놓아 표현하기도 했습니다. 그렇게 사자를 좋아하자 1235년에 신성로마제국 황제 프리드리히 2세는 헨리 3세의 결혼 축하 선물로 사자 3마리를 잡아서 산 넘고 물 건너 선물로 보내주었습니다.

당시에는 살아 있는 동물을 선물로 보내주는 것이 유행이었는지 1252년에 노르웨이 왕 하콘 4세는 북극곰을 잡아 관리인과 함께 보내왔고 1255년에 프랑스의 루이 9세는 아프리카에서 코끼리를 보내왔습니다. 그렇게 활기를 띠기 시작한 왕의 동물원은 시간이 지나면서 호랑이, 뱀, 타조, 까마귀, 늑대, 곰, 표범, 얼룩말, 오랑우탄, 아나콘다, 부엉이, 심지어 캥거루까지, 온갖 진귀한 동물들이 바글바글한 곳이 되었지요.

이렇게 멋진 동물들이 영국에서 살기 위해 보내졌지만 당시 사람들은 동물을 키우는 일에는 별다른 지식이 없었기에 정작 동물들을 어떻게 돌봐야 하는지는 아무도 알지 못했습니다.

그나마 사자나 표범은 고기를 먹고 살 수 있었지만 코끼리는 4월에서 9월 사이에는 물을 먹지 못한다고 여겨져 매일 와인을 약 4리터씩 마셔야만 했습니다. 다른 동물들도 사정은 그리 좋지 못했습니다. 사람이 먹는 건 동물도 좋아할 거라 생각해서 동물들에게 빵과 케이크 따위의 음식을 주었습니다. 얼룩말은 맥주를 무척 좋아해서 거나하게 취한 채로 아이들을 태우고 뛰어다니곤 했습니다. 이렇게 생각 없이 동물들을 돌본 탓에 많은 동물들이 아직 새끼일 때 죽어버리곤 했습니다. 그나마 노르웨이 왕 하콘 4세는 북극곰이 생선과 수영을 좋아한다고 일러주고 관리인도 함께 보내줬기에 북극곰은 긴 줄에 묶인 채로 템스 강을 헤엄치며 물고기를 잡아먹고 살았습니다. 당시 런던 사람들은 북극곰이 사

개방된 런던탑 동물원을 관람하는 사람들.

냥하는 모습을 구경하기를 굉장히 좋아했다고 해요.

가장 엽기적인 먹이가 주어졌던 것은 타조입니다. 어디서 유래되었는지는 모르지만 타조가 철을 좋아한다고 여겨졌기 때문에 왕의 동물원이 개방되자 관람객들은 타조에게 못을 잔뜩 던져주었고 결국 타조는 못을 80개나 삼키고 죽어버렸지요.

사자는 왕의 상징이었기 때문에 왕자와 공주는 새끼 사자에게 직접 우유를 먹이며 키우곤 했습니다. 아이들이야 신이 났겠지만 새끼 사자를 어미 사자로부터 떼어내야 했던 사육사들은 이런저런 연유로 다치거나 잡아먹히는 일도 굉장히 흔하게 일어났습니다. 사자, 표범, 늑대, 곰 등의 배설물을 치우다가 잡아먹히는가 하면 뱀을 돌보다가 뱀에게 물려 죽을 고비를 겨우 넘기기도 했습니다. 1686년에는 사자 사육사와 함께 살던 메리 젠킨슨이라는 여성이 사자의 발을 쓰다듬자 사자가 번개처럼 달려들어 그녀의 팔을 찢어버렸습니다. 고통에 몸부림치는 그녀를 살리기 위해 팔을 절단했지만 결국 그녀는 몇 시간 뒤에 사망했습니다.

1622년부터는 동물들끼리 싸움을 붙이고 그것을 구경하는 것이 재미난 여흥거리로 여겨져 곰이나 사자, 개들을 싸움에 붙이고 내기를 걸곤 했습니다. 동물들이 서로 싸우려 하지 않으면 왕께서 실망하셨기에 다양한 동물들을 경기에 내보냈고 그로 인해 수많은 개들이 사자에게 물려 죽는가 하면 사자가 코끼리에게 밟혀 죽기도 했지요.

18세기부터 왕의 동물원은 국민들에게도 개방되었습니다. 입장료는 현금 3하프펜스(halfpence) 또는 사자에게 먹이로 줄 고양이나 개 1마리였습니다. 대중에게 보이는 동물원이었지만 보안이 그리 철저하지 못했기 때문에 오늘날의 동물원에서는 상상도 할 수 없는 사건 사고가 끊임없이 터졌습니다. 어떤 표범은 구경하는 관람객에게 다가가 우산, 양산, 모자 따위를 빼앗아 갈기갈기 찢어버리는 것이 유명한 취미였다고 합니다.

당시 원숭이가 사람처럼 생긴 것을 신기하게 여겨 사람과 같은 방을 주어 살게 하고 사람들을 들여보내곤 했는데요. 1780년에는 원숭이들이 어린아이의 다리를 찢어버리는 충격적인 사건이 일어나는 바람에 하는 수 없이 원숭이를 우리에 집어넣었습니다. 사자가 군인을 공격하고, 표범이 사육사를 해치고, 늑대가 우리를 탈출하는 등 무수한 사고가 일어났지만 동물들을 제대로 만들어진 런던 동물원으로 옮겨 관람케 한 것은 19세기에 들어선 1832년이 되어서였습니다.

한때는 무려 60종, 280여 마리의 동물들이 살던 런던탑의 '사자 타워'는 동물들이 모두 사라지고 나서도 한동안 해체되지 않았습니다. 목

토머스 롤런드슨이 그린 「원숭이의 집」(1799). 사람을 닮은 원숭이를 신기하게 여겨 사람 사는 방에서 함께 살게 하기도 했지만 안전사고를 일으켜 결국은 우리에 가두는 해프닝도 있었다.

숨을 걸고 동물들을 돌봤던 사육사들에게 주어진 권리인 '사자 타워는 사육사들에게 집으로 제공된다'는 조항이 1853년에 마지막 사육사가 사망할 때까지 지켜졌던 거죠.

무시무시한 왕의 동물원 역사에서 우리가 얻을 수 있는 교훈은 '타조에게 못을 먹이면 죽는다'는 사실!

4. 죽음도 그들을 갈라놓지 못하리
– 포르투갈 왕국 페드루 1세와 이네스 데 카스트루의 불멸의 사랑

여러분은 천생연분을 믿나요? 나이가 들수록 하늘이 정해준 나의 연인, 영원한 사랑이 과연 존재하는지 의심스러워하는 사람이 많아지는 것 같습니다. 이번에는 현실에도 그런 사랑이 있을까 싶어 쓴웃음 짓는 사람들을 위해 준비한, 사랑을 위해 목숨도 바친 연인들의 진정한 러브 스토리입니다.

옛날 옛날 아주 먼 옛날, 14세기 포르투갈에서 있었던 이야기입니다. 당시 포르투갈은 아폰수 4세(1291~1357, 재위 1325~1357)가 다스리던 왕국이었습니다. 그는 카스티야-레온 왕국 공주인 베아트리스(1293~1359)와 결혼했습니다.

당시 포르투갈 왕국 옆에 위치해 있던 카스티야-레온 왕국과의 평화를 유지하기 위해 아폰수 4세는 자신과 베아트리스 사이에 난 큰딸 마리아(포르투갈의 마리아)를 카스티야의 왕 알폰소 11세에게 시집보냈습니

다. 그리고 큰아들인 페드루 왕자(1320~1367, 재위 1357~1367)는 빌레냐의 공작인 후안 마누엘의 딸이자 카스티야의 공주인 콘스탄세(1315 또는 1323~1345)와 약혼시켰습니다.

큰딸 마리아가 시집가서 그리 잘 살지 못할 뿐만 아니라 학대를 받고 있다는 사실을 알게 된 아폰수 4세가 카스티야와 4년 동안 전쟁을 벌이는 등, 포르투갈과 카스티야는 전쟁과 평화를 반복하며 지냅니다. 그런 두 나라 관계를 돈독히 하기 위해 아폰수 4세는 후계자인 페드루 왕자의 결혼을 서둘렀고 페드루는 콘스탄세와 결혼하게 됩니다. 자신의 나라를 떠나 외국으로 시집가는 공주들이 대개 그러했듯 콘스탄세 역시 여러 명의 궁중 말동무를 거느리고 포르투갈로 왔는데 그중에는 사촌인 이네스 데 카스트루(1325~1355)도 끼여 있었습니다.

이네스는 비록 서녀이기는 했지만 포르투갈 왕족과 카스티야 귀족의 혈통이었고 대지주의 딸이기도 했습니다. 새 신부인 콘스탄세와 함께 온 이네스를 본 페드루는 한눈에 사랑에 빠지고 맙니다. 두 사람의 열렬한 사랑이 시작된 순간이었지만 이네스를 사랑하는 만큼 페드루는 아내인 콘스탄세한테는 무관심했고 그녀를 냉대합니다. 아무리 사랑으로 결혼하던 시절이 아니었고 국익을 위한 정략결혼이라 해도 신랑이 신부는 거들떠보지도 않고 신부가 데려온 여자에게만

이네스 데 카스트루의 초상.

관심을 보인다는 것은 카스티야 왕국에게는 커다란 모욕이었습니다. 그리하여 페드루는 그렇잖아도 위태롭던 카스티야와의 외교 관계를 더욱 더 위험에 빠뜨립니다.

하지만 이네스를 향한 페드루의 사랑은 열렬했습니다. 페드루는 밤이면 밤마다 이네스에게 보내는 러브레터를 써서 그녀가 머물고 있는 수녀원으로 가는 수도관에 흘려보냈다고 합니다. 이처럼 페드루가 이네스를 매우 아끼자 이네스의 형제들 역시 사랑받게 되었습니다. 문제는 이네스의 형제들뿐만 아니라 카스티야에서 추방당했던 귀족들까지 이네스와 함께 승승장구하기 시작한 것이었습니다. 안팎으로 카스티야의 힘이 커지는 것을 두고만 볼 수 없었던 페드루의 아버지, 즉 아폰수 4세는 이네스를 향한 페드루의 열정이 식기만을 기다렸지만 그런 일은 결코 일어나지 않았습니다. 1344년에는 아예 이네스를 국외로 추방하지만 물리적인 거리나 국경 따위는 이 불타는 연인들을 갈라놓을 수 없었습니다.

그러던 와중에 연인들 사이에 끼어 사랑도 받지 못하고 안쓰럽게 살던 콘스탄세가 결혼 4년여 만인 1345년 10월 31일, 페드루의 후계자가 되는 페르디난드 왕자를 낳고 불과 며칠 뒤인 11월 13일에 세상을 떠납니다. 페르디난드는 페드루가 콘스탄세와 낳은 세 아이 중 유일한 아들이었습니다. 후계자가 하나뿐인 것이 불안하다고 생각한 아폰수 4세는 당연히 페드루를 재혼시키고자 합니다.

하지만 그동안 서로를 미친 듯이 사랑했던 이네스와 페드루는 추방당한 상태에서도 계속 편지를 주고받았고 페드루는 이네스를 "나의 단 하나의 사랑"이라고 선언합니다. 아폰수 4세는 지속적으로 다른 여자

이루어질 수 없는 사랑을 나누는 페드루와 이네스. 그들에게 서로의 사랑은 해피엔딩이었을까?

들을 권해보지만 페드루는 이네스가 아니면 어느 누구도 싫다는 입장을 단호히 밝힙니다.

그러나 설령 아폰수 4세가 아들을 위해 이네스와 결혼을 시키고 싶었다 해도 그것은 불가능했습니다. 페드루는 포르투갈의 하나뿐인 왕자였고 이네스는 서녀로, 왕비가 되기에는 턱없이 부족한 신분이었거든요. 이네스의 어머니도 아버지도 모두 귀족이었고 카스티야 왕족과도 핏줄이 닿아 있어 얼핏 보기에는 고귀한 혈통 같았으나 사실 이네스의 부모는 결혼한 사이도 아니었고 카스티야 왕족과의 혈연도 정통성을 가진 핏줄이 아닌, 서자의 후손을 통한 것이었기 때문이었죠. 결국 가문의 입장에서는 지워버리고 싶은 서녀인 이네스는 포르투갈 왕국의 귀하디귀한 후계자와 어울리는 상대가 될 수 없는 것이었습니다. 그렇게 아버지와 아들이 줄다리기를 하는 사이 이네스와 페드루는 아이를 넷이나 낳아 키웁니다. 일찍 죽은 한 명을 제외하고 나머지 아이들은 아주 튼튼하게 잘 자랐습니다. 게다가 그중 둘이 아들이었지요.

그런 반면 정통 후계자인 손자 페르디난드 왕자는 시들시들했습니다. 때문에 포르투갈 귀족들과 할아버지인 아폰수 4세는 점점 더 불안해졌죠. 게다가 페드루는 항상 이네스 가문의 남자들과 놀러 다녔습니다. 정부(情婦)의 친정인 카스티야 남자들과 사냥 가고, 술 마시고, 도박하고, 정치 이야기를 하니 그 어떤 귀족이 불안해 하지 않을 수가 있겠습니까. 더군다나 그 정부는 아주 토실하고 건강한 아들을 둘씩이나 낳았는데요.

귀족들은 왕을 압박하기 시작했고 콘스탄세가 사망한지 10년째 되던 해에 아폰수 4세는 이네스를 사형시키라는 왕명을 내립니다. 1355년 1월 7일, 아폰수 4세는 페드루가 사냥을 나간 사이 산타 클라라 아 베야 수도원으로 이네스를 친히 만나러 갑니다. 왕이 몸소 납시었다는 소식에 '드디어 인정을 받는 걸까!' 하는 꿈에 부풀어서 아이들과 함께 버선발로 뛰쳐나온 이네스 앞에서 왕과 함께 온 신하가 사형선고서를 읽어내려갑니다.

깜짝 놀란 이네스는 아이들을 보이며 제발 아이들을 봐서라도 용서

「이네스 데 카스트루의 암살」. 애원하는 이네스의 모습을 화가 콜룸바누 보르달루 뼹예이루가 화폭에 담은 이 그림에는 당시 상황이 자세히 묘사되어 있다.

해달라며 빌었지만 왕에게 자비는 없었습니다. 결국 페루 코엘류, 알바로 곤카르베스, 디오구 로페즈 파체쿠, 이 세 남자가 사형 집행인으로 이네스를 이제 막 아장아장 걷기 시작한 막내와 6살 난 둘째의 눈앞에서 목을 베어 처형합니다.

지금도 이네스가 처형당한 곳에 가면 그녀가 흘린 피와 함께 눈물의 샘이 있습니다. 샘 앞에는 붉게 물든 돌들이 놓여 있는데 이네스가 죽을 때 흘린 피가 묻은 거라고 해요. 고려의 충신 정몽주가 이방원이 보낸 자객에게 살해당했을 때 흘린 핏자국이 선죽교에 남아 있다는 우리의 전설과 비슷하죠?

이네스의 죽음을 전해들은 페드루는 극도로 분노하여 미친 사람처럼

41

날뛰고 슬퍼했다고 합니다. 그리고 살인자들을 찾아내려 합니다. 결국 페드루는 그로부터 6년 뒤인 1361년에 사형 집행인 가운데 2명을 찾아내어 공개적으로 몸소 그들의 심장을 뽑아내서 죽입니다. 당시 "너희는 나의 심장을 가루로 만들어 버렸으니 너희들도 마찬가지가 되어야 한다."고 말했다고 하네요. 그리고 전설에 의하면 그 심장을 페드루가 이와 손으로 갈기갈기 찢어버렸다고 합니다.

이네스가 사망한 지 2년 뒤인 1357년에 페드루 1세로 즉위하게 된 페드루는 이네스와 이미 결혼한 사이라고 주장하며 이네스와 낳은 아이들을 왕자와 공주에 책봉하겠다고 선언합니다. 신하들이 거세게 반발하지만 전설에 따르면 페드루는 신하들이 그러거나 말거나 즉위식에 이네스의 시신을 데려왔다고 합니다. 이네스의 시신을 온갖 장신구로 호화롭게 치장시킨 뒤 왕비의 자리에 앉히고 머리에는 왕비의 관을 씌워 이네스를 즉위시켜 주었습니다.

페드루는 왕비인 이네스에게 충성을 맹세하라고 신하들에게 명합니다. 당시 충성을 맹세하는 의식은 무릎을 꿇고 손에 키스를 하는 것이었습니다. 이네스를 비웃고 음해하고 결국은 그녀를 죽음으로 몰아넣었던 왕궁의 사람들은 남자, 여자 가릴 것 없이 지위고하를 막론하고 모두가 한 명씩 앞으로 나와 이네스의 뼈만 남은 손등에 입을 맞추며 충성을 맹세합니다.

이네스의 시신이 왕비에 즉위하면서 이네스의 자녀들은 비록 왕위를 잇지는 못했지만 모두 왕자와 공주 칭호를 얻었습니다. 페드루 입장에서는 이네스가 자신의 부인임을 증명하고 자신의 아이들이 사생아로 불리지 않기를 바랐을 것입니다. 실제로 페드루는 죽을 때까지 다시는

화가 피에르 샤를 콩트가 그린 「1361년 즉위하는 이네스 데 카스트루」(1849). 이네스의 드라마 같은 삶과 사랑, 그리고 비극적인 죽음은 화가들에게 더할 나위 없이 좋은 소재가 되었다.

알코바카 성당에 안치되어 있는, 서로 마주보고 있는 페드루와 이네스의 관. 심판의 날이 오면 페드루는 오랜 소망을 이룰 수 있을까.

결혼하지 않았고 왕비 자리는 언제나 이네스 몫으로 남겨두었습니다.

그 후 페드루는 이네스의 시신을 알코바카 성당에 안치하고 자신도 죽은 후 그곳에 함께 있고 싶어 했으며 소망대로 죽은 뒤에 함께 안치되었습니다. 오늘날에도 이 성당에 가면 페드루와 이네스의 관이 서로 마주보고 있는 것을 볼 수 있습니다. 페드루가 굳이 이처럼 마주보도록 관을 배치한 이유는 『성경』의 '심판의 날에 모든 죽은 자가 부활하리라'라는 구절에 따라 자신이 부활하는 순간 가장 먼저 이네스를 보기 위해서입니다. 관에는 그들이 함께 나누었던 추억이 조각되어 있으며 그들이 '세상이 끝나는 그날까지(ate ao fim do mundo)' 함께할 것이라 적혀 있다고 합니다.

죽음조차 떼어 놓을 수 없었던 이네스와 페드루 1세의 애절한 사랑은 포르투갈과 스페인에서 불멸의 사랑, 영원한 러브 스토리로 오늘날까지도 유명합니다. 이들의 사랑은 르네상스 시대 포르투갈의 대시인 루이스 데 카몽이스의 애국서사시 「우스 루지아다스」, 프랑스 극작가인 앙리 드 몽테를랑의 극 「죽은 여왕」 등 수많은 문학 작품과 영화 등으로 재탄생하기도 했지요.

5. 런던탑 실종 사건
- 12살 소년왕 에드워드 5세의 슬픈 최후

어린 나이에 아버지를 잃은 소년왕의 비극적인 최후를 담은 이번 이야기에는 여러 명의 리처드와 에드워드가 등장합니다. 헷갈리지 않도록 잘 기억해두세요. 소년왕은 어떻게 비극적인 최후를 맞이하게 되었을까요?

첫 출항에 침몰해버린 비극의 '하얀 배' 〈화이트십〉을 기억하시죠? 그때 마틸다 황후의 아들인 헨리 2세(재위 1154~1189)가 영국 왕위에 오르면서 플랜태저넷 왕조가 시작되었다고 말씀드렸습니다. 이 플랜태저넷 왕조는 약 250년 동안 영국을 통치했는데요. 1327년부터 1377년까지 영국을 다스렸던 에드워드 3세의 자식들로부터 사촌 전쟁, 또는 '장미전쟁'이라 불리는 30년간의 전쟁(1455~1485)이 시작되었습니다.

'장미'라는 이름이 붙어 있어 무슨 미인대회 이름 같지만 사실 장미전쟁은 한마디로 말하면 '빨간 장미 문장의 랭커스터 가문과 하얀 장미

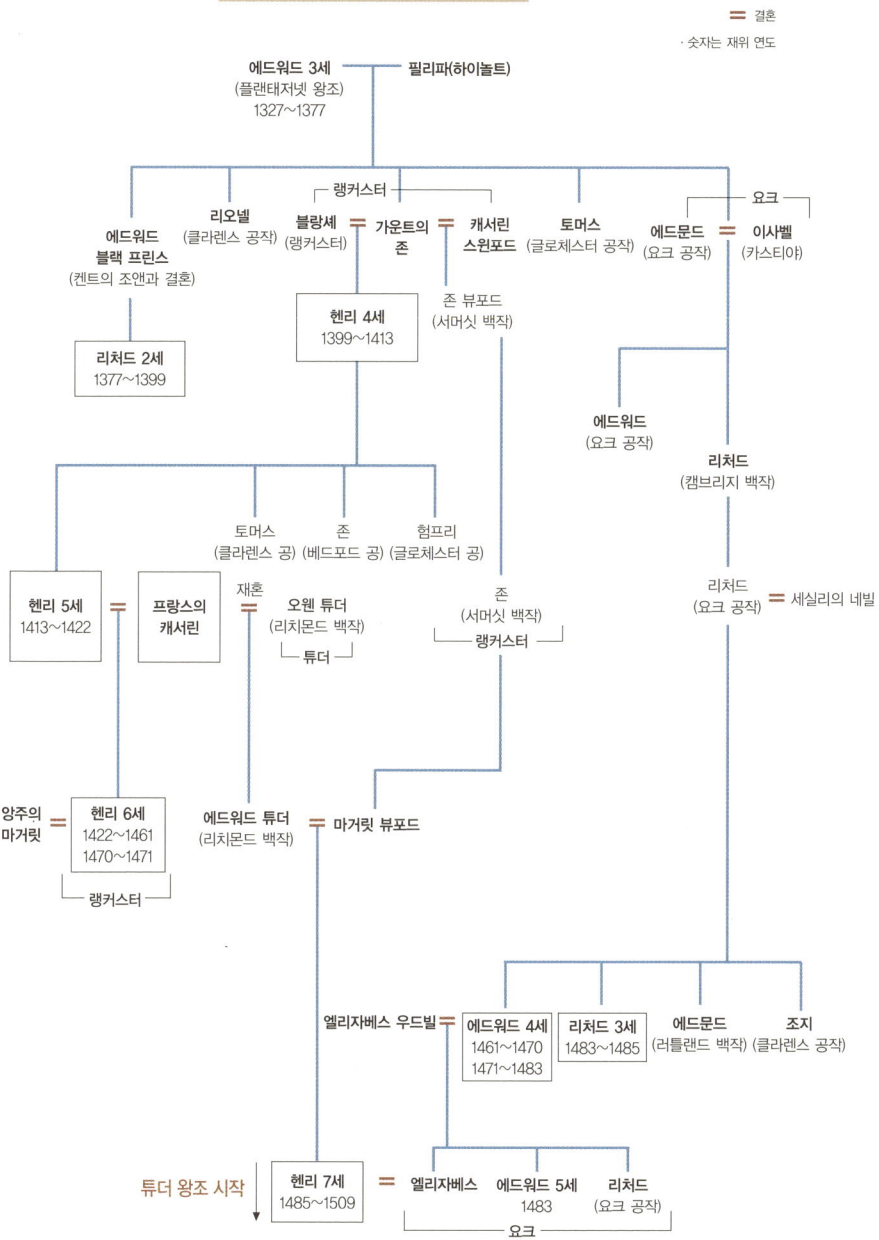

문장의 요크 가문이 서로 자기네 가문에서 영국 왕좌를 가져야 한다고 우기면서 치고받고 싸운 전쟁' 입니다. 서로 번갈아 왕좌를 뺏었다 빼앗겼다 하면서 영국을 혼란에 빠뜨렸지요. 강산이 세 번이나 변하는 세월, 즉 무려 30년 동안이나 싸웠는데요. 이 전쟁으로 영국은 많은 변화를 겪게 되었답니다. 수많은 전투뿐만 아니라 족보를 가지고도 피터지게 논쟁하며 싸웠지만 두 가문 다 에드워드 3세의 자손들이었고 혈족간의 결혼이 흔한 시절이었기에 모두 연결되어 있다 보니 피차 왕이 될 만한 명분이 있어서 피를 볼 수밖에 없었습니다. 앞쪽의 족보를 다시 한번 봐주세요. 많이 간략화한 족보인데도 불구하고 굉장히 복잡하죠?

이제부터 할 이야기는 30년간 계속되던 장미전쟁이 막바지에 다다랐을 때의 일입니다. 장미전쟁은 프랑스와 영국이 무려 116년간 벌였던 백년전쟁(1337~1453) 이후에 벌어진 전쟁입니다. 아주 오랫동안 싸웠기 때문에 당연히 프랑스도 영국도 왕이 여러 번 바뀌게 되었습니다.

백년전쟁이 끝났을 때 영국의 왕은 랭커스터 가문 출신의 헨리 6세였습니다. 이제 전쟁도 끝났으니 평화롭고 행복하게 살아가면 되는 것인가 싶었겠으나 안타깝게도 헨리 6세는 건강이 그리 좋지 못했습니다. 더군다나 평화를 사랑하고 신앙심이 깊었던 헨리 6세는 전쟁을 이끌기 힘들어했고 몸도 좋지 않아 정치적으로 활발하게 활동할 수도 없었습니다. 엎친 데 덮친 격으로 정신 건강조차 좋지 못했고, 왕이 비실비실하니 사자 없는 굴엔 여우가 왕이라고 귀족들이 호시탐탐 왕권을 넘보기 시작했습니다.

급기야 1452년에는 요크 가문 출신이자 요크 공작인 리처드가 왕이 제정신이 아닐 동안 섭정을 했으며 헨리 6세가 자식 없이 사망할 경우 후계자로 지명되기까지 했습니다. 이를 통해 요크 가문의 권력이 어마어마하게 커졌으리라는 것은 누구라도 짐작할 수 있죠. 하지만 1년 뒤인 1453년에 헨리 6세의 왕비인 마거릿(앙주의 마거릿, 1430~1482)이 아들 에드워드 왕자를 낳는 바람에 욱일승천의 기세였던 요크 가문은 가라앉고 랭커스터 가문의 힘이 다시 커졌습니다. 이제 아들을 품에 안은 왕비는 섭정을 하고 있는 리처드 공작의 위세를 불안히 여겨 곧 리처드 공작을 추방하게 되었습니다.

이렇게 티격태격하기 시작한 두 가문 사이에 전쟁이 벌어지게 되었습니다. 장미전쟁의 막이 오른 거죠. 1460년, 제정신이 아닌 헨리 6세를 대신하여 마거릿 왕비가 전쟁을 이끌었고 결과적으로 섭정을 하던 리처드 공작이 사망했습니다. 하지만 한번 불붙은 전쟁은 계속되었죠.

1461년에는 리처드 공작의 아들인 에드워드가 런던으로 치고들어가 헨리 6세를 감옥에 가두고 마거릿 왕비는 스코틀랜드로 도망쳤으며 궁에서 영향력이 있던 사촌 리처드 네빌의 도움으로 곧바로 영국 왕 에드워드 4세(첫 번째 재위 1461~1470)로 선포되었습니다. 자고로 전쟁은 수도를 쳐야 하는 것임을 배울 수 있겠습니다. 헨리 6세와 마거릿 왕비의 아들도,

요크 공작 리처드의 아들로 왕위에 오른 에드워드 4세.

리처드 공작의 아들도 둘 다 이름이 에드워드랍니다. 에드워드 4세가 된 것은 리처드 공작의 아들이자 요크 가문의 에드워드죠.

장미전쟁은 이렇게 요크 가문의 승리로 막을 내리고 새로운 시대가 시작되는 것처럼 보였습니다. 어차피 이때쯤 되었을 때 헨리 6세의 정신병은 아주 심각해져서 밖에서 전쟁을 하든 말든 사람들이 죽든 말든 목청껏 노래를 부르고 박수를 치고 있었으니 국민들 입장에선 그리 아쉬울 것도 없었을 듯해요. 정신병을 이유로 잠시 풀려났던 헨리 6세는 1465년에 다시 런던탑에 수감되었습니다.

하지만 자신의 아들을 위해서라도 영국의 왕위를 포기할 수 없었던 마거릿 왕비는 아들 에드워드를 리처드 네빌의 딸인 앤 네빌과 결혼시키고 에드워드 4세를 폐위시킨 뒤 헨리 6세를 다시 왕으로 추대하였습니다. 하지만 매일 낄낄거리며 춤만 추고 있는 왕과 비록 쫓겨나긴 했지만 전쟁에 대단한 재능을 가진 훌륭한 지휘관으로, 전투에서 단 한 번도 패한 적이 없는 장군이었던 에드워드 4세의 싸움은 불 보듯 뻔한 결과를 가져왔고 헨리 6세는 반년도 지나지 않아 다시 쫓겨났습니다.

헨리 6세는 다시 런던탑에 감금되었다가 1471년 5월에 아들인 에드워드가 전쟁에서 사망했다는 말을 듣고 극도의 우울증으로 인해 사망했습니다. 또는 에드워드 4세가 아들이 죽었으니 아비도 죽이라 명했다는 설도 있습니다. 헨리 6세가 죽은 바로 다음날 왕위에 올라 다시 영국왕 에드워드 4세(두 번째 재위 1471~1483)가 되었으니 수상쩍기는 하지요. 이렇게 장미전쟁은 잠시 일단락되었습니다.

배경에 대해 간략히 얘기했으니 에드워드 4세부터 이야기를 시작해 보겠습니다. 에드워드 4세는 키가 무려 193센티미터나 되었고 얼굴도 잘생긴 데다 능력까지 겸비한, 꽤나 인기도 좋고 국민의 충성심도 높은 왕이었습니다. 그가 나라를 굳건히 통치하기 시작하면서 나라가 안정을 되찾자 마음이 편해진 국민들도 그를 사랑했고요.

에드워드 4세에게는 그가 왕위에 오를 수 있도록 도와준 측근이 있었는데요. 바로 사촌인 워위크 백작 리처드 네빌입니다. 리처드 네빌은 박쥐같은 남자로 랭커스터 가문에 붙어 헨리 6세를 돕다가 요크 가문에 붙어 에드워드 4세의 반란을 도운 사람이었죠. 때문에 그의 별명은 '왕 제조자(The Kingmaker)'였습니다. 에드워드 4세와 리처드, 이 두 사람은 처음에는 친하게 지냈지만 리처드가 추천한 여성과 결혼하지 않고 엘리자베스 우드빌(1437~1492)이라는 미망인과 에드워드가 비밀리에 결혼을 하면서 사이가 멀어지게 되었습니다.

엘리자베스 우드빌의 삶은 튜더 왕조와 장미전쟁을 배경으로 다양한 소설을 집필한 작가 필리파 그레고리에 의해 『화이트 퀸』이라는 소설로 조명되었습니다. 필리파 그레고리는 국내에서는 「천일의 스캔들」이라는 제목으로 번역된 소설과 영화의 원작자이며 『화이트 퀸』은 영국에서 드라마로도 만들어졌죠. 참고로 엘리자베스 우드빌의 첫 남편은 존 그레이 경으로, 엘리자베스 우드빌과 존 그레이는 '9일 여왕' 제인 그레이의 조상이 됩니다.

에드워드 4세에게는 6명의 딸과 3명의 아들이 있었습니다. 이 중에 기억해야 할 이름은 장녀인 엘리자베스, 장남인 에드워드, 그리고 차남인 리처드입니다. 나머지 자식들은 일찍 사망했거나 역사 속으로 사라져버렸습니다.

에드워드 4세는 알 수 없는 질병으로 사망했는데, 사망하기 전에 자신의 장남인 에드워드가 아직 12살의 어린 나이인 것을 염려하여 동생인 글로체스터 공작 리처드에게 보호해줄 것을 부탁했습니다. 조선 시대의 세조와 문종, 단종의 이야기처럼 이것은 고양이한테 생선 가게를 맡긴 꼴이었지만 에드워드 4세는 순진하게도 동생이 조카, 말하자면 자신의 아들을 잘 돌봐줄 것이라 믿었습니다.

에드워드 4세가 사망하자 장

왕위에 오른 지 석 달 만에 의문의 실종 사건의 주인공이 된, 영국판 '단종'이라 부를 만한 12살 소년 왕 에드워드 5세.

남인 에드워드가 에드워드 5세(재위 1483. 4~1483. 6)로 왕위에 올랐습니다. 그리고 12살 어린 나이에 피는 물보다 진하다는 말이 무색하게도 '권력이 피보다 강한' 꼴을 보기 시작했습니다.

에드워드 5세의 작은아버지인 글로체스터 공작 리처드와 에드워드 5세의 이부 형제(엘리자베스 우드빌과 첫 남편 존 그레이 사이에 태어난 아들입니다)인 리처드 그레이가 서로 자기가 왕 옆에 붙어 있겠다며 싸우기 시작합니다. 얼마 후, 결국 작은아버지인 리처드가 그레이를 체포해서 감옥에 처넣어버리고는 에드워드 5세 옆에 찰싹 달라붙어서는 소년왕을 자기 마음대로 조종하기 시작했죠.

권력을 독차지한 리처드는 그 순간부터 조카의 손에서 왕위를 빼앗아 오기 위하여 공작을 시작했습니다. 리처드는 자신의 양심을 괴롭히는 문제가 있다며 이야기를 하기 시작했는데 그것은 바로 자신의 형인 에드워드 4세가 엘리자베스 우드빌과 결혼을 하기 전에 다른 여성과 약혼한 상태였다는 것이었습니다. 예전에는 약혼도 결혼과 같은 무게를 가진다고 보았기 때문에 한 사람과 약혼했던 상태로 다른 사람과 결혼하는 것은 불가능했습니다.

이 때문에 가끔 문제가 생겼는데요. 왕족들은 태어나는 순간부터 정략적으로 약혼을 하고 이후 정치적인 이유로 파혼을 하는 경우가 굉장히 흔했습니다. 때문에 꼬투리를 잡으려고 마음먹으면 얼마든지 잡을 수 있었지요. 에드워드 4세가 약혼녀가 있는 상태에서 엘리자베스 우드빌과 결혼한 것은 사실이었고 바로 그렇기 때문에 엄밀히 따지자면 에드워드 4세의 자식들은 전부 서자이며, 따라서 왕위 계승권이 없다는 것이 리처드의 주장이었습니다. 이런 내용은 1483년 6월 22일, 영국 런던의 올드 세인트 폴 성당에서 성직자에 의해 설파되었고 이 말을 들은 런던 시민들은 리처드에게 왕이 되어줄 것을 요구했습니다. 예로부터 런던 시민들은 왕을 선택할 권리가 있다고 전해왔기 때문에 리처드는 못 이기는 척, 1483년 7월 6일에 대관식을 치르고 리처드 3세(재위 1483~1485)로 왕위에 올랐습니다.

그리고는 1484년, 의회에서 티툴루스 레기우스(Titulus Regius, '로열 타이틀'이라는 뜻의 라틴어로, '왕이 될 수 있는 자격'을 가리킴)라고 불리는 법령을 선포했습니다. 이는 결과적으로 에드워드 4세에게는 적법한 자손이 없음을 공식적으로 선포하는 것이었으며, 그러므로 에드워드 4세에게 정통 후계자가 없다면 왕위가 다음 순위인 에드워드 4세의 남자 형제에게로 넘어가야 함을 알리는 것이었습니다. 그럼 그 남자 형제는 누구? 두

12살 어린 조카의 왕위를 빼앗은 비정한 작은아버지, 리처드 3세의 초상화.

말할 것도 없이 리처드 3세였지요.

그로 인해 왕위에 오른 지 얼마 되지도 않은 에드워드 5세와 그의 동생인 리처드 왕자(리처드가 또 나옵니다. 이번 이야기에서 가장 어린 리처드죠)는 12살과 10살의 어린 나이에 런던탑에 갇히게 됩니다. 직접 보면 웅장하고 아름답지만, 런던탑은 수많은 원혼이 떠돌아다닌다는 흉흉한 소문이 도는 궁입니다. 런던 중심부에 위치한 왕족들의 거처이기도 했지만 예부터 바로 죽여버리기에는 죄수의 혈통이 지나치게 잘난 경우 눈치 봐서 해치우기 위해 가둬두는 경우도 많았던 곳입니다. 그래서 이곳에서 처형당한 많은 사람들은 정말로 지은 죄가 있어서라기보다 그저 누구의 장자라서, 잘난 혈통이라 반란을 일으킬지 몰라서, 등등의 이유가 더 많았다고 앞에서도 이야기했죠.

그렇게 두 아이는 권력의 한가운데에서 순식간에 어두운 감옥 생활이라는 지옥의 나락으로 떨어지게 되었습니다. 작은아버지를 믿고 따르던 순진한 에드워드 5세는 영문도 모르고 동생인 리처드 왕자와 런던탑에서 생활합니다. 그리고 얼마 후 갑작스레 영원히 사라집니다. 유골이나 장례식도 없이 연기처럼 홀연히 세상에서 사라져 버린 거죠.

아이들이 어디로 갔는지 어느 누구도 알지 못했습니다. 이후 리처드 3세는 왕위에 올라 '야호, 신난다!' 했겠지만 그곳에 오르기까지 친족인 요크 가문 사람들에게까지 반발을 많이 샀고 그들은 랭커스터 가문의 헨리에게 달려가서 "쟤 좀 어떻게 해줘!"라고 부탁합니다. 그로 인해 "영국의 평화를 지키고 조카의 왕위를 뺏은 나쁜 놈을 내 손으로 처단해주마!"라는 그럴듯한 명분을 갖게 된 헨리는 왕위에 오른 지 2년밖에 안 된 리처드 3세와 전쟁을 치르게 됩니다.

랭커스터 가문 출신의 왕 헨리 7세. 요크 가문 출신 리처드 3세를 무찌르고 요크 가문과 랭커스터 가문을 통합해 튜더 왕조를 열었다.

자고로 모든 전쟁에는 명분이 가장 중요한 법이지요. 헨리는 전장에서 리처드를 죽임으로써 왕위를 겨우 2년간 지킨 리처드 3세의 인생을 마감시킵니다. 리처드 3세는 현재까지 영국 역사상 전쟁에서 사망한 마지막 왕이며, 그의 죽음과 더불어 약 250년에 걸친 플랜태저넷 왕조도 막을 내리고 맙니다. 리처드 3세의 유골은 보즈워스 전투에서 사망한 뒤 행방이 묘연해졌으나 2012년에 영국 레스터의 한 공영주차장에서 발굴되었습니다. 한때는 영국을 호령하던 그가 공영주차장에서 뼛조각으로 발견되다니 역사는 참 아이러니합니다.

전쟁에서 승리한 헨리는 헨리 7세(1457~1509, 재위 1485~1509)로 왕위에 올랐습니다. 그와 더불어 에드워드 4세의 장녀이자 런던탑에서 사라진 소년왕 에드워드 5세의 누나인 엘리자베스와 결혼함으로써 랭커스터 가문과 요크 가문을 하나로 통합시켜 장미전쟁의 막을 내리고 새로운 왕조를 열었습니다. 이

튜더 왕조의 문양. 랭커스터 가문의 붉은 장미가 요크 가문의 하얀 장미를 품고 있는 모양으로, 헨리 7세가 엘리자베스를 품고 있는 형상이라고도 볼 수 있다.

리하여 오늘날까지 영국사에서 가장 인기가 많은 튜더 왕조가 시작되지요. 장미전쟁을 끝내고 새로운 왕조를 시작했기 때문에 튜더 왕조의 문양은 랭커스터 가문의 붉은 장미가 요크 가문의 하얀 장미를 품고 있는 모양을 하고 있습니다.

'자, 그럼 여기서 얘기 끝!' 하면 서운하겠지만 역사적 사실로 알려져 있는 이야기는 여기가 끝입니다. 이 이후로는 우리가 짐작컨대 '이러이러하지 않을까?'라고 생각되는 부분의 이야기이지요. 역사가들 사이에서도 추측이 난무한 부분이므로 여기서 '어, 아닌데? 내가 아는 건 그거 아닌데?' 하시면 타임머신 타고 중세로 가서 에드워드 5세랑 독점 인터뷰하고 오셔야 합니다.

그럼 다시 에드워드 5세의 어린 시절로 돌아가 봅시다. 어차피 늘 어렸지만 말이죠. 에드워드는 장손으로 태어나자마자 장래의 왕이 될 것이라는 기대를 한 몸에 받으며 교육을 받았습니다. 에드워드는 1살이 되자 전통적으로 영국 왕세자가 받는 '웨일스공(Prince of Wales)' 작위를

받았고 3살이 되자 부모님과 떨어져 루드로 성으로 보내졌습니다. 그곳에서 3살배기 왕자는 웨일스 지방을 다스리는 의회(Council of Wales and the Marches)의 수장이 되었습니다. 이 의회는 에드워드 왕자를 위해 아버지 에드워드 4세가 특별히 만든 것이었죠. 아직 아기인 에드워드를 돌보고 교육을 시키는 일은 외삼촌인 앤서니 백작에게 맡겨졌습니다. 에드워드는 아침 일찍 일어나 예배를 드리고 밥 먹고 온갖 것들을 공부한 후 저녁 8시쯤에 잠자리에 들었습니다. 왕자였기 때문에 운동도 하고 검술도 익혔지만 에드워드는 무술보다는 학문을 더 선호하고 책 읽기를 좋아한 소년이었다고 합니다.

또한 왕자가 올바르고 선한 사람이 되도록 교육하기 위해 앤서니 백작의 집에서는 하인들도 포함해서 그 누구도 욕을 하거나 싸우거나 배신 또는 불륜을 저지르거나 천박한 행동을 해서는 안 되었다고 해요.

1483년, 에드워드는 외삼촌의 집에서 아버지의 부음을 전해듣고 에드워드 5세로서 런던을 향해 길을 떠납니다. 선왕 에드워드 4세에 의해 후견인으로 지명된 작은아버지 리처드 역시 런던으로 출발하지요. 둘은 중간에서 만나는데, 에드워드의 거부에도 불구하고 리처드는 에드워드와 함께 온 사람들을 모두 돌려보낸 뒤 자신이 에드워드를 데리고 런던으로 향합니다.

런던으로 들어온 에드워드 5세는 런던탑에 거처를 마련합니다. 그곳이 자신의 무덤이 될 것이라고는 상상도 못했겠지요. 그가 도착하고 한 달 뒤 동생인 리처드도 에드워드와 함께 살게 됩니다. 형과 함께 산다고 아이가 참 기뻐했을 테죠. 그러나 그 후 앞에서 이야기한 대로, 12살 소년왕은 손 한번 써보지 못하고 순식간에 런던탑에 갇히는 신세가 되고 얼마 후 그곳에서 동생과 함께 영원히 사라집니다.

1483년 여름에 런던탑의 정원에서 함께 뛰어놀던 것이 두 아이가 마지막으로 목격된 모습이었습니다. 아이들의 나이가 마냥 어리지는 않아 자신이 누구이고 부모가 누구인지, 영국의 왕위가 누구의 것인지 똑똑히 알고 있을 나이임을 고려했을 때, 그리고 정통성을 명분으로 내세워 반란이 일어날 가능성이 충분함을 생각했을 때 아이들은 살해당했을 가능성이 가장 큰 것으로 보입니다.

그렇다면 이 왕자님들은 누가 살해한 것일까요? 살해된 것이 아니라면 도대체 왕자들한테 무슨 일이 일어난 것일까요? 우리에게 주어진 단서는 많지 않지만 왕자님들한테 일어난 미스터리한 사건의 유력한 용의자를 하나씩 살펴보겠습니다. 일단 혐의가 짙은 용의자는 4명입니다. 용의자 1은 아무래도 리처드 3세, 용의자 2는 헨리 7세, 그리고 용의자 3은 리처드 3세의 오른팔이었던 헨리 스태포드라는 남자이며 용의자 4는 요크 가문의 기사였던 제임스 타이웰이라는 남자입니다.

아무래도 이 실종, 유괴, 그리고 어쩌면 살인 사건의 가장 유력한 용의자는 리처드 3세입니다. 어린 왕을 몰아내고 자신이 왕위를 차지했으므로 그것을 굳건히 하기 위해서는 조카들이 모두 죽어줘야 속이 편했겠죠. 반란의 명분을 싹부터 잘라 없애버리는 것이었으니까요. 그

에드워드 5세 실종 사건의 용의자 가운데
한 명인 헨리 스태포드의 초상.

러므로 직접 죽이지 않았다면 적어도 명령을 내렸을 것이라고 짐작되고 있습니다.

그러한 의심을 뒷받침하는 증거는 우선 에드워드의 동생인 리처드 왕자가 런던탑에 온 이유 자체가 리처드 삼촌의 명령이 있었다는 점입니다. 일거양득을 위해 두 희생양을 한 곳에 몰아넣은 것은 아닐까 의심이 가는 대목인 거죠. 1483년 말, 왕자들을 봤다는 사람들이 아무도 없자 왕자들이 죽은 것 아니냐는 소문이 퍼지기 시작합니다. 그리고 대중의 수군거림이 강력한 의심과 반감으로 퍼지게 되었을 때도 리처드 3세는 아이들을 대중 앞에 내놓지 않았습니다. 이미 죽은 것이 아니라면 왜 보여주지 않았을까? 이런 의심이 들지요.

리처드 3세 스스로는 자신이 아이들을 죽이지 않았다는 식으로 말했지만 그렇다고 아이들이 어디에 있는지 찾기 위해 수색을 명하지도 않았습니다. 그러니 자신이 죽인 것이 아니라면 다른 누군가가 죽였고 그로 인해 자신은 이익을 보았으니 굳이 진실을 들춰내지 않은 것이라 짐작할 수도 있겠습니다. 리처드 3세를 향해 재판이 벌어진 적은 없으나 훗날 헨리 7세가 작성한 사권(私權) 박탈법에 보면 '리처드 3세는 어린 아이의 피를 흘렸다(shedding of Infant's blood)'라고 씌어 있습니다. 리처드에게는 자식이 없었으므로 여기서 의미하는 아이가 에드워드와 리처드라는 주장도 있습니다.

두 번째 용의자는 튜더 왕조를 연 헨리 7세입니다. 헨리 7세에게도 아이들을 죽일 이유는 충분했습니다. 튜더 왕조 시절 헨리 7세는 사악한 리처드 3세로부터 영국을 구한 영웅처럼 그려졌지만, 사실은 그 역시 권력을 잡기 위해 어린 아이들을 죽일 동기가 있는 사람이었을 뿐이었던 거죠. 적법한 후계자들이 없어져줘야 리처드 3세만 죽여도 왕위가 자신에게 돌아오고 리처드 3세와 마찬가지로 반란의 싹 자체를 없애버릴 수 있었지요. 충분히 의심스러운 용의자지만 아무래도 죽인 시기가 문제가 됩니다. 헨리가 아이들을 죽이기 위해서는 런던에 있어야 했고 그러려면 1485년까진 아이들이 살아 있었어야 하는데 아이들은 1483년부터 대중 앞에 나타난 적이 한 번도 없었거든요. 누군가 언젠가 헨리 7세가 영국의 왕이 될 것을 내다보고 미리 아이들을 숨긴 것이 아닌 이상, 헨리 7세가 런던으로 들어와 아이들을 없앨 수는 없었으니 완벽한 알리바이가 있는 거죠.

세 번째 용의자인 헨리 스태포드는 리처드 3세의 오른팔이었던 남자입니다. 헨리는 리처드의 오른팔이기도 했으나 반란을 통해 헨리(즉, 나중의 헨리 7세)에게도 잘 보이려고 했던 박쥐같은 남자였으므로 만약 그가 죽인 것이라면 그에게 아이들을 죽이라고 시킨 자가 헨리 7세일지 리처드 3세일지 모르는 일입니다.

네 번째 용의자는 제임스 타이웰이라는 남자입니다. 요크 가문의 충성스러운 기사였던 제임스는 리처드 3세가 사망하고 헨리 7세가 즉위한 후에 처형되었는데, 당시 고문을 받고 자신이 왕자들을 죽였다고 자백한 것으로 알려져 있으나 이를 증명하는 문서는 없습니다. 그러나 제임스는 아이들의 시신들이 어디에 있는지 말하지 못했으며 고문에 의한 자백이므로 거짓일 가능성이 큽니다. 즉, 진범은 따로 있고 조작된 범인일 가능성이 높은 거죠.

튜더 왕조 시대의 역사가이자 『유토피아』의 저자이기도 한 토머스 모어의 주장에 따르면 리처드 3세는 로버트 브래큰버리 경(?~1485)에게

화가 테어도어 힐데브란트가 그린 「암살당하는 왕자들」(1834). 순수한 아이들의 비극적인 운명은 여러 예술 작품으로 재창조되었다.

자신의 조카를 죽일 것을 명령했으나 브래큰버리 경은 이 명령을 거부합니다. 그러자 리처드 3세는 제임스 타이웰에게 명령을 내리고 타이웰은 2명의 공범과 함께 아이들을 베개로 짓눌러 질식사시킵니다. 그런 후 아이들의 시신을 계단 밑에 묻고 그 위에 바위들을 쌓아두었다고 합니다.

 토머스 모어의 주장을 토대로 쓴 셰익스피어의 유명한 역사극 『리처드 3세』 역시 범인은 제임스 타이웰로, 그리고 청부한 사람은 리처드 3세로 묘사하고 있습니다. 그러나 이 작품이 튜더 왕조 시절에 쓰였음을 감안할 때, 만약 헨리 7세가 범인일 경우라도 당연히 리처드 3세가 범인이었다고 최악의 악당으로 몰아가는 것이 유리하기 때문에 그렇게 조작했을 가능성도 충분히 있습니다.

"(리처드 3세가) 에드워드 4세의 아들들이자 후계자인 자신의 조카들을 살해했다는 혐의는 그것이 옳든 그르든 리처드 3세의 평판을 강력하게 무너뜨렸다. 아이들은 10살과 12살의 나이임에도 불구하고 순수함과 연약함을 이유로 아기(Infant)로 칭해졌고 이는 중요한 정치적 도구가 되었다." 주1

이 모든 일이 아주 먼 옛날 이야기로 여겨질 만큼의 시간인 200년이 지난 1674년, 런던탑의 계단을 무너뜨리고 공사를 하던 인부들이 계단 아래에 묻혀 있던 느릅나무 상자를 파냅니다. 인부들은 그 상자 속에서 두 아이의 유골을 발견합니다. 이 아이들이 사망한 에드워드 5세와 리처드 왕자라고 생각되었기 때문에 당시 왕이었던 찰스 2세는 그들의 유골을 대리석 관에 넣어 웨스트민스터 사원에 묻혀 있는 그들의 누나이자 헨리 7세의 왕비인 엘리자베스 곁에 묻어주었습니다. 웨스트민스터 사원은 영국의 왕족이나 귀족들의 영원한 안식처로, 우리로 치면 국립묘지 격이니 억울하게 죽은 아이들의 명예를 조금이나마 회복시켜주었다고 볼 수 있겠죠.

그럼 이제 왕자님들은 편히 쉴 수 있는 것일까요? 그러나 안타깝게도 이 유골들마저 정체가 불분명합니다. 학자들이 무덤을 다시 파헤쳐 유골을 검사한 결과 한 아이는 약 7~9살, 다른 아이는 10~13살이라고 생각되긴 하지만 사라진 왕자들이라고 확신할 수는 없다고 합니다.

런던탑에서 홀연히 사라져버린 에드워드 5세와 리처드 왕자. 자신에게 다정했던 리처드 삼촌을 믿고 따르며 삼촌이 자신에게 해를 가하고 있다고는 꿈에도 생각하지 못했을 테니, 참 불운하고 안쓰러운 형제가 아닐 수 없습니다.

6. '피의 백작부인'은 억울하다?
— 바토리 에르제베트를 둘러싼 진실과 거짓말

바토리 에르제베트(헝가리에서는 우리나라처럼 성을 먼저 쓰고 이름을 뒤에 씁니다. 그래서 헝가리의 백작부인인 바토리 에르제베트는 우리가 일반적으로 생각하는 서양 이름과 달리 성이 앞에 오죠). 참 유명한 이름입니다. 피의 여왕, 피의 백작부인, 철의 여인, 처녀의 피로 목욕한 마녀, 흡혈귀의 원조, 역사에 기록된 최초의 사디스트, 사이코, 연쇄 살인마 등등 무시무시한 단어들이 그녀의 정체성을 단정짓고 있죠.

저도 어릴 적에 바토리 에르제베트의 이야기를 듣고 많이 놀랐어요. '어쩜 사람이 저렇게 잔인할 수가!' 하는 생각이었죠. 그런데 역사를 배우고 사람들을 알게 되면서 이 이야기에 의문을 품게 되었습니다. 여러분은 그런 의문을 가져본 적이 없나요? 이야기가 너무나 자극적이고 흥미로워서 '과연 진짜로 일어난 일일까' 하는 생각 말이죠. 바토리 에르제베트의 전설은 한 마디로 말하면 이렇습니다.

바토리 에르제베트가 살았던 성.

높고 거대한 성에 혼자 사는 새하얀 피부와 풍성한 검은 머릿결의 아주 아름다운 백작부인. 그녀는 젊음과 아름다움을 유지하기 위해 처녀의 피를 마시고 그 피로 목욕을 하는 마녀다. 이 마녀를 위대한 왕이 붙잡아 처형하셨다.

실제로 존재하지 않았다고 하더라도 전설로 내려왔을 법한 이야기가 아닐까 싶습니다. 피가 나오는 대목을 뺀다면 동화에도 심심찮게 등장하는 마녀의 모습이지요? 혼자 사는 여자는 언제나 마녀로 콕 찍혀서 불에 타 죽고 고문을 당해왔던 역사를 생각해볼 때, 마녀로 몰려 죽었던 다른 여자들과 바토리 에르제베트가 다르다고 말할 수 있을까요? 우선 바토리 에르제베트(1560~1614)의 삶에 대해 알아보겠습니다.

헝가리의 명문 귀족인 바토리 가문은 전 유럽에 영향력이 뻗어 있는 쟁쟁한 가문이었습니다. 때문에 바토리 에르제베트는 결혼 후에도 남편의 성을 따르지 않고 자신의 성을 그대로 사용했을 정도였죠. 유럽의 여러 명문가들이 대부분 그렇듯이 바토리 가문 역시 근친혼이 빈번했고, 그로 인해 많은 유전병이 내려오기도 했습니다. 바토리 에르제베트의 외삼촌들은 헝가리의 귀족, 폴란드 왕, 트란실바니아의 공작이었고 그 밖에도 공작, 백작, 왕, 주교 등과 거미줄처럼 혈연으로 연결된, 아주 막강한 권력을 가진 가문이었습니다. 그런 명문가에서 태어난 에르제베트는 제대로 교육을 받았으며 그리스어, 라틴어, 독일어 등을 배웠고 예의도 바른 아리따운 아가씨로 성장했습니다. 무척 똑똑하고 지적인 여성이었지만 근친혼으로 인한 유전병이 있어 어릴 때부터 종종 발작을 하곤 했으며 두통을 자주 호소했다고 해요.

14살이 되었을 때 에르제베트는 페렌츠 나다스디라는 귀족과 혼인을 합니다. 당시 엄청났던 권세를 보여주듯 결혼식에는 무려 4,500명의 하객이 참석했으며 에르제베트는 나다스디 집안으로부터 신접 살림을 차릴 성(城) 한 채를 혼인 선물로 받았죠.

얼마 후 남편이 전쟁터에 출정하게 되자 에르제베트는 성을 다스리고 세금을 걷는 등 남자 귀족이 해야 할 일을 도맡아 처리했습니다. 당시 헝가리는 끊임없는 전쟁에 시달리고 있었고, 군인이었던 남편은 집에 자주 올 수가 없었습니다. 그래도 그 사이에 딸 셋, 아들 넷을 낳아 길렀습니다. 29년간 함께했던 남편이 1604년에 사망하자 에르제베트는 남편의 모든 재산과 작위를 물려받았으며, 헝가리에서 가장 힘이 센 귀족이 되었습니다.

요즘은 서양의 여성 인권이 많이 강해졌지만 중세 때는 여성이 힘을 갖는 것에 대해 사회가 아주 탐탁지 않게 여겼습니다. 여성은 악의 근원이자 무식한 존재라고 생각했으며 남성이 지배하는 사회에서 여성은 재산이자 하녀, 후계자를 생산하는 도구에 불과한 존재였습니다. 그런

바토리 에르제베트의 유일한 초상화의 복제본. 1585년에 그려진 작가 미상의 그림으로 당시 그녀는 25살이었다.

상황에서 여성이 혼자 영지를 다스리고 권력을 휘두르고 있었으니 다른 귀족들이 과연 그녀를 곱게 보았을까요?

여기서 한 가지 알아두어야 할 사실은 당시 신교(프로테스탄트)가 바토리 가문의 영향력 아래 있었다는 점입니다. 구교(가톨릭)는 합스부르크 가문과 연결되어 있었죠. 당시 헝가리에서는 신교와 구교가 팽팽하게 힘겨루기를 하고 있었는데, 바토리 가문의 영향력이 큰 곳에서는 구교와 합스부르크 가문이 힘을 쓸 수가 없었으므로 바토리 가문의 힘을 약

67

화시킬 대책이 필요했습니다. 게다가 바토리 가문과 합스부르크 가문은 당시 유럽에서 가장 막강한 가문으로서 각자 헝가리 왕위에 대한 정통성을 주장할 수 있을 정도였습니다. 그렇기 때문에 합스부르크 가문이 승승장구하기 위해서는 바토리 가문의 이미지와 힘을 확실하게 없애버릴 방도가 필요했지요.

바토리 에르제베트에 대한 소문 중 하나는 그녀의 '마녀 왕국'을 가까스로 탈출한 농부 하나가 정부에 고발해서 정부가 '곧바로' 수사에 착수했다는 것인데, 이는 사실과 다릅니다. 당시 한 주교가 "이러이러한 소문이 있습디다." 하고 불평을 했는데, 그것은 1602년 무렵부터 시작된 것이었습니다. 그 말을 들은 정부는 아주 느긋하게 대응했습니다. 이야기를 들은 것은 1602년이었으나 이러한 소문에 대해 당시 바토리 가문을 눈엣가시처럼 여기던 투르조 백작이 조사에 착수한 것은 그로부터 8년이나 지난 1610년이었죠.

바토리 에르제베트에 대해 알려진 '~라더라' 식 소문은 다음과 같은 것들이 있습니다.

- 하녀가 머리를 빗겨주는데 머리카락이 뽑히자 분노하여 하녀를 때렸고 하녀의 얼굴에서 피가 에르제베트의 손으로 떨어졌는데, 그 부분의 피부가 팽팽해진 것을 느꼈다 ~더라. 그래서 그때부터 처녀의 피를 뽑아 목욕을 했다 ~더라.
- 피로 목욕하는 것만으로는 만족하지 못해서 직접 피를 마시기도 했다 ~더라. 심지어 여자가 정말 예쁘면 직접 목을 물어뜯어서 피를 빨아먹었다 ~더라.

· 여자들을 밧줄로 꽁꽁 묶어서 터질 것 같은 몸들을 얼음 위에 굴렸다 ~더라.
· 말 한 마디 잘못했다가는 바늘로 입을 몽땅 꿰매버렸다 ~더라.
· 과일을 훔쳐 먹으면 온몸에 꿀을 발라 벌레가 뜯어먹게 했다 ~더라.
· 머리를 잘라서, 또는 사람을 통째로 꼬챙이에 꿰어 세워두었다 ~더라.

말하자면 사람이 상상할 수 있는 온갖 잔인한 짓은 바토리 에르제베트에 의해 행해졌다고 소문이 났다고 보면 되겠습니다.

하지만 여기서 우리가 먼저 알아두어야 할 것은 그때는 1600년대, 철저한 계층 사회였으며, 현대인이 보기에는 끔찍하기 짝이 없는 고문들이 매우 당연시되던 시절이었다는 사실입니다. 도둑질을 하면 손을 잘라버리던 시절이었으니 바토리 에르제베트의 성에서도 말을 안 듣거나 게으름을 피우는 하인이나 농노들을 때리거나 고문하는 일은 충분히 있을 수 있는 일입니다. 이런 고문은 바토리가 '사이코' 여서가 아니라 옆 성에 가도 그 옆옆 성에 가도, 옆 나라를 가도 윗나라를 가도 얼마든지 일어나고 있었던 일이라는 말이죠.

바토리 에르제베트가 살해했다고 주장되는 여성의 수는 30~650명으로 아주 광범위합니다. 그녀가 살인을 저질렀다고 주장되는 시기도 1585년에서 1610년으로 다양하고요. 훗날에는 그녀가 운영했던 귀족 소녀들의 학교에서 자신의 딸들이 죽음을 당했다고 주장하는 귀족들이 나왔습니다. 바토리가 죽인 후에 자살로 위장했다는 것이었죠. 1610년, 바토리 에르제베트가 성을 떠나 '저택'이라 불리던 다른 곳에서 살고 있었을 때, 투르조 백작과 수사팀이 그녀의 성으로 쳐들어갑니다. 그리고 그곳에서 여성들을 고문하고 있던 하인 4명을 체포합니다. 그리고 그것을 증거삼아 바토리 백작부인을 그녀의 저택에서 체포해오죠.

그리고 재판이 시작됩니다. 우리는 여러 이야기를 통해 그녀가 모든 죄목에 대해 유죄 판결을 받았으며 왕족이기 때문에 그 많은 사람을 죽이고도 그냥 감옥에서 살다가 죽었다고만 알고 있습니다.

전해오는 말에 따르면 그녀의 성 주변에서 100구가 넘는 시신이 발굴되었다고 합니다. 제 생각으로는 사형에 처하기에 충분하다 못해 넘쳐 흐르는 양의 증거로 보이는데요. 하지만 당시 헝가리의 왕은 이렇게 많은 증거에도 불구하고 더 상세히 조사할 것을 명했다가 투르조 백작이 만류하자 더 이상 조사하지 않습니다. 왕은 왜 더 조사를 하자고 했으며 투르조 백작은 왜 그것을 만류했던 것일까요? 이 때문에 투르조 백작이 조작한 사건이라는 견해도 있습니다. 바토리와 투르조가 정치적으로 앙숙이었기 때문이죠.

바토리 에르제베트의 재판은 어찌된 일인지 정작 당사자는 재판정에 출석하지 않은 채 하인들의 증언으로만 진행되었습니다. 그들은 처음에는 바토리가 죽인 사람이 37명이라고 했다가 50명을 죽였다고 했다가 100명을 죽였다고 했다가 200명이라고 했다가 결국 650명을 죽였다고 증언합니다. 일기장에 모두 쓰어 있다고 하면서요. 오늘날까지도 바토리 에르제베트의 일기장은 행방이 묘연한 상태입니다. 남아 있는 것은 32장의 편지뿐이지요. 그 후 650명이라고 증언했던 증인은 얼마 후에는 사실은 650명이 아니라 80명이라고 자신의 증언을 또 다시 번복했습니다. 주2

그렇다면 왜 바토리 에르제베트를 재판정에 출석시키지도 않은 채

고문을 즐기고 있는 바토리. 헝가리의 인상파 화가 이스터반 초크가 1893년에 그린 그림이다.

서둘러 유죄 판결을 내린 것일까요? 오늘날의 우리가 보기에도 바토리 에르제베트에게 내려진 유죄 선고는 정당하고 올바른 판결일까요? 이제 바토리 에르제베트에게 씌워진 혐의에 대해 논리적으로 접근해 보겠습니다.

첫째, 바토리 에르제베트가 '피의 백작부인'으로 등극하며 악명을 높이는 데 크게 공헌한 650명이라는 숫자는 사실 믿기가 상당히 어려운 것이, 지금이야 경찰이 눈을 감으면 한 도시에서 650명이 한 명씩 사라져도 눈치 채지 못할 수도 있겠지만 중세 시대에는 한 마을의 인구가 다 합쳐도 기껏해야 500~600명이었습니다. 여자만 650명이니 남자가 같은 수였다고 쳐도 1,300명 이상의 사람이 사는 마을이었다는 소린데, 거기서 심지어 처녀만 650명이니 마을이 아무리 적어도 2,500~3,000명은 되는, 당시로서는 엄청난 대도시였어야 한다는 소리죠. 영국을 예로 들자면 1377년 당시 대도시였던 옥스퍼드의 인구는 2,357명, 노팅엄은 1,447명이었으며 과거에 큰 마을이었던 다트퍼드의 경우 16세기에 들어서도 인구가 1,000명이 채 되지 못했답니다. 그런 마당에 처녀들만 우르르 사라지는데도 사람들이 10년 동안이나 그 성에서 태평하게 잘 먹고 잘 살았다니 수상하지 않을 수 없습니다.

둘째, 바토리 에르제베트가 그리 신나게 물고 뜯고 씹고 맛보았다는 피의 양도 의심쩍기 그지없습니다. 16세기 프랑스에서 하이힐이 발명된 이유가 길거리에 오물이 넘쳐났기 때문이라고 할 만큼 중세는 배수 시설이 아예 없거나 무척 열악하던 시절이고 인구가 매우 적었다는 것을 고려하고 생각해볼 것이 있습니다. 수돗물이라는 것은 상상할 수도 없었고 모든 사람들이 마을 앞에 흐르는 강물이나 시냇물, 또는 우물물을 그대로 길어다 마시거나 생활용수로 쓰던 시절이라는 것도요.

한 사람이 사람 피로 욕조를 가득 채워 목욕을 하려면 적어도 8~10명의 피가 필요하다고 합니다. 바토리 백작부인의 영지에 당시 유럽 마을 평균 인구인 500명이 거주했다고 쳐볼까요. 피로 가득 찬 욕조에 몸을 푹 담갔다고 하니 그녀가 목욕 한 번 할 때마다 10명씩 잡아오고 피를 뺀 시체를 몰래 파묻어야겠죠? 대략 50번만 목욕을 해도 마을 사람 다 죽겠습니다. 물론 처녀만 고르려면 그 수는 더 줄어들겠고요. 게다가 목욕이 끝나고 나면 피는 어디에 버려야 할까요? 강에 버리거나 땅에 버리게 되면 아랫마을 사람들까지 붉은 핏물을 먹게 됩니다. 소문처럼 650명이나 죽였다면 그 많은 시신은 묻을 곳이 없었을 것이며 시체가 썩어가는 악취가 지독하여 도저히 숨길 수가 없었을 것입니다.

하지만 바토리 에르제베트는 이에 대해 해명할 기회를 얻지 못했고 하인들의 "제 잘못 아니에요! 바토리 백작부인이 다 시킨 거예요! 난 하기 싫었다구요!"라는 증언에 의해 무기징역을 선고받습니다. 그리고 3년간 독방에 수감되었다가 원인 모르게 사망하지요. 독살 가능성도 배제할 수 없습니다. 당시 엄청난 부자였던 바토리 부부는 헝가리의 왕이자 그녀의 재판관이었던 마시야스 2세에게 상당한 액수의 돈을 빌려 주었는데, 남편이 이미 사망한 상황에서 바토리 에르제베트까지 사망할 경우 왕이 돈을 갚을 의무 역시 사라지는 것이었기 때문이죠.

그녀의 재판 이후 전 유럽은 이 소문으로 떠들썩했습니다. 사람들은 이 끔찍한(그러면서도 재밌어 죽겠는) 사건을 열을 올리며 동네방네 떠들어 댔고 이야기는 점차 부풀려져 어디까지가 진실이고 어디까지가 허풍인지 구분하기도 어려울 지경으로 퍼져나갔습니다.

바토리 에르제베트가 사망한 지 100여 년이 흐른 뒤인 1796년에 미카엘 바그너라는 독일 학자가 『미美 중독: 비인간적인 잔혹함의 근원 *Schönheitssucht, eine Quelle unmenschlicher Grausamkeit*』이라는 책을 집필하기에 이릅니다. 그러나 그는 최대한 흥미 위주로 글을 썼고, 전설과 소문에 근거하여 재판 기록에는 등장하지 않는 고문과 패티시 성향을 집어넣었습니다. 바로 그 책에 바토리 에르제베트가 머리 장식을 달아주던 하녀가 실수로 머리카락을 잡아당기자 뺨을 후려쳐서 피를 봤고 그로 인해 피에 탐닉하게 되었다는 '이야기'가 등장합니다.

그러나 당시 재판 기록이나 공식 서류에서는 그러한 행위에 대한 대목은 찾아볼 수 없습니다. 그 유명한 '피의 목욕'도, 650명이 넘는 살해도 모두 소문일 뿐입니다. 앞서 말했듯이 당시 바토리는 적이 많았고 그녀가 죽으면 이득을 볼 이들이 많았으니 이러한 고문이 행해졌다면 결코 숨길 이유가 없었음에도 불구하고 그런 기록이 존재하지 않으므로 실제로는 벌어지지 않았다고 보는 것이 논리적일 듯합니다. 그럼에도 불구하고 바그너가 쓴 바토리 이야기는 오늘날까지 수많은 문학 작품과 영화 등에 영감을 주고 있습니다.

바토리 에르제베트는 정말로 사악한 마녀였을까요? 이 질문에 저는 '아니요'라고 답하겠습니다. 객관적인 증거도 너무나 부족하고 그녀를 재판한 재판관은 채무자였으며, 여성이 권력을 갖는 꼴을 못 보는 세력도 막강했구요. 후에 마녀 전설에 더욱 불이 붙게 된 것은 당시의 종교와도 연관이 있습니다. 미신의 힘이 강하고 악마가 돌아다닌다고 믿었던 시절이라 늑대인간, 흡혈귀, 마녀, 악마, 몽마 등을 믿었고 이렇듯 그들이 존재한다는 증거(?) 같은 이야기는 오늘날 'UFO가 발견됐대!'라고 하는 것과 마찬가지로 흥밋거리인 이야기였던 것이죠.

그렇다면 바토리 에르제베트는 희생당한 불쌍한 사람이냐면, 반드시 그렇지만은 않은 것 같아요. 당시에는 일반적이었다고는 하지만 하인들이 고문을 당한 것은 사실이고 그녀가 권력 투쟁에서 밀려난 것도 사실이지요. 막강한 권력을 가졌음에도 자기편을 만들어두지 못하고 자신에게 누명을 씌우려는 10년에 걸친 움직임도 간파하지도 못했으니 권력 투쟁의 패배자일 뿐, 순수한 희생양까지는 아닌 것 같습니다.

역사는 승자에 의해 쓰이는 것이고 죽은 자는 말이 없으니 진실은 영영 어둠에 묻히고 말았지만 만약 결백하다면 자신의 이름이 500년이 지난 오늘날까지도 잔인한 여자의 대명사가 되어 있으니 저승에서 바토리 백작부인이 얼마나 괴로워할까요.

7. 중세 유럽에 여자로 태어났다면?
– 계층별로 살펴본 중세 여성의 삶

만약 여러분이 중세 유럽에서 여자로 태어났다면 일상의 삶은 어땠을까요? 중세 유럽에서 여성의 지위는 말할 것도 없이 낮아 많은 여성들이 고달픈 삶을 살았습니다. 클뤼니 수도원의 제2대 원장이었던 오동이 여성에 대해 한 말을 보면 당시 여성의 지위가 어느 정도였는지 짐작할 수 있습니다.

> 육체의 아름다움은 살가죽을 넘어서지 못한다. 남자들이 살가죽 밑에 있는 것을 본다면, 여자를 보기만 해도 속이 뒤집힐 것이다. 손끝으로 가래침이나 똥도 만지지 못하는 우리가 어떻게 그 오물 자루를 포옹하기를 원할 수 있겠는가?[주3]

성직자들이 여성을 역겨운 생물이라 여기고 혐오감을 갖는 일은 매우 흔해 중세 사람들은 여성이 선천적으로 욕망이 강하고 남성을 타락시키는 악마의 자식이라 생각했습니다.

『성경』의「창세기」에 보면 태초의 남성과 여성은 아담과 하와입니다. 하와는 뱀으로 변한 악마의 유혹에 빠져 선악과를 먹게 되고 그럼으로써 인간은 영원한 고통의 나락으로 떨어집니다. 여성은 하와의 후예였고 그러므로 쾌락과 타락에 쉽게 빠지며, 신뢰할 수 없는 존재로 일컬어졌습니다.

중세 유럽에서 태어났다면 여러분은 어떤 계층이었을 것 같은가요? 대부분의 우리나라 사람들은 전생에 점잖은 양반이나 위엄 있는 왕, 또는 요염한 기생이었을 것으로 생각한다고 합니다. 그러나 사실 어떤 시대든 인구의 90% 이상은 하루하루 입에 풀칠하며 살다 죽은 평민이었습니다. 그러니 우선 당신이 평민으로 태어났다고 생각해봅니다.

피임이라는 개념은 사실 여성의 인권과 함께 성장한 개념입니다. 남자들 입장에서야 아이를 많이 낳을수록 좋으니까요. 일손도 생기고 대를 이을 애들도 많아지고 몇 명이 죽더라도 대체할 애들이 얼마든지 더 있게 되는 것이니 싫을 게 뭐 있겠습니까. 하지만 여자 입장에서는, 요즘도 그렇지만 특히 옛날에 임신과 출산은 죽음의 문턱을 넘나드는 무시무시한 고통이었습니다. 그러므로 당신은 아마 형제가 굉장히 많은 환경에서 태어났을 것입니다. 특히 농부나 어부 등 노동력이 많이 필요한 집안의 자식이라면 말이지요.

당신은 현대의 눈으로 보면 굉장히 어린 나이인 12~14살에 결혼을 합니다. 평민인 경우 마음에 드는 남자와 결혼할 수 있지 않을까 생각할지도 모르지만 사실 노동 계층은 그곳을 다스리는 영주의 재산이었습니다. 그러므로 영주가 결혼을 허락해야만 결혼을 할 수 있습니다. 허락을 받았다면 당신은 이제 남편과 공개적으로 결혼식을 올립니다. 없는 살림에 신부를 위해서 새 옷을 짓거나 할 이유는 없습니다. 대부분은 갖고 있는 옷 중에 가장 말쑥한 옷을 입고 성당 신부님의 축복을 받으며 사람들 앞에서 결혼식을 했습니다. 비밀 결혼은 물론 불법이었죠. 특히 교회에서 공개적으로 결혼할 것을 강조하곤 했는데요. 이는 교회가 연인들이 자신이 원하는 사람과 상호 동의 하에 행복한 결혼을 할 수 있도록 이어주려 했기 때문이었습니다. 물론 연애로 결혼하는 경우가 많지는 않았지만 그래도 이상적으로나마 사랑의 결실이 결혼이라 생각했음을 알 수 있습니다.

그럼 당신의 하루를 살펴볼까요? 해가 빨리 뜨는 여름은 당신이 가장 싫어하는 계절입니다. 해가 빨리 뜬다는 것은 그만큼 더 빨리 일어나야 한다는 뜻이고, 그러면 당신은 한여름에는 새벽 3시부터 하루 일과를 시작해야 합니다. 남편이 옆에서 코를 골며 자고 있는 동안, 당신은 밤사이 집 안에 넣어두었던 가축들을 이끌고 밖으로 나가서 거위, 닭, 소, 염소 등에게 먹이도 주고 닭들이 새벽에 낳아놓은 달걀도 챙기고 소나 염소의 젖도 짜야 합니다. 물론 이 많은 가축들이 당신의 소유일 가능성은 대단히 희박합니다.

이제 아침식사 준비를 합니다. 식사는 주로 곡식으로 만든 죽이나 거친 빵을 먹었습니다. 길에서 간간히 발견할 수 있는 참새, 고양이, 개구리 따위는 잡아먹어도 괜찮지만 숲에서는 갓 죽은, 맛있어 보이는 멧돼지를 발견했다 해도 절대 건드려서는 안 됩니다. 숲 속의 야생 동물은 영주의 소유물이므로 아무리 작은 동물이고 썩어들어가는 동물이라 해도 건드렸다간 영주의 재산을 도둑질한 셈이 되어 큰 벌을 받았죠. 아침을 준비하고자 우선 화로의 불씨를 살리고 음식 준비를 시작합니다. 온 가족을 다 먹여야 하니 만들어야 할 음식의 양도 꽤 많습니다. 달랑 부부 둘만 사는 집이 아니라 대부분 3~4대가 다 함께 모여사는 대가족이었으니까요. 식사 준비가 끝나면 온 가족을 부릅니다. 다들 맛있게 먹네요. 잠깐! 당신은 기다려야 합니다. 여자니까요. 아이들과 남자들이 다 먹고 난 후 남은 게 있다면 먹고, 없다면 굶습니다.

이제 동이 트기 시작하니 밭으로 나가서 일을 시작합니다. 아직 그 어떤 농기계도 발명되지 않았던 시대이니 모든 일은 손으로 해결해야 합니다. 허리가 부러질 듯 아파오지만 해는 여전히 중천에 떠 있고 해치워야 할 일은 해도 해도 태산같이 쌓여 있습니다. 모든 일을 빨리 끝마치고 쉬고 싶지만 밭일 하나에도 여자 '따위'에게는 감히 허락되지 않는 일들이 있었습니다. 특히 땅은 여성이니 그 위에 쟁기를 끄는 일은 남성만의 특권이었고 여성이 손을 대서는 안 되었습니다.

마을 여자들과 함께 숲으로 갑니다. 숲에서 여러 종류의 과일과 약초, 허브 등을 채집하고 집에 와서 채집한 것을 이용해서 오래 보존할 수 있는 음식을 만듭니다. 하필 과일 등이 풍성할 때도 여름이라 이글거리는 불 앞에서 땀을 뻘뻘 흘리면서 요리를 하는 수밖에 없습니다. 그래야만 겨울에 먹고 살 수 있으니까요.

해가 슬슬 지기 시작하면 쉴 수 있을까요? 당연히 아닙니다. 저녁을 차리고 다시 한 번 남자들과 아이들이 다 먹을 때까지 기다린 후 남은 것을 먹습니다. 그리고 찢어지고 해진 옷을 수선하거나 한 땀 한 땀 바느질을 해서 새로 옷을 짓습니다. 실도 자아야 하고 밀가루를 반죽해서

빵도 구워야 하고 가축들도 우리에 집어넣어야 하고 집안 청소도 해야 하고 남편이 원할 때면 언제든 부부관계도 해야 합니다.

  낮이고 밤이고 쉴 시간은 거의 없었습니다. 평균 수명이 괜히 짧았던 게 아니라서 중세 시대 사람들의 평균 수명은 40대 초반에서 중반 가량이었습니다. 즉 동화 「헨젤과 그레텔」에 나오는 마귀할멈은 사실 39살 먹은 젊은 여성일 수도 있는 거죠. 힘들어 보이는 삶이지만 사실 지금까지 말한 것은 당신이 그저 집안일만 하면 되는 걱정 없는, 성실하게

부엌에서 요리를 하고 있는 중세 여성.

일하는 남편을 두었을 경우의 '편안한' 삶 이야기입니다. 만약 당신이 일은 안 하고 만날 술만 퍼마시고 게으르며 폭력적인, 툭하면 주먹을 휘두르고 발길질을 해대는 최악의 남편을 만났다면 어떻게 해야 할까요?

이럴 수가! 우선 이혼은 불법이랍니다. 어쩔 수 없죠. 남자가 일을 안 하면 여자가 살림도 하고 애도 키우고 돈도 버는 수밖에요. 집에서는 아이들이 배고프다 울고 연로하신 시부모님께선 굶주린 배를 움켜쥐고 계십니다.

포도주를 만들고 있는 중세 여성.

그럼 다시 당신의 하루를 살펴봅시다. 남편 직업은 무엇일까요? 대장장이라고 칩시다. 그러면 당신은 새벽 3시에 일어나서 가축들 먹이를 주고 아침 식사를 준비한 다음 밭에 나가서 잡초 좀 뽑은 후 대장간으로 갑니다.

물론 결혼 전에도 '어화둥둥 내 새끼' 하며 키워지지는 않았을 테지만 그래도 대장간 일을 해보는 것은 처음입니다. 이제 어쩔 수 없습니다. 팔뚝 굵어지고 근육 불거지는 것을 걱정할 때가 아니니 집에서 퍼질러 자고 있는 남편 얼굴이라 생각하며 철을 사정없이 두들겨주세요. 빵 만드는 남자랑 결혼했으면 빵 반죽을 때리고 어부면 물고기를, 푸줏간이면 돼지를 잡아봅시다. 대장간 일이 끝나면 이제 다시 옷 수선하고 실도 잣고 밀가루 반죽해서 빵 굽고 가축 돌보고 부부관계 하고 약초나 허브나 과일 챙겨서 보존 음식도 만듭니다. 간혹 먹을 것이 없다면 여자들이 사냥을 나가 먹을 동물을 잡아 오기도 합니다.

'인생의 난이도가 지나치게 높은 것이 아닌가' 고민하고 있을 때 아이를 임신합니다. 예나 지금이나 똑같이 힘든 임신 기간은

사냥을 하는 중세 여성을 묘사한 그림.

건너뛰어 출산 장면으로 가봅시다. 당신은 아마 출산에 대해 기대하고 있을 것입니다. 아이를 끔찍이도 사랑해서라기보다 여자의 가장 큰 '의무'가 아이를 낳는 것이라고 귀에 못이 박히게 들으면서 끊임없이 세뇌당했기 때문이죠.

출산일이 다가왔습니다. 요즘은 그나마 산모의 고통을 덜어주고 빠르고 건강하게 아이를 출산하기 위한 기술이 많이 발달되어 있지만 중세에 그런 건 당연히 없습니다. 불에 타죽는 일 다음으로 고통스럽다는 출산의 고통이 시작되면 당신은 집 안으로 옮겨집니다. 남편은 밖으로 쫓겨나 술을 퍼마시든 꿇어앉아 기도를 하든 놔두고 당신이 누워 있는 방안은 문이며 창이며 모두 꽁꽁 닫습니다. 출산 시에 악령이 들어오지 않도록 하는 것이지요.

아이를 낳을 때는 여자 형제, 친척, 친구들이 들어와서 응원을 해주고 산파와 조수가 들어왔습니다. 그렇잖아도 꽉 막혀 있는 방안에 불을 활활 지피고 사람도 많으니 방 안의 온도는 어마어마하게 높습니다. 어떤 경우에는 쪼그려 앉은 자세로 아기를 낳았다고 합니다. 약 20번 정도 힘을 주면 아기가 태어난다고 봤던 당시에 만약 20번 힘을 주었는데도 아기가 나오지 않으면 그때부터는 온 집안 사람들이 집안 곳곳의 서랍과 찬장을 모두 열어놓습니다. 자궁이 열리도록 하는 상징이었지요. 그 밖에도 출산의 고통을 겪는 와중에 성인전을 읽거나 성 유물을 배 위에 올리기도 하고 기도문을 외며 건강히 출산한다면 성인께 봉헌하겠다는 약속을 하기도 했습니다.

그게 그리 도움이 될 것 같지는 않지만 아무튼 당신이 무사히 아기를 낳는다면 태어난 아기의 탯줄을 자릅니다. 아기는 곧바로 따뜻한 물에

17세기 네덜란드의 풍속 화가인 얀 스테인이 그린 「탄생 축하」(1664). 아이의 출산은 동서고금을 막론하고 기쁜 일이다.

씻겼는데 12세기에는 아이의 입을 뜨거운 물로 씻는 것이 관례였습니다. 그래야 아기가 말을 똑바로 한다고 생각했던 것입니다.

아기는 이제 팔다리를 똑바로 한 채로 천에 둘둘 말렸습니다. 그래야 아기의 팔다리가 바로 자란다고 생각했기 때문이었죠. 한때는 유아 사망률이 대단히 높았기 때문에 아기에 대한 어머니들의 애정도가 낮았다고 합니다. 하지만 어머니가 아기에게 신경을 덜 쓸수록 유아 사망률이 높아지는 악순환이 생겼기 때문에 정부 차원에서 어머니의 모성애를 강조했고, 이때부터 자식에 대한 어머니의 사랑은 자연스러운 것이라는 인식이 생겼다는 설도 있습니다.

아무튼 이제 당신은 태어나자마자 죽거나 죽어서 태어난 아이들을 포함해 열 몇 번씩 임신하던 시절에 드디어 첫 아이를 낳았습니다. 자, 누워만 있지 말고 어서 일어나 밭으로 나갑시다. 당신이 애 낳느라 며칠 쉬었더니 이놈의 잡초들이 쑥쑥 자라 있네요. 시아버지는 요즘 몸이 안 좋다고 침대에서 나오질 않으니 시아버지 몸 씻기고 배변 처리하는 일에 어린애 젖 주고 돌보는 일까지 새로 생겼습니다. 하지만 아이는 4살쯤 되면 노동력으로 쓰였으니 육아에 그렇게 오래 고생할 필요는 없습니다. 다만 애가 계속 생기는 것이 문제일 것이고 아이가 5살이 되기도 전에 죽을 가능성이 절반을 훌쩍 넘었으니 정말이지 걱정이 끊이지 않겠네요.

이런, 전쟁이 났다고 하네요? 어머나, 세상에! 당연히 예의 바르게 남자들이 싸우러 가고 여자와 아이들은 숨어 있겠죠? 우리는 중세 시대에 있답니다. 1920년대라면 그래줄지 몰라도 지금은 도둑질하면 손목이 댕강, 잘려나가는 시대! 당신은 대장간에서 당신이 갓 만든 날이 시퍼런 도끼를 움켜쥐고 달려 나가야 합니다. 이게 뭔가요. 백성이니까 싸울 때 남자랑 똑같이 싸워야 하고 여자니까 음식도 하고 붕대도 만들고 부상자도 돌봐야 합니다. 게다가 성이 함락되면 강간당하고 죽음을 당하는 것도 여자이지요. 힘내세요! 한쪽 엉덩이에는 갓난아이를 걸치고 성벽 위에서 돌을 던지며 살아남으세요!

다만……. 당시는 병에 걸리면 의사 불러봤자 하는 일이라고는 고작 피 빼는 일밖에 하지 않던 시절입니다(166쪽 참조). 백날 고생해서 성(城) 지켜봤자 아파서 드러누우면 출혈 과다로 죽습니다!

자, 이번에는 약간 운이 좋아서 귀족 가문의 딸로 태어났다고 생각해 봅시다. '우와, 멋져!'라고 생각하실 수 있겠지만 사실 우리가 동화나 영화에서 봐온 '아름다운 레이디와 그를 찬양하는 기사' 같은 것과 실제 삶은 굉장히 다릅니다. 중세의 기사도 정신 때문에 중세 여성들의 삶에 대해 오해를 하는 경우가 많은데, 중세 여성들의 지위를 연구했던 아일린 파워는 『중세의 여인들』이라는 책에서 이렇게 썼습니다.

> 여성을 이처럼 떠받드는 이상은 소수의 귀족 계급에게만 적용되었고, 귀족이 아닌 여자들에게는 별 영향력을 미치지 못했다. (중략) 또한 귀족 계급 내에서도 궁정연애의 이상은 전혀 다른 행동 양태를 은폐하는 아주 얇은 피막에 불과했다. [주4]

당신은 12살이 되었습니다. 당신의 부모는 귀족이지요. 그러면 당신은 당연히 정략결혼을 해야 합니다. 결혼이 정말 끔찍하게 싫다면 수녀원으로 갈 수도 있습니다. 하지만 수녀원은 지금보다 훨씬 더 규율이 엄격했고 감옥 생활 비슷한 삶을 살아야 했습니다. 더욱이 만약 당신의 부모님이 자식 복이 없어 당신이 외동딸이라면 수녀원에 가는 것만큼 부모님에게 불효하는 것이 없겠지요. 기껏 키워놨는데 당신을 정치적으로 써먹을 수가 없으니까요.

여성의 경우 12살, 남성은 14살이 넘으면 결혼할 수 있었습니다. 다만 여자아이들은 어린 나이라도 생리만 시작하면 보내졌던 반면 남성은 24살 즈음에 결혼했기 때문에 10살, 20살씩 나이차가 나는 것은 아주 흔한 일이었습니다. 여자아이들은 너무 어릴 때 결혼했기 때문에 아직 성숙하지 못한 몸으로 임신하여 임신 기간 중에 사망하거나 출산 중에 사망하는 일이 자주 있었습니다.

귀족의 딸이므로 결혼할 때 새 드레스 한 벌쯤은 얻을 수 있었을 것입니다. 하지만 금실, 은실과 값비싼 천으로 도배를 한 드레스는 가격이 굉장히 비쌌기 때문에 엄청난 귀족이 아닌 이상 귀족이라고 해서 많은 옷을 가지지는 않았습니다. 신부님의 축복 밑에서 결혼할 사람을 처음으로 만나고, 딸의 아버지는 딸을 위해 최대한 성대하게 결혼 피로연을 열었습니다. 물론 그 비용도 전부 신부 집안에서 댔지요. 멋진 잔치를 위해 어마어마한 돈을 써야 했으니 왜 아들을 선호했는지 알 만하죠. 왕과 왕비 또는 왕위 계승권자일 경우 남들이 지켜보는 앞에서 첫날밤을 치렀습니다.

결혼은 누군가 결혼식 도중에 결혼해서는 안 되는 이유를 말하면 이루어질 수 없었습니다. 미국 드라마의 결혼식 장면에 늘 나오는 말이 있죠? "지금 말하거나 영원히 입을 다물라(Speak now or forever hold your peace)." 중세 때는 신랑이나 신부 나이가 너무 어리거나 강간이나 불륜, 근친상간으로 이루어진 결혼이거나 두 사람 중 하나가 종교에 귀의하겠다고 밝힌 경우에 한해 결혼이 취소되었습니다.

다행히도 당신은 귀족이므로 평민 아낙들처럼 밭일이나 부엌일은 하지 않아도 되지만 당신이라는 존재는 언제나 남편의 부속품이었습니다. 장난감이나 애완동물 정도의 존재였죠. 당신은 남편을 즐겁게 해주기 위해 노래를 부르고 악기를 연주하고 춤을 추어야 합니다. 남편이 당신을 아무 이유 없이 갑자기 때리더라도 얌전히 맞아야 했으며 허락 없이는 결코 의견을 제시할 수 없었습니다. 남편이 말을 걸지 않았는데 먼저 말을 걸면 순종적이지 않은 여자란 소리를 들었고 남편이 없을 때는 반드시 순결을 지켜야 했으며 정숙함이 의심되는 행동을 했다가는 소박을 맞아 가문에 누를 끼칠 수도 있었습니다.

　이혼 역시 불법이었습니다. 이혼이 가능한 경우는 남편이 성불구자일 경우뿐이었습니다. 남편이 불륜을 저지른다면 '남자가 뭐 그럴 수도 있지'라는 헛소리를 들으며 참아야 했고 남편이 자신을 강간했다 해도 세상은 그것을 강간으로 쳐주지 않았죠. 남편의 폭력은 너무나 당연한 것이었으며 정신적 폭력이란 말 자체가 생소했지요.

　당신은 귀족 부인으로서 사교계에서 품위 있게 행동하고 수를 놓고 하인들을 제대로 단속하고 남편이나 가문에 권력이 좀 있어서 궁으로 들어가서 왕비나 공주의 궁중 말동무가 된다면 그곳에서 은근히 정치

1415년 무렵에 그려진 「천국의 작은 정원」이라는 작품으로, 성모 마리아와 아기 예수가 궁정의 정원에서 여러 성인들과 한가로운 한때를 즐기고 있는 모습을 묘사했다.

적인 활동도 해야 했지요. 권력의 흐름을 잘 살피고 누구랑 어울려야 하는지 누가 수상하게 행동하는지 등등을 남편이나 집안의 권력자에게 보고해야 했습니다.

남편을 사랑하는 경우가 그리 많지는 않았을 수도 있었으나 아무래도 평생 함께 살았으니 우정 정도는 있었을 것이라고 보입니다. 그 때문에 기혼녀를 사랑하는 일이 유행했습니다. "사랑하지만 가질 수 없는 그대! 아아, 세상에 이렇게 비극적인 일이!" 식의 극적인 감정에 많이들 빠졌던 거죠. 대부분의 사람들이 사랑과는 거리가 먼 결혼 생활을 했기 때문에 사랑으로 결혼하는 것은 더 없는 환상이고 황홀한 꿈이었습니다. 그래서 더욱 유행했죠. 아일린 파워는 『중세의 여인들』에서 이렇게 말하고 있습니다.

> 기사도의 숙녀는 아름답고 우아한 인물이지만, 궁정이나 대귀족의 성을 제외하고는 실재하는 인물이 아니었다. 그녀의 이미지는 로맨스에서 따온 것이고, 중세의 낭만적 서사시는 오늘날의 로맨스 소설과 마찬가지로 현실의 재현이 아니라 현실에서의 도피였다. [주5]

그래서 기사들은 기혼녀를 상대로 사랑의 세레나데를 불렀고 그들의 손수건을 가슴에 품고 다녔습니다. 그들 중 몇 명이 선을 넘었는지는 알 수 없으나 그런 사랑 표현은 나중에는 궁정 예의로 정착되어 대부분의 남녀가 서로를 사랑하고 있다는 듯 행동하는 궁정 연애로 발전했습니다. 덕분에 많은 불륜과 스캔들이 생겼고 역사가 바뀌기도 했답니다.

중세의 연애를 묘사한 그림.

귀족의 부인인 당신도 아이를 낳을 때는 평민 여성과 별반 다를 것이 없었습니다. 출산의 고통에는 계층이 없으니까요. 꽉 막힌 방 안에 산파의 숫자가 평민 여성보다는 많을 것이고 만약 출산 과정이 제대로 이루어지지 않는다면 남자 의사가 불려왔습니다. 온 집안의 여자 친척이란 친척은 다 몰려왔고 방안은 후끈후끈했습니다. 왕족이나 귀족일수록 검증되지 않은 방법으로 아이를 낳았다가 아이가 잘못되면 큰일이었기 때문에 대부분의 귀족은 누워서 아이를 낳았습니다. 왕비가 아이를 낳는다면 그 방은 천사가 출산을 지켜보는 내용의 수가 놓인 천으로 둘러싸이게 되는데 이 천은 임신 기간 동안 왕비와 말동무인 귀족 여성들이 한 땀 한 땀 수를 놓곤 했습니다.

전체 여성의 20%는 아기를 낳다가 죽었으며 이는 젊은 여성 사망 원인의 부동의 1위였다고 합니다. 20번을 힘을 주었는데도 아기가 태어나지 않으면 귀족 집안에서도 온갖 서랍이란 서랍은 다 열고 하늘로 화살도 쏘아 올렸습니다. 그리고 아기가 태어나면 데운 우유나 와인으로 아기의 몸을 씻겼습니다. 아기의 미각을 발달시킨다는 이유로 아기의 입에 꿀을 넣기도 했습니다.

첫 아이라 사랑스러운가요? 꼬옥 끌어안고 젖을 먹이고 싶은가요? 당신은 귀족 여성이므로 그런 행위는 용납되지 않습니다. 당신의 아이는 유모의 젖을 빨았고 당신은 가슴이 팅팅 부풀어 아프더라도 꾹 참아 가슴의 예쁜 형태를 보존하고 최대한 빨리 다시 유혹적인 자태가 되어 남편을 위해 아들을 낳아줄 수 있는 몸이 되어야 했습니다. 아이의 유모는 아주 엄격한 기준을 거쳐 선발되었습니다. 유모의 젖을 먹고 자라므로 아이의 성품이 유모를 닮게 된다고 생각했기 때문입니다.

여성이 교육을 받는 일은 거의 불가능했습니다. 왕비마저도 자신의 이름자나 겨우 쓰는 경우들이 흔했으며 오늘날 알려진 중세의 극소수 여성 작가나 작곡가들은 정말이지 자비롭기 짝이 없는 아버지를 둔, 대단히 축복받은 사람들이었습니다. 특히 여성이 글을 읽게 될 경우 기사들이 쓰는 열정에 들뜬 편지와 시를 읽고 이해하게 될 것이고 유혹에 약하고 타락하기 쉬운 여성인 만큼 금방 악에 물들게 될 것이라는 것이 일반적인 생각이었죠.

귀족이나 부자인 여성들 역시 남편을 대신해서 여러 일을 했습니다. 상인일을 하거나 남편이 죽거나 전쟁에 나간 경우 영주 역할을 하기도 했고 남편이 부재중일 때에는 전쟁에 나가기도 했습니다. 마을에서 일어난 분쟁이나 문제에 판결을 내리고 징벌을 선고했으며 세금도 거둬들였습니다. 남편이 죽을 경우 당신은 과부로 살아가거나 수녀원에 들어갈 수 있었습니다. 친정에 돈이 좀 있거나 남편이 부자였다면 당신의 삶은 매우 편해집니다. 툭하면 폭행을 해대던 남편은 없어졌고 돈은 있으니 편히 살 수 있었죠. 하지만 많은 경우 수녀원으로 보내졌습니다. 많은 여성들이 교회에 매우 자주 갔지만 그중 진실로 신실했던 사람은 별로 없었습니다. 진정으로 신을 따르고자 수녀가 된 것이 아니라 어쩔 수 없이 수녀가 되는 경우가 많다보니 뇌물을 받거나 수도승을 포함해 여러 남자들과 놀아나는 경우가 많았고 그로 인해 여성의 이미지가 나빠져서 여성이 더욱 억압받고 수녀원으로 쫓겨나는 경우가 늘어나는 악순환이 반복되었죠.

만약 당신이 운이 좋아서 많은 아들들을 낳았다면 삶은 좀 더 편할 수도 있었으나 딸만 줄줄이 낳았다거나 아예 자식을 못 낳았다면 삶은 그보다 더 끔찍할 순 없었습니다. 남편의 사랑은 기대하기 힘들었던 시기에 남편이 냉정하고 분노에 차 있는 것만큼 아내가 스트레스 받는 일은 없을 테니까요.

왕족이든 평민이든 중세 여성들은 참 고달픈 삶을 살았습니다. 그 시대를 살아갔던 여성들은 자신이 불행하다고 생각했을까요? 아니면 너도나도 다들 그렇게 사니 당연하다고 생각했기에 그러려니, 하고 살았을까요?

8. 중세 유럽에 남자로 태어났다면?
− 계층별로 살펴본 중세 남성의 삶

　이번에는 중세 시대에 남자로 살았다면 어땠을지 한번 알아보겠습니다. 중세 유럽은 남자가 지배한 세상이었다는 것은 앞의 이야기를 통해 확실히 느꼈겠지요. 그렇기 때문에 남성의 삶은 당시 사회 구조에 굉장히 큰 영향을 받았습니다. 물론 여성들도 큰 영향을 받았으나, 보셨다시피 천하거나 귀하거나 여성은 똑같이 억압받고 사는 존재였지요. 그러니 간단하게 중세 유럽의 사회 구조를 설명하면 94쪽과 같습니다.

　남성은 아버지가 어느 계층에 속하여 어느 정도의 돈을 버느냐에 따라 인생이 180도 달라졌습니다. 예를 들어 상인 계층의 천한 출신이었다고 해도 인도 무역을 꽉 잡고 있는 사람이라면 귀족을 넘어 왕족과 놀았고 귀족이라 해도 돈이 없으면 쩔쩔 매야 했지요. 그러니 어찌보면 지금보다 더 물질만능주의였다고 볼 수도 있겠습니다.

　그럼 우리가 계층 피라미드의 맨 밑바닥에 깔려서 허덕이는 농노라

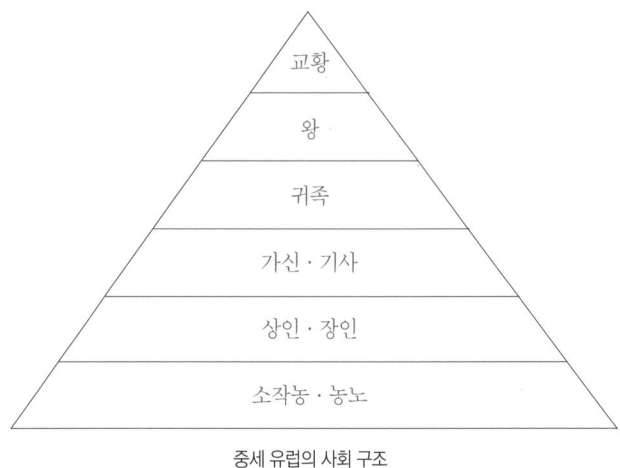

중세 유럽의 사회 구조

고 생각해봅시다. 당신의 삶은 어머니 뱃속에 생긴 순간부터 고생문이 훤합니다. 먹거리는 부실하고 뼈가 빠지게 일을 하면서 죽도록 고생만 하는 계층이기 때문에 사산되는 아이들도 굉장히 많았습니다. 어찌어찌 살아난 당신이 어린 시절을 지나 아버지의 일을 돕기 시작하는 것은 어리면 네댓 살, 많으면 8살 때부터입니다.

힘들었지만 아무 생각 없이 살 수 있었던 어린 시절이 지나고 당신은 부모님과 영주가 정해준 여자와 결혼도 했습니다. 이제 새로운 가정을 꾸렸으니 당신은 자신의 집을 지어야 합니다. 집은 나무 뼈대에 진흙과 건초, 동물의 배변을 이용하여 만들어지고 겨우 비바람이나 가릴 정도로 앙상하게 지은 경우가 대부분이었습니다. 창에 유리를 끼우는 것은 상상도 할 수 없는 사치이므로 벽에 구멍을 내고 커튼으로 가려두었습니다. 즉 겨울에는 칼바람이 사납게 불어 들어오고 여름에는 지독한 찜통 더위 속에 살게 되는 것이었지요. 바닥은 그냥 맨흙바닥이고 가구는

중세의 농사짓는 풍경. 1410년 무렵에 만들어진 『베리 공작의 화려한 기도서』의 삽화 중에서.

없습니다. 지금은 그런 사치를 부릴 처지가 아닙니다. 독일의 저명한 중세사학자인 페르디난트 자입트가 쓴 『중세, 천년의 빛과 그림자』에는 당시의 풍경이 잘 묘사되어 있지요.

> 뮌헨 근교 아우프하우젠의 1,000년 된 작은 통나무집과 같은 희귀한 잔존물을 살펴보면 작은 창문 1개, 실내가 벽으로 나뉘지 않은 어두운 내부 공간, (철이 귀했던 시기였기 때문에) 뚜껑이 없는 아궁이가 있었다."[주6]

키우는 가축들은 밤에는 모두 집안으로 들여옵니다. 똥냄새가 나서 싫다고요? 지금은 중세 시대입니다. 냄새 좀 참지 않으면 닭이든 소든 돼지든 밖을 어슬렁거리는 굶주린 늑대며 여우며 곰 같은 온갖 포식자들이 다 잡아먹어버립니다. 가구가 없기 때문에 모든 생활은 바닥에서 했습니다. 흙바닥에 건초 깔아놓고 자고 흙바닥에서 밥을 먹고 화장실 대신 통 하나를 두고 거기에 볼일을 보았습니다.

농사를 짓는 경우 인분을 모아 거름으로 귀하게 이용했으나 도시에 사는 자유민들 같은 경우 온갖 오물이 가득한 요강을 그냥 창 밖으로 부어버리는 일이 흔했습니다. 결국 온 도시에서 지린내가 풀풀 났지요. 쓰레기를 분리 배출한다거나 음식물 쓰레기를 모아 수거한다는 생각은 상상도 하지 못했던 시절이기에 푸줏간에는 피비린내가 진동하고 온갖 가축의 피가 길거리로 그대로 흘러나왔고 가죽 염색하는 작업장에서는 온갖 염색 약품의 찌꺼기를 그대로 강에 갖다 버렸습니다. 이런 저런 연유로 오염물들이 강을 따라 흘러내려오니 아랫동네에서는 백날 기다려도 깨끗한 물을 먹기 힘들었지요. 윗마을이 하나는 아닐 테니까요. 결국 산골짜기 샘물 바로 옆에서 살지 않는 이상 사람들이 먹는 물은 아주 더러웠습니다. 그래서 아예 물 대신 맥주나 와인을 마셨습니다.

그리고 하층민들은 목욕이라는 것을 하기가 하늘의 별 따기였죠. 해가 뜨는 순간부터 별이 떠서 잠자리에 들 때까지 쉬는 시간이라곤 없었으니까요. 애초에 위생 관념이라는 것도 거의 존재하지 않았습니다. 구강 위생에 신경 쓴다면서 박하 잎을 씹는 것 말고는 방법이 달리 없던 하층민들은 일생에 단 두 번 목욕을 했다는 말이 있습니다. 태어났을 때, 그리고 죽고 나서. 많은 농노들은 땀이 나서 끈적끈적한 몸이 견딜 수 없으면 강에 가서 멱을 감는 것으로 목욕을 대신하기도 했는데, 중세

중세 도시의 공중목욕탕 풍경.

말기의 도시에서는 공중목욕탕이 성행하기도 했습니다. 하지만 따끈따끈한 물에 몸을 푹 담근 나체의 남녀들이 모여 있으니 하라는 목욕은 안 하고 딴 곳으로 눈을 돌려 결국 공중목욕탕은 주로 매춘업소의 기능까지 겸했답니다.

14세기 중반에 무시무시한 흑사병이 전 유럽을 휩쓸고 지나간 후 질병을 막는 다양한 미신들이 등장했고 15세기부터는 오히려 피부 위의 꼬질꼬질한 때가 역병을 막아줄 것이란 그릇된 믿음으로 더욱 더 목욕을 기피했습니다. 결국 수많은 사람들이 비위생적인 환경에서 살다가 질병으로 사망했습니다.

당시 하층민의 평균 수명은 40살도 되지 않았을 무렵인지라 어느 순간 부모님은 돌아가시고 당신이 가장이 됩니다. 이제 당신은 영주와 계약을 해야 합니다. 영주의 땅에 당신과 당신의 가족이 살 수 있도록 허락을 받는 대신 당신은 당신이 지은 농사의 수확물 일부(사실은 거의 대부분)를 영주에게 바치고 세금도 내야 합니다. 그리고 영주가 시키는 일은 거의 다 해야 하지요. 당신은 지배 계층이 보기에는 그저 파리 한 마리 정도의 가치밖에 안 되는 목숨이기에 어떤 위법 행위가 저질러진다면 끔찍한 형벌을 감내해야 했습니다.

자, 그럼 집안의 가장으로서 당신은 열심히 농사를 지어서 영주한테 세금 내고 남은 걸로 부인이랑 토끼 같은 자식들 낳고 하하호호 살면 되겠지요? 그러나 당신에게는 또 하나의 영주가 존재합니다. 방금 계약한 영주가 살아생전의 영주라면 죽고 난 후를 책임지겠다는 영주는 교회지요. 교회는 당신을 비롯한 모든 하층민들에게 교회 소유의 토지에서 공짜로 일해줄 것을 명령합니다.

"아니, 내가 왜?"라고 말하는 당신, 아직도 중세 사람이 되지 못하셨군요! 태어나기도 전부터 어머니의 기도하는 소리를 들으며 자란 당신은 뼛속까지 교회를 위해 헌신해야 천국에 갈 수 있으며 신께서 벌하지 아니하신다고 철석같이 믿고 있습니다. 그러므로 당신은 교회에 가서도 땀을 뻘뻘 흘리며 일을 해야 합니다. 대부분의 교회들은 영주의 곳간만큼이나 커다란 곳간을 가지고 있었다고 하네요.

당신의 아이들과 부인은 법적으로 당신의 '소유물'이었습니다. 좋은

빵을 굽는 중세의 제빵사와 그의 조수.

일이든 나쁜 일이든 모든 상황에서 당신은 이들의 행동을 책임지고 보살펴야 했습니다. 그것은 물론 부인이나 아이들을 당신 마음대로 때리거나 괴롭혀도 아무도 뭐라 하지 않는다는 뜻이기도 했지만 동시에 그들이 저지르는 죄는 당신의 죄가 되기도 한다는 뜻이었고 그들이 굶주리거나 아프면 그것도 당신 책임이라는 뜻이기도 했습니다.

당신이 상인의 아들로 태어났다면 하층민보다 약간 나은 삶을 살 수 있습니다. 대부분 도시에 살았던 상인 계층은 자신의 손으로 부를 창출하여 조금이라도 높은 곳을 향해 갈 가능성이 있다는 점에서 희망이라도 있었지요. 당시는 월급이 아니라 성과급으로 지급했기 때문에 나라에서 야간 노동을 금하고 있었음에도 불구하고 많은 노동자들이 더 많은 임금을 위해 서로 야근을 하겠다고 난리를 쳤습니다.

만약 당신이 셋째, 넷째 아들이라면 부모님의 일을 물려받을 수 없으니 다른 누군가의 조수(도제, 徒弟)로 들어갔습니다. 귀족의 자식들이 기사의 임무와 스킬을 배우기 위해서 견습 기사로 따라다니다가 기사 작위를 얻듯이 당신 역시 무역 상인이나 갑옷 제작자 등의 장인들을 찾아가 조수 일을 했습니다. 조수가 되는 순간 당신은 부모님 곁을 떠나 그곳에서 먹고 자고 온갖 허드렛일을 했습니다. 그러나 성공할 경우 평생 먹고살 걱정은 없는 전문직 종사자가 될 수 있었지요.

만약 당신이 귀족으로 태어났다면 세상에 이보다 더 편한 삶은 없습니다. 물론 지금과 비교하는 것은 옳지 않을 것입니다. 하지만 하층민들과 비교했을 때 귀족의 삶은 천국 그 자체였습니다. 당신은 왕이 필요할 때 군사력을 제공하겠다는 계약 하에 토지와 그에 속한 농노들을 소유하고 있습니다. 당신은 새벽에 동이 틀 때 눈을 떠서 가장 먼저 예배를 드립니다. 만약 당신이 꽤나 영향력 있고 나는 새도 떨어뜨리는 세도가라면 당신의 집 안에 예배당과 수도사가 있을 것입니다.

그리고는 아침을 먹습니다. 만약 당신이 왕의 말동무 중 하나로 낙점되어 왕과 함께 생활하고 있다면 왕의 가족과 함께 왕을 구경하기 위해 모여든 군중들 앞에서 진수성찬으로 차려진 아침을 배불리 먹을 것입니다. 아침을 먹고 나면 신나게 사냥도 하고 카드놀이도 하고 싶은 마음이 굴뚝같겠지만 당신에게는 다스려야 할 땅이 있습니다.

당신의 가신들은 당신의 땅에서 일어나고 있는 일들에 대해 무수한 보고를 올립니다. 작물의 작황, 가뭄 상황 같은 통계 데이터와 세금이 얼마나 걷혔는지 얼마를 더 받아야 하는지 등에 대해 보고를 받고 수정할 것이 있으면 수정을 지시합니다. 당신은 당신의 땅에 살고 있는 사

중세의 신발 길드(동업조합) 풍경.

람들 사이에 일어나는 법적 분쟁을 해결하는 판사 노릇도 합니다. 살인자를 처벌하는 일부터 결혼을 승낙하는 일까지 해결하고 당신의 영지에 살고 있는 사람들이 따라야 할 생활 양식을 마음 내키는 대로 법으로 정할 수도 있습니다. 만약 당신이 꽤나 잘 나간다면 왕에게 연줄을 대달라고 부탁하러 온 사람들도 만나볼 수 있겠지요.

남자인 당신은 설령 적성에 안 맞고 정말 하기 싫더라도 열심히 운동을 해야 했습니다. 검을 자유자재로 다루고 활을 과녁에 정확히 명중시키는 횟수가 늘어날수록 '능력자' 소리를 들을 수 있습니다. 생각보다 중세에는 몸매 좋은 남자들이 많았겠지요?

자, 이제 점심 시간이 되었으니 아침과 비슷하게 밥을 먹고 이제 자유 시간입니다. 사냥도 나가고 소풍도 가고 영지도 한번 둘러봐 줍니다. 저녁에는 다시 예배당에 가서 예배를 드리고 해가 슬슬 지기 시작하면 이제 잔치를 벌입니다. 먹고 마시고 광대놀음도 구경하고 아가씨들과 춤도 추고 신나게 놉니다.

만약 당신이 가장 지위가 높은 사람이라면 졸릴 때 아무 때나 자러 가도 되지만 그렇지 않다면 가장 지위가 높은 사람이 자리를 털고 일어나 자리 갈 때까지 잠을 잘 수 없었습니다. 같은 맥락에서 만약 당신은 아직 밥을 다 안 먹었는데 가장 지위가 높은 사람이 그만 먹는다면 당신도 그만 먹어야 했습니다. 밤새 술 마시고 춤추고 신나게 놀고 왔다면 이제 잠자리에 들기 전에 기도를 하고 해가 뜰 때까지 거위 털로 가득한 푹신한 침대에서 편히 자는 것으로 당신의 하루는 마무리됩니다. 당신의 아들들은 기사가 되거나 성직자가 되거나 후계자 수업을 받고 당신의 토지를 물려받거나 새로운 토지를 하사받게 될 것입니다. 당신의 가

중세의 낭만을 가장 잘 그리는 화가 에드먼드 레이턴의 1900년 작품으로 제목은 「신이여, 빨리 돌아오게 하소서 God Speed!」이다. 전장으로 기사를 떠나보내는 여인의 절절한 마음이 잘 드러나 있다.

문이 망하지 않는 한 당신의 아들들도 당신처럼 편안히 살 수 있겠지요.

오늘날에는 많은 사람들이 중세 시대에 대해 낭만적인 환상을 품고 있습니다. 사실 영화나 드라마나 책에서는 빛을 자르르 반사하는 매끄러운 실크와 벨벳, 레이디를 위해 목숨을 바칠 것을 맹세하는 용감한 기사만을 보여주니 그것도 당연하겠지요. 물론 그렇게 살다간 사람들도 있었지만 대부분의 민초들은 건초더미 위에서 돼지와 함께 잠을 잤고 굶기를 밥먹듯 했으며 더러운 물로 주린 배를 채웠습니다. 그렇게 그들은 40년도 되지 않는 인생을 허리를 굽히고 죽어라 노동만 하다가 죽었습니다. 나라의 경제를 뒷받침하고 귀족들이 화려하고 사치스러운 삶을 영위할 수 있도록 해주었던 평민들의 삶은 별로 재미나거나 흥미로울 것이 없어서 그때나 지금이나 그저 뒤에서 묵묵히 일하는 모습으로만 그려지고 있습니다.

9. 아내를 살해하는 남자
- 헨리 8세와 그의 여섯 왕비

앞에서 했던 이야기를 복습해봅시다. 가련한 소년왕 에드워드 5세가 런던탑에서 실종되고 조카 자리를 꿰찬 삼촌 리처드 3세가 헨리 7세에 의해 쫓겨나면서 〈화이트십〉 이야기에 등장한 헨리 2세가 열었던 플랜태저넷 왕조는 막을 내립니다. 그리고 헨리 7세가 에드워드 5세의 누나인 엘리자베스와 결혼하면서 튜더 왕조가 시작됩니다.

그리고 이제 헨리 7세와 엘리자베스의 아이들 이야기가 시작됩니다. 그들에게는 2명의 아들이 있었답니다. 큰아들은 아서(1486~1502), 둘째 아들은 헨리(1491~1547)였지요.

아서 왕자는 튜더 왕조를 이끌어나갈 후계자로 기대를 한 몸에 받았습니다. 심지어 이름인 아서도 튜더 왕조가 사실 전설적인 '아서 왕'의 후손이라는 주장을 들어 붙여준 이름이었습니다.

큰아들 아서는 2살 아기일 때부터 스페인과 약혼 얘기가 오가고 3살에 영국 왕위의 후계자 자리를 받아 이후 여러 스승으로부터 교육을 받았던 데 비해 헨리는 둘째 아들이었기 때문에 좀 더 자유분방하게 돌아다닐 수 있었습니다. 물론 헨리 역시 왕자였기 때문에 아서가 받은 것과 같은 최고 수준의 교육을 받았고 라틴어, 프랑스어, 스페인어, 고대 그리스어 등 여러 외국어를 익혔지만 어느 누구도 헨리가 왕이 될 것이라고는 생각하지 않았습니다.

헨리 7세의 큰아들 아서 튜더.

한편 당시 스페인에서는 이사벨라 1세 여왕과 남편 페르디난도 2세가 세력을 확장하고 있었습니다. 당시 스페인은 아프리카의 무어인들을 물리치며 엄청난 위세를 떨치고 있었고 아서가 7살, 헨리가 6개월 난 갓난쟁이이던 1492년에 스페인은 이슬람 국가였던 그라나다 왕국을 정복하며 이베리아 반도를 통일하였습니다.

1492년은 다른 의미로도 이사벨라 여왕과 스페인에 있어 의미가 큰 해입니다. 인도를 찾겠다며 이사벨라 여왕의 후원을 받아 서쪽으로 떠났던 콜럼버스가 아메리카 대륙에 도착함으로써 스페인으로 막대한 부가 유입되어 전성기를 누리게 되었기 때문이죠. 이를 통해 스페인은 유럽 최강국으로 부상하게 됩니다. 이 시기는 스페인으로서는 영광의 시절이기도 하지만 금은보화를 얻기 위해 아무것도 모르고 그들을 환영해준 아메리카 원주민들을 무자비하게 학살한 세계사의 어두운 한 시기이기도 합니다.

이사벨라 1세는 스페인 역사에 커다란 한 획을 그은 여장부입니다. 여성은 그저 조신하게 집에서 아들만 낳는 것이 미덕으로 여겨졌던 당시 사회에서 이사벨라 1세는 자신이 스스로 남편을 선택하여 청혼하였고 남편 옆의 보조자가 아닌 여왕으로서 당당하게 군림하였습니다. 이사벨라 1세는 남편인 페르디난도 2세와 함께 가톨릭 신앙의 전파를 이루기 위하여 선조들이 약 800년간 이루지 못했던 스페인 통일을 이루어 내고 레콘키스타를 완성시켜 '가톨릭의 왕들'이라 불리게 됩니다. 레콘키스타는 스페인어로 '재정복'이라는 뜻으로, 오늘날 스페인 지역인 이베리아 반도에서 로마 가톨릭 왕국들이 남부에 있던 이슬람 국가와 오랜 전쟁 끝에 그들을 몰아내고 이베리아 반도를 통일시킨 사건이지요.

스페인이 이렇듯 기세등등하게 커가자 프랑스를 견제하고 왕권을 강화하고 싶어 했던 영국의 헨리 7세는 이사벨라 여왕의 자식 다섯 남매 가운데 네 딸 중 막내둥이 카탈리나 공주(아라곤의 카탈리나)와 영국의 왕세자인 아서 왕자를 결혼시키고자 합니다. 아서와 카탈리나는 얼굴은 한번도 보지 못한 채로 편지만 주고받다가 아서가 15살, 카탈리나가 14살 되던 해인 1501년에 결혼합니다.

영국으로 시집 온 후 카탈리나는 영국식으로 캐서린(Catharine)으로 불립니다. 아서는 캐서린을 보고 무척 행복해하며 즐거운 결혼 생활을 시작했지만 결혼한 지 20주 만에 아서가 병으로 사망합니다. 아서의 사망

원인은 지금까지도 알 수 없습니다.

스페인과 영국은 무척 당황했습니다. 캐서린은 과부가 되었지만 여전히 유럽 최대 강국인 스페인의 공주였고 그런 좋은 동맹 관계를 놓칠 수가 없었던 영국은 우선 캐서린이 임신을 하지는 않았는지 확인했습니다. 안타깝게도 캐서린이 임신을 하지 않은 것이 확실해지자 헨리 7세는 캐서린을 헨리 왕자의 부인으로 들이기 위해서 다급히 교황의 특별 허가를 받습니다. 그리고 그 과정에서 캐서린은 아서 왕자와의 결혼은 완성되지 않았다, 즉 성관계가 이루어진 적이 없다고 맹세합니다. 과연 이 말이 진실이었는가에 대한 문제는 지금까지도 역사가들 사이에서 논란이 되고 있습니다. 1936년에 폴 라이벌이 쓴 『헨리 8세의 여섯 아내 The Six Wives of Henry VIII』라는 책은 이렇게 기록하고 있습니다.

> 날이 밝자 비밀이 듣고 싶어 안달난 견습 기사들이 몰려들었다. 아서는 낭만적으로 소리쳤다. "나는 지난밤을 스페인 안에서 보냈소!"주7

과연 혈기왕성한 15살 소년이 아름다운 신부를 두고 잠만 잤을까 싶은 것이 일반적인 생각일 것입니다. 하지만 이후 캐서린은 사실이든 선의의 거짓말이든간에 자신은 아서와 부부관계를 갖지 않았다고 주장하였습니다. 아무튼 그리하여 어린 헨리 왕자와 헨리보다 나이가 6살이나 많은 캐서린이 1509년 6월 11일에 17살과 23살의 나이로 결혼을 하게 되었습니다.

헨리 왕자는 젊은 시절 미모가 유럽을 통틀어 최고로 빼어나다는 찬사를 듣곤 했답니다. 그러니 옆의 초상화를 한번 봐주는 것이 인지상정 아니겠습니까?

가장 아름다웠던 젊은 시절의 헨리 8세는 매끈한 피부에 머리카락은 적갈색이었으며 키가 약 188센티미터의 장신이었습니다. 2010년 영국 남성의 신장 평균이 175.3센티미터인 것을 보았을 때 지금부터 500년 전에 188센티미터의 키를 자랑했던 헨리 8세를 보고 당시 사

헨리 7세의 둘째 아들 헨리 튜더(나중의 헨리 8세).

람들이 모두를 내려다보는 왕이라 생각한 것은 당연한 일일 듯합니다. 헨리 8세는 나이가 들수록 몸집이 점차 커졌습니다.

> 젊은 시절, (헨리 8세는) 늘씬하고 어깨가 넓었다. 1512년에 입은 그의 갑옷은 허리가 32인치였으나 1514년에 입은 갑옷은 허리는 35인치였으며 가슴은 42인치였다. [주8]

두 사람이 결혼한 후 한동안 영국은 왕실 문제에서는 평화로웠습니다. 헨리와 캐서린은 사이가 무척 좋았고 두 사람이 오후에 나란히 앉아 책을 읽고 프랑스어로 속삭이고 기도하는 모습이 자주 목격되었습니다. 캐서린은 국모로서 보여야 할 모습을 정확히 알고 있었고 자애로

운 어머니처럼 국민들을 돌보았기 때문에 인기가 굉장히 높았습니다. 사냥을 좋아하는 건강한 왕과 아름답고 자애로운 왕비. 이 완벽한 커플에게 단 한 가지 문제가 있다면 대를 이을 아들이 없다는 것이었습니다. 문서상으로 알려진 헨리 8세와 캐서린의 자식들은 다음과 같습니다.

- 사산한 딸
- 태어나자마자 크롬웰 공작 작위를 얻은 아들 헨리(한 달 만에 사망)
- 사산한 아들
- 태어나자마자 크롬웰 공작 작위를 얻은 아들 헨리(그 달에 사망)
- 메리(나중의 메리 1세)
- 태어난 지 1주일 안에 사망한 딸

결국 둘 사이의 자녀는 오로지 딸인 메리 하나가 있을 뿐이었죠. 앞서 나온 〈화이트십〉 이야기에서 마틸다 황후가 영국 왕위에 앉으려 했다가 영국이 발칵 뒤집혔던 일, 기억하시죠? 때문에 왕의 자리에는 남자가 앉는 것이 당연하다는 의식이 팽배했습니다. 그러니 딸은 100명을 낳아도 아무 소용이 없었죠.

건강한 딸이 태어났을 때 사람들은 공주의 탄생을 기뻐하며 다음에야말로 왕자가 태어날 것이라 기대했지만 왕자는 생기지 않았습니다. 헨리 8세는 아들을 통해 튜더 왕조를 이어나가야 한다는 강박에 시달리고 있었습니다. 자신의 아버지 헨리 7세가 어떻게 다잡은 왕위인데 자신이, 왕이 될 것이라고는 생각지도 못했던 둘째 아들이 아들을 못 낳아서 튜더 왕조를 끝낸다는 것은 상상하기조차 끔찍한 일이었겠지요. 아

헨리 8세의 첫 번째 왕비인 아라곤의 캐서린. 궁정 화가 루카스 호른볼트가 그린 40살 때 모습이다. 헨리와 이혼하기 약 8년 전으로, 위풍당당한 영국 왕비의 모습 자체다.

들에 대한 헨리 8세의 집착은 정말 굉장했지만 운명은 그의 소망을 비웃듯 정실 부인에게선 왕자는커녕 딸도 제대로 태어나주지 않았습니다. 그런데 그냥 한두 번 건드렸던 첩들에게서는 아들들이 '순풍순풍' 태어나는 것이었습니다.

 이를 지켜보며 헨리 8세는 '아, 아들을 못 낳는 것은 내 잘못이 아니구나!'라고 생각하게 되었고 아들 낳는 것은 여자의 책임이라고 생각했던 시대이니만큼 캐서린 역시 큰 스트레스를 받았습니다. 헨리는 늙어가는 아내에게 슬슬 짜증이 나기 시작했지요. 궁정 사람들은 왕비가 언제 갱년기가 올지 모른다며 수군덕거렸고 헨리 8세는 아들도 낳지 못한 왕비가 갱년기가 와서 임신조차 불가능해지는 것을 생각하니 눈앞이 깜깜해질 지경이었습니다.

 절망에 빠져 있는 헨리 8세에게로 다가와 귓가에 묘책을 소곤거리기 시작한 매혹적인 아가씨가 있었으니 그 여자가 바로 유명한 '천일의 앤', 앤 불린이었습니다. 이 위풍당당한 앤 불린이 '시녀'로 번역되는 바람에 그녀를 평민으로 생각하는 경우가 많은데요. 사실 불린 가문은 당대 최고 권세를 누리며 세이모어 가문과 경쟁하던 가문이었습니다. 앤 불린의 아버지는 월트샤이어 백작인 토머스 불린이었으며 어머니는 제2대 노퍽 공작인 토머스 하워드의 딸로 하워드 가문 출신이었습니다. 즉 앤 불린은 당대 최강의 두 가문인 불린 가문과 하워드 가문의 딸이었던 것입니다. 더군다나 외가 쪽으로는 1272~1307년에 영국을 다스렸던 에드워드 1세의 후손이었으니 굳이 말하자면 왕족이라 주장할 수도 있는 고귀한 가문이기도 했습니다.

헨리 8세는 그녀의 새까만 눈동자와 당돌하게도 모자를 뒤로 눌러쓴 과감한 프랑스식 패션에 눈이 멀게 됩니다. 오른쪽 초상화를 잘 보시면 앤 불린이 쓰고 있는 후드와 캐서린이 쓰고 있는 후드의 차이를 아실 수 있습니다. 앤 불린은 머리카락도 드러내고 후드가 동그랗고 자그마한 데 비해 캐서린의 후드는 각이 지고 큼지막하며 머리카락도 모두 감추었지요. 이렇듯 앤 불린은 고지식한 캐서린에 비해 세련되고 최신 유행을 따르는 아가씨였습니다. 금발에 푸른 눈의 다른 영국 여성들과는 달리 짙은 고동색 머리와 검은 눈동자를 가진 앤 불린은 프랑스 왕조차 비너스라고 칭할 만큼 아름다웠고 우아하며 재치가 넘쳤습니다.

헨리 8세는 앤을 자신의 첩으로 만들고자 애를 썼습니다. 헨리 8세가 첩에게 내릴 수 있는 최고의 칭호를 주고 저택과 재물을 주겠노라 약속했지만 앤 불린은 그 제안을 거절합니다. 헨리 8세의 끝없는 유혹에 앤 불린은 부끄러운 듯 눈을 내리깔며 자신은 결혼할 때까지 순결과 명예

헨리 8세의 두 번째 왕비 앤 불린. 1533~1536년 무렵에 그려진 초상화의 16세기 말 복제품으로 앤 불린의 유명한 B자(字) 목걸이가 도드라진다. 앤 불린과 함께 성쇠한 불린 가문을 상징하는 목걸이다.

를 지킬 것이라 답할 뿐이었습니다.

앤 불린이 고결하고 순수한 여성이었는지 아니면 왕을 유혹하기 위해 달아나는 방법을 선택한 것인지는 알 수 없습니다. 하지만 앤은 자기 언니(또는 동생일 수도 있습니다. 과거에는 아들의 생일은 정확하게 기록했지만 딸들은 생일은 고사하고 출생 연도도 제대로 적지 않는 경우가 많아 누가 언니이고 누가 동생인지 모르는 경우가 많았지요.)인 메리가 헨리 8세의 첩이 되었을 때 몇 년 만에 버림받은 것을 보고 교훈을 얻었던 것일 수도 있겠습니다. 헨리 8세에게 있던 첩들을 모두 알 수는 없지만 기록으로 남아 있는 것은 5명 정도입니다. 하룻밤 불장난이 아닌, 적어도 몇 달은 함께한 첩만 다섯이었던 것이죠.

결국 헨리 8세는 앤 불린을 얻을 수 있는 방법은 결혼뿐이라는 결론을 내리고 캐서린 왕비와 갈라설 구실을 찾기 시작했습니다. 조강지처 버리면 천벌받는 법이지만 앤 불린의 아름다운 검은 눈동자에 폭 빠진 헨리 8세의 귀에 그런 말이 들어올 리 없었습니다. 그렇지 않아도 아들을 낳지 못하는 캐서린 때문에 머리가 복잡했던 헨리 8세는 이혼을 할 구실을 찾아내라며 신하들을 닦달했고 마침내 한 가지 묘책을 떠올렸습니다.

그것은 '형제의 아내를 취하는 자에겐 자식이 없으리라' 라는 성경 구절이었죠. 오호라! 매우 그럴듯한 이유를 찾은 듯 보였습니다. 헨리 8세는 형인 아서가 왕위에 오르면 성직자가 되기로 예정되어 있던 왕자였습니다. 때문에 그는 프랑스어, 라틴어, 이탈리아어 등 다양한 언어를 익히고 『성경』과 종교를 심도 있게 공부했으며 천문학, 수학, 지리학, 과학 등에도 큰 관심을 보이는 등 제대로 교육받은 왕이었습니다. 당시

화가 헨리 넬슨 오닐이 19세기 무렵 그린 「헨리 8세에게 사정하고 있는 캐서린」. 스페인 왕실의 막내 공주로 귀하게 자라났던 캐서린의 안타까운 추락이 생생하게 묘사되어 있다.

유럽에서 헨리 8세만큼 제대로 교육받은 지도자도 없었던 셈입니다. 헨리 8세는 초기에는 철저히 가톨릭적인 왕이었으며 종교개혁에 반대하여 마르틴 루터를 반대하는 신학 논문을 직접 집필하기도 하여 교황으로부터 '신앙의 수호자'라고 불리기까지 합니다. 이처럼 『성경』에 정통한 헨리 8세가 이번에는 자신의 이익을 위해 『성경』을 이용하기 시작한 것입니다.

1527년, 헨리 8세는 교황 클레멘스 7세에게 「레위기」 20장 21절을 인용하여 자신과 캐서린의 결혼은 비도덕적이고 잘못된 일이라 주장합니다. 그러나 교황은 헨리 8세의 생각대로 움직여주지 않았습니다. 당시 교황 클레멘스 7세는 캐서린의 조카이자 신성로마제국 황제인 카를 5세에게 인질로 잡혀 있던 상황이었기 때문에 도덕이나 종교적인 문제를 떠나 당연히 캐서린 편을 들어줄 수밖에 없었거든요. 결국 이혼 승인을 얻어내지 못한 헨리 8세는 국교를 가톨릭에서 영국 성공회로 바꾸게 됩니다. 헨리 8세의 영국이 구교에서 신교로 바뀌게 된 데는 헨리 8세의 이혼에 대한 욕심뿐만 아니라 경제적, 정치적인 이유도 있었습니다. 영국의 왕이 영국 교회의 수장이 되면서 영국에 있는 모든 교회의 재산과 영토가 영국 왕의 금고로 들어가게 된다는 것도 빠뜨릴 수 없는, 꿀처럼 달콤한 유혹이었지요.

영국 교회의 수장이 된 헨리 8세가 캐서린과의 결혼이 무효였음을 발표하자 메리 공주는 서녀로 강등되고, 캐서린 왕비는 왕비 지위를 빼앗기고 버림을 받았습니다. 그리고 1533년 1월 25일에 헨리 8세는 앤 불린에게 새 장가를 들고 두 사람은 곧 작고 예쁜 딸 엘리자베스를 품에 안게 됩니다. 미숙아로 태어난 이 아이가 나중에 영국의 황금 시대를 열어젖힐 '처녀왕' 엘리자베스 1세입니다.

먼 훗날 영국뿐만 아니라 대륙을 뒤흔들고 한 시대를 '엘리자베스 시대'라고 불리게 할 딸을 품에 안아 들었다는 사실을 전혀 몰랐던 헨리 8세는 그저 이 아이가 아들이 아니라는 것에만 신경이 쓰였습니다. 앤 불린 역시 아들을 낳지 못해 쫓겨난 캐서린의 그림자에 걱정이 산더미였죠. 얼마 지나지 않아 실망한 헨리 8세의 눈에서 콩깍지가 벗겨지기 시작했습니다. 고상하고 조신하고 우아한 숙녀 중의 숙녀였던 캐서린 왕비와는 반대로 쾌활하고 직설적이고 요염한 앤 불린은 극과 극인 만큼 어울리는 자리도 너무나 달랐습니다. 캐서린은 요부는 되지 못해도 왕비로서 백성을 살갑게 보살피고 외국 대사들 앞에서 적절하게 처신할 줄 알았던 데 반해 아주 영리하고 교육도 많이 받았지만 타고난 성격이 말장난을 즐기고 도도하며 냉소적인 앤 불린은 연인으로서는 더없이 통통 튀고 재미났으나 왕비의 자리에는 걸맞지 않았던 것입니다.

1534년 앤 불린은 뱃속의 아이를 사산합니다. 이를 본 헨리 8세는 아들을 낳아준 것도 아니고 왕비답지도 않은 앤 불린이 슬슬 마음에 들지 않아 '어떻게 하면 캐서린과 재결합하지 않고 앤 불린과 헤어질 수 있을까' 고민하기 시작합니다. 그로부터 1년 후인 1535년, 앤 불린은 다시 임신을 하고 말년을 춥고 어두운 저택에서 쓸쓸히 보낸 캐서린이 세상을 떠납니다. 사망 원인은 심장암으로 보이지만 당시에는 앤 불린이 캐서린을 독살한 것이 아니냐는 소문이 돌기도 했죠.

헨리 8세와 앤 불린은 캐서린의 사망 소식을 듣고 머리끝부터 발끝까지 노란 옷을 입습니다. 누군가가 죽었는데 샛노란 옷을 입고 나타나다니, 하는 생각이 드는 것이 일반적일 것입니다. 이는 영국에서도 마찬가지였습니다. 영국에서 노란색은 기쁨, 즐거움, 축하의 의미였기 때문이었죠. 하지만 당시 스페인에서는 노란색이 죽음과 애도를 상징하는 색으로 노란 의복은 상복이었습니다. 그러므로 헨리 8세와 앤 불린이 캐서린의 고향을 생각하며 노란 의복을 입은 것이라면 참으로 배려가 넘치는 행동이었을 것이고 만약 기쁘다는 뜻으로 노란 옷을 입은 것이라면 못되기 그지없는 일일 것입니다.

사실 앤 불린은 그날 무척 기쁘지 않았을까요. 자신의 숙적은 죽고 자신의 뱃속에는 아들일지 모르는 왕의 아이가 들어 있었으니까요. 하지만 마치 캐서린이 죽으며 저주를 퍼붓고 가기라도 한 듯 캐서린이 무덤에 묻힌 날, 앤 불린은 다시 한 번 뱃속의 아이를 사산합니다. 이때 이미 헨리 8세는 앤 불린에게 관심을 끊고 새로운 연인을 어루만지는 중이었습니다. 헨리 8세의 눈에 든 여자는 불린 가문과 라이벌 관계였던 세이모어 가문의 제인 세이모어였습니다. 당시 스물 여덟이던 제인 세이모어는 아기 같은 얼굴에 얌전하고 정숙한 성격이었으니 앤 불린과는 정반대되는 타입의 여성이었습니다.

헨리 8세가 구애하는 대상이자 매력적인 처녀로서 행복했던 날들에는 전혀 알지 못했던 질투와 분노가 앤 불린을 휘감았습니다. 하지만 앤 불린이 그렇게 분노하고 소리를 지를수록 헨리 8세는 앤 불린을 끔찍하게 여겼고, 얌전하고 수더분한 제인 세이모어가 더욱 사랑스러워 보였습니다. 결국 헨리 8세는 자신이 앤 불린과 결혼한 것은 마녀의 주술에 빠진 것이 틀림없다고 말했고 앤 불린과 앙숙이자 왕의 최측근이었던 토머스 크롬웰은 앤 불린을 제거할 기회를 잽싸게 잡았습니다.

결국 한 나라의 국교를 바꿔놓고 토머스 모어, 존 피셔 주교 등이 처형당하도록 하는 등 무소불위의 권력을 휘둘렀던 앤 불린은 왕비 자리에 오른 지 3년 만에 마녀, 근친상간, 불륜, 반역 혐의로 처형당합니다. 갑자기 뜬금없이 근친상간이 등장하는 이유는 앤 불린의 올케였던 제인 파커가 법정에 나와 앤 불린과 앤의 오빠이자 자신의 남편인 조지 불린이 아이를 갖기 위해 성관계를 가졌다고 증언했기 때문입니다. 근친상간에 대한 증거는 전혀 없이, 오로지 부인인 제인 파커의 증언만으로 조지 불린은 여동생과의 근친상간 혐의와 왕비와의 불륜 혐의로 목이 잘려나갑니다. '천 일의 앤'이라 불릴 앤 불린은 죽음 앞에서 무척 당당했다고 하며 런던탑 안에 있는 타워 그린에서 처형됩니다. 런던탑의 까마귀들도 앤 불린의 시체는 건드리지 않았다는 전설이 있으며 지금도 타워 그린에는 목 없는 앤 불린의 유령이 떠돌아다닌다고 해요.

앤 불린의 아버지는 아일랜드에 있는 토지를 모두 몰수당하고 직위도 뺏깁니다. 마녀에게 홀려 결혼한 것이라 왕이 주장하니 3살도 채 되지 않았던 어린 엘리자베스 공주 역시 이전의 메리 공주와 마찬가지로 공주 작위를 잃고 '레이디 엘리자베스', 즉 서녀로 강등됩니다.

아들 못 낳는 아내 둘을 해치운 헨리 8세는 조신하고 얌전한 제인 세이모어와 잽싸게 결혼식을 올립니다. 헨리 8세의 여자 취향도 참 단순

헨리 8세의 세 번째 왕비인 제인 세이모어. 궁정 화가 한스 홀바인이 1536~1537년 무렵에 그린 초상화다.

하죠? 숙녀가 지루하니 요부와 함께하고 요부에게 질리니 다시 숙녀로 돌아오네요. 앤 불린의 처형식이 1536년 5월 19일이었는데 제인 세이모어와 헨리 8세의 약혼식은 1536년 5월 20일이었습니다. 아무리 그래도 3년을 함께 산 아내를 목을 잘라 죽여놓고 바로 다음날 새 여자와 약혼을 하다니 정말 너무하죠. 약혼 기간도 고작 열흘이었습니다. 두 사람은 5월 30일에 결혼했고 제인 세이모어는 새로운 영국 왕비로서의 삶을 시작했습니다. 제인 세이모어는 쫓겨난 캐서린 왕비를 동정하고 '레이디 메리'로 강등된 메리 공주를 챙기는 모습을 보여 국모로서 인기를 얻었습니다. 헨리 8세는 마음이 급했습니다. 어서 아들을 낳아야 하는데 왕으로서 가장 큰 의무인 후계를 보는 임무를 해결하지 못하고 있으니 속이 타들어가다 못해 썩어 들어갈 지경이었습니다.

그런 헨리가 안쓰러웠는지 아니면 이대로 두다간 영국 여자 다 죽겠다 싶었는지 하늘은 드디어 아들을 내려주었습니다. 제인 세이모어는 헨리 8세가 원했던 대로 조용히 얌전하게 복종하면서 살다가 바로 임신했고 다음 해에 헨리가 그리도 기다리던 아들을 낳습니다. 무려 2박 3일 동안 진통을 겪었던 제인 세이모어는 왕자를 낳은 왕비에게 쏟아지는 찬사도 제대로 들어보지 못하고 사망합니다. 사망 원인으로 생각되는 것은 잔류태반(출산 후에도 태반이 자궁 안에 남아 상처를 내고 염증을 일으키는 증상), 회음부 감염 등이 있습니다. 하지만 당시에는 제인 세이모어가 죽어가고 있었고 태아를 살리기 위해 제왕절개를 했다는 소문이 돌았습니다.

의술이 오늘날과는 비교도 할 수 없을 만큼 나빴던 시절이기에 제왕절개는 이미 사망했거나 죽기 일보 직전인 산모에게나 행해지는 것이었습니다. 제인 세이모어는 아이가 태어난 지 며칠 후에 사망하였기 때문에 제왕절개를 했을 가능성은 없지만 당시에는 꽤나 요란한 소문이었습니다. 때문에 유럽의 왕들은 첫째 아내는 소박맞히고, 둘째 아내는 목을 자르고, 셋째 아내는 멀쩡히 살아 있는 사람을 제왕절개했다고 소문난 헨리 8세에게 자신들의 귀한 딸들을 시집보내는 문제에 대해 한번 더 생각해 보게 되었습니다.

제인 세이모어가 목숨 바쳐 낳은 아들은 헨리 8세의 품에서 어화둥둥 자라났고 훗날 에드워드 6세로 영국 왕위에 오르지만 불과 15살의 나이에 사망합니다. 제인 세이모어는 헨리 8세의 많은 아내들 중 유일하게 왕비로서 장례식이 치러졌고 헨리 8세의 묫자리 옆에 묻혔습니다.

이 시기가 되자 헨리 8세는 더 이상 예전의 잘생기고 피부 매끈하고 멋진 남자가 아니었죠. 슬슬 머리도 벗겨지고 배도 나온 아저씨가 되어 가고 있어 외국 대사들도 더 이상 보고서에 헨리 8세의 미모를 언급하지 않았습니다. 그러나 헨리 8세는 자존심 강하고 자만심 역시 강한 남자

제인 세이모어가 목숨 바쳐 낳은 아들은 훗날 에드워드 6세로 즉위했다. 그림은 화가 윌리엄 스크로츠가 그린 「영국 왕 에드워드 6세」(1550).

였기에 자신이 여전히 남자답고 멋지다고 믿고 있었습니다. 헨리 8세의 이런 착각이 다음 아내에게는 비극이자 행운이 됩니다.

앤 불린의 숙적이었던 비서장관, 주교, 총대리이자 에섹스 백작인 토머스 크롬웰은 헨리 8세의 세 번째 아내가 죽은 후에도 왕의 최측근으로서 잘 살고 있었습니다. 이제 왕이 발목 잡힐 여자가 아무도 없는 완벽한 싱글이 되자 토머스 크롬웰은 독일 클리브스 공국의 앤을 추천했습니다. 당시 클리브스 공국은 신교 국가였기에 영국 성공회를 지지하던 크롬웰은 아주 좋은 선택이라고 생각했습니다.

앤의 아버지인 클리브스 공작은 말년에 정신병을 앓았던 것으로 알려져 있습니다. 그래서 후계자인 아들이 집안 권력을 휘어잡았고 세 자매를 통솔했습니다. 클리브스 공국은 우아하거나 재치 있고 세련된 궁정과는 거리가 먼 편인데다 앤의 어머니는 독실한 가톨릭 신자, 아들은 독실한 루터파 신자였습니다.

앤은 이렇듯 엄격하고 종교적이며 딱딱한 집안에서 자라났기 때문에 재치 있는 발언을 하거나 남자와 시시덕거리는 법을 전혀 알지 못했고 그런 것은 아주 천박한 것이라는 말만 듣고 자랐습니다. 여자는 자고로 조용하고 정숙하며 선량해야 하고 아들만 잘 낳으면 된다는 가르침 아래서 앤은 당대의 평범한 다른 여자들처럼 외국어라고는 하나도 구사할 줄 모르고 지적 수준이 낮은 여성으로 성장했죠.

평범한 남자에게 시집을 갔더라면 이렇듯 정숙한 여성의 모습도 사랑받을 수 있었겠지만 안타깝게도 앤의 남편은 악명 높은 헨리 8세였습니다. 헨리 8세가 사랑에 빠지고 오랫동안 아꼈던 여성들은 모두 아주 영리하고 지적이었죠. 캐서린은 스페인과 영국 사이에서 외교관 역할

헨리 8세의 네 번째 왕비 클리브스의 앤. 왕의 신붓감을 구하기 위해 1539년 무렵 클리브스 공국으로 보내진 궁정 화가 한스 홀바인이 최대한 사실대로 그려온 「클리브스의 앤」.

도 착실히 해냈고 앤 불린은 여러 외국어에 능통하고 프랑스어로 노래하고 아름답게 말을 탔으며 남자들의 눈길을 끄는 법도 알고 있었습니다. 하지만 클리브스의 앤은 정숙함만을 강조하는 교육을 받았기에 뻣뻣하기 그지없으며 대화하기에도 재미없는 여성이었습니다.

이 시기의 초상화를 볼 때 여성의 이미지를 보여주는 물건은 머리에 쓴 후드입니다. 캐서린은 스페인식의 네모나고 각진, 엄격해 보이는 후드를 써서 자신의 우아함과 지위를 드러냈고, 앤 불린은 날아갈 듯 가벼

워 보이는 프랑스식 후드를 한껏 뒤로 젖혀서 써서 머리카락이 드러나도록 했습니다. 세 번째 왕비였던 제인 세이모어는 다시금 정숙하게 머리카락을 모두 후드 안으로 끌어모아 감추었지요. 클리브스의 앤의 초상화를 보면 독일식 후드가 굉장히 크고 투박하며 무거워 보이는 것을 알 수 있습니다.

종달새처럼 가볍고 날아갈 듯 매력적이었던 앤 불린과 가장 즐거운 나날을 보냈던 헨리 8세에게 이렇게 답답한 후드를 쓰고 나타난 클리브스의 앤은 영 매력 없는 상대로 보였겠죠. 조신하고 자상하며 착하고 키도 크고 늘씬하며 순수한 아름다움을 가지고 있던 앤은 헨리 8세의 여자 취향이야 어찌되었든 국모로서는 좋은 장점을 가지고 있어 보였습니다. 하지만 이미 3명의 아내를 없애버린 '화려한' 전적을 가진 왕을 모시면서도 왕의 취향을 고려하지 않고 여자를 고른 것이 비극을 불러올 것은 자명해 보이지요.

그렇게 영어는 단 한 마디도 못하던 앤은 숲을 지나고 바다를 건너 영국으로 오게 되었습니다. 앤이 로체스터에 도착했을 때 헨리 8세는 새로운 사랑에 빠질 생각에 두근거리고 있었습니다. 하지만 이제 헨리 8세는 젊은 날의 미모는 모두 잃고 비만에 통풍까지 있으며 앤 불린과 결혼하기 4년 전에 다친 다리는 아물지를 않아 지속적으로 고름이 흘러나오는 중이었습니다. 때문에 헨리 8세에게서는 역한 고름 냄새와 땀 냄새가 물씬 풍기기 일쑤였습니다.

그럼에도 불구하고 자신이 여전히 젊은 날의 멋진 왕이라고 믿었던 헨리 8세는 앤을 만나러 가면서 변장을 하고 갔습니다. 변장을 하고 가면을 쓰더라도 키가 188센티미터나 되었던 헨리 8세였기에 영국인들은 보자마자 왕임을 눈치 챘으며, 특히 캐서린은 헨리 8세가 변장을 할 때마다 전혀 눈치 채지 못한 듯 깜짝 놀라는 연기를 잘하여 헨리를 매우 만족시키곤 했습니다. 그러나 독일에서 온 앤은 이런 사실을 전혀 몰랐기 때문에 헨리 8세가 변장하여 나타나자 일반 신하를 대하듯 냉랭하게 맞이하였습니다.

생각해보면 다른 남자에게 전혀 관심을 보이지 않고 왕만을 기다리는 앤의 모습에서 오히려 정숙함을 느낄 수도 있었을 법도 한데 헨리 8세는 자신의 매력적인(?) 모습에 무심하게 행동하는 앤을 보고 심통이 났습니다. 앤과 식사를 한 후 나온 헨리 8세는 기다리고 있던 크롬웰에게 "나, 저 여자 싫어!(I like her not!)" 라고 말했습니다. 나이가 몇인데, 자신을 보고 홀랑 사랑에 빠지지 않았다는 이유로 바다 건너온 새 신부가 싫다니 정말 어이가 없습니다.

어쨌거나 당사자인 왕이 마음에 안 든다고 하니 결국 앤과의 결혼은 반년 만에 무효가 되었습니다. 앤 역시 그다지 슬퍼하거나 힘들어하지 않고 결혼 무효에 동의했고 시원시원한 앤의 결정이 마음에 쏙 들었는지 헨리는 많은 선물을 안겨주었습니다. 앤은 헨리의 '사랑하는 여동생(King's Beloved Sister)'이라고 불리며 앤 불린의 소유였던 리치먼드 성과 헤버 성, 서섹스에 있는 저택을 하사받았고 매년 거액의 돈을 받도록 조처되었습니다.

영국 왕비 자리가 탐났더라면 헨리 8세에게 이토록 금방 내쫓긴 것이 비극일 수 있겠으나 오래도록 평탄하게 살고자 했다면 이 결혼 무효는 앤에게 있어 인생의 가장 큰 행운이었습니다. 자신을 괴롭히던 오빠의 손아귀에서도 벗어나고 더 이상 맘에 들지 않는 남자와 결혼할 필요도 없이 '왕의 여동생'으로 영국에서 살게 된 클리브스의 앤은 헨리 8세의 여섯 아내 가운데 가장 오래 살아남아 헨리 8세의 죽음과 에드워드 6세, 메리 1세의 즉위식까지 보고 41살의 나이로 사망하였습니다.

반년 만에 또 다른 아내를 치워버린 헨리 8세는 이번에는 자신의 마음에 쏙 드는 외모를 가진 여자와 결혼하고자 했습니다. 그 여자는 바로 클리브스의 앤의 궁중 말동무 중 하나였던 캐서린 하워드였습니다.

캐서린 하워드가 헨리 8세의 눈에 들었을 때 캐서린 하워드는 겨우 15살쯤 된, 아주 어린 아가씨였습니다(캐서린 하워드의 출생 연도가 정확히 알려져 있지 않아 나이가 불분명하나 15~19살이었을 것으로 짐작됩니다). 캐서린은 앤 불린과 사촌이었고 앤 불린의 외갓집인 하워드 가문의 손녀딸이었으니 혈통으로 따지면 내로라하는 가문의 딸이었습니다. 하지만 캐서린은 무려 21명의 형제 중 10번째 아이였고 부모님들은 돈이 없어 이곳저곳을 전전해야 하는 상황이었습니다. 때문에 캐서린 하워드는 제대로 된 교육을 받기는커녕 정숙하지도 못했습니다. 캐서린은 겨우 읽고 쓸 줄 아는 정도였고, 물론 이 정도도 당시에는 꽤나 교육받은 아가씨가 갖출 만한 능력이었지만 첫 번째 왕비였던 캐서린에 비하면 아무것도 아니었던 것이죠.

생각 없고 단순한 캐서린 하워드는 그저 보통의 십대처럼 또래 남자아이들과 시시덕거리는 걸 좋아하는 어린 아이였을 뿐이었습니다. 프랜시스 데럼이라는 남자와는 몰래 비밀 결혼식도 올리며 서로 '여보'라 칭하는 사이가 되기도 했습니다. 하지만 그처럼 근심 걱정 없는 나날들은 캐서린 하워드가 헨리 8세의 눈에 드는 순간 끝장이 났죠.

캐서린 하워드는 헨리 8세를 그리 마음에 들어 하지 않았습니다. 사실 당연한 일이겠죠. 10대 소녀였던 캐서린 하워드에 비하면 49살인 헨리 8세는 당시 기준으로 아버지뻘을 넘어 할아버지뻘인 나이였으니까요. 하지만 앤 불린의 몰락으로 함께 무너지고 있던 하워드 가문과 불린 가문에서는 앤 불린 시절의 영화를 다시 누리고자 어린 캐서린 하워드를 헨리 8세의 눈앞에 계속 들이밀었습니다.

헨리 8세의 다섯 번째 왕비인 캐서린 하워드. 역시 궁정 화가 한스 홀바인이 그린 초상화다.

결국 어리고 철없는 캐서린 하워드와 허리 둘레가 54인치(약 137센티미터)까지 늘어나고 다리에서 고름을 흘리고 있는 할아버지 헨리 8세는 1540년 7월 28일 결혼식을 올렸습니다. 바로 그날, 토머스 크롬웰은 클리브스의 앤과 헨리 8세를 결혼시켰다는 이유로 처형되었습니다. 그러게 왕의 취향을 최우선으로 두었어야 뒤탈이 없었을 텐데요. 헨리 8세는 캐서린 하워드가 예뻐서 어쩔 줄을 몰랐습니다. 헨리 8세는 캐서린 하워드를 나의 '가시 없는 장미(rose without a thorn)'라고 부르면서 보석과 온갖 선물 공세를 퍼부었습니다.

하지만 그런 정성도 어린 신부의 눈에 할아버지를 매력적인 이성으로 보이게 할 수는 없었습니다. 캐서린 하워드는 자신의 '비밀 남편'이었던 프랜시스 데럼을 비서로 고용하는가 하면 헨리 8세가 잠시 여행을 떠난 사이에 토머스 쿨페퍼라는 남자와 사랑에 빠집니다. 그리고 앤 불린과 조지 불린의 죽음을 불러왔던 제인 파커가 두 사람이 비밀리에 만날 수 있도록 주선하고 편지를 전해주었습니다.

　벽에도 귀가 있다는 궁에서 이들의 연애는 얼마 되지 않아 들통이 납니다. 그리고 당연히 헨리 8세의 귀에 들어가게 되죠. 조사가 시작되자 왕궁의 사람들은 너나 할 것 없이 자신들이 들은 이야기에 과장을 보태서 떠들기 시작했고 심지어 캐서린 하워드의 11살 때 피아노 선생까지 자신도 캐서린 하워드와 그렇고 그런 관계였다고 증언을 합니다. 캐서린 하워드와 토머스 쿨페퍼의 만남을 주선했던 제인 파커는 둘의 연애 사실을 증언하여 2명의 영국 왕비가 처형되는 데 결정적인 역할을 합니다. 하지만 이번에는 제인 파커 역시 왕비의 불륜을 조장한 죄로 참수형에 처해집니다.

　캐서린의 연인이었던 토머스 쿨페퍼와 프랜시스 데럼은 끔찍한 형에 처해집니다. 목을 매달아 반쯤 기절시킨 후 물에 담갔다 꺼내어 산 채로 오장육부를 꺼내는 형을 받은 후 머리는 타워 브리지 위에 내걸립니다. 캐서린 하워드 역시 참수형에 처해지는데요. 언제나 패션을 중시하고 남의 눈을 의식하던 철없는 캐서린 하워드는 처형될 때 사용할 나무를 가져다 달라고 부탁하여 밤새도록 그 위에 어떻게 목을 올릴지 연습했다고 합니다. 어린 나이에 왕의 눈에 든 탓에 또래 남자아이를 사랑한 죄밖에 없었던 캐서린 하워드가 죽음을 맞이한 후 헨리 8세는 여섯 번째이자 마지막 왕비인 캐서린 파를 들이게 됩니다.

　캐서린이 너무 많이 나오죠? 헨리 8세는 캐서린과 앤이라는 이름과 인연이 있었던 모양입니다. 이제 나이가 많이 든 헨리 8세는 성적인 즐거움보다는 안락함을 찾기 시작했습니다. 그렇게 선택된 것이 캐서린 파였습니다. 캐서린 파는 현재까지 남편이 가장 많았던 영국 왕비로 알려져 있습니다. 17살에 결혼했던 남편이 금방 죽고 20살의 나이에 40살의 남편과 결혼합니다. 하지만 두 번째 남편도 얼마 후 사망하고 캐서린 파는 첫 번째 왕비였던 캐서린의 딸이자 공주에서 강등된 레이디 메리의 말동무로 들어가게 됩니다. 그곳에서 헨리 8세의 눈에 든 캐서린 파는 남편

헨리 8세의 여섯 번째이자 마지막 왕비 캐서린 파. 부인이라기보다는 간호사에 가까웠던 파의 1545년 무렵 모습이다.

이 사망한 지 약 다섯 달 만에 헨리 8세와 결혼식을 올립니다. 캐서린 파가 헨리 8세와 결혼한다는 이야기를 들은 클리브스의 앤은 "파 부인께서 사서 고생을 하러 가시는군요."라고 말했다고 전해집니다.

캐서린 파는 늙고 병들어 고통에 허덕이는 헨리 8세를 극진히 보살피고 간호하며 신임을 얻습니다. 결혼 후 1년도 채 되지 않아 캐서린 파는 왕이 가까운 시일 내에 사망 시 에드워드 왕자의 후견인으로 나라를 이끌 권한을 얻게 됩니다. 그리고 첫 번째 왕비 캐서린의 딸인 메리와 두 번째 왕비 앤 불린의 딸인 엘리자베스가 다시 공주 지위를 얻도록 영향력을 행사하여 메리와 엘리자베스는 왕위 계승자 순위에 들 수 있게 되었습니다. 헨리 8세는 캐서린 파와 결혼한 지 4년 만에 쉰다섯의 나이로 영국 역사상 가장 스캔들이 많았던 파란만장한 삶을 마감합니다.

왕이 죽으면 왕비가 평생 정절을 지켜야 했던 우리나라와 달리 서양에서는 얼마든지 재혼이 가능했습니다. 다시 한 번 남편을 잃은 캐서린 파는 헨리 8세의 구애를 받기 전부터 사랑했던 토머스 세이모어와 재혼합니다. 토머스 세이모어는 제인 세이모어의 오빠였으므로 헨리 8세의 사돈이자 에드워드 왕자의 삼촌이었습니다. 이제 사랑하는 사람과 행복하게 살 것이라 생각했겠지만 캐서린은 35살에 처음으로 임신을 하고 아이를 낳은 지 엿새 만에 산욕열로 세상을 떠납니다.

헨리 8세의 아들에 대한 집착으로 인해 역사와 국교가 바뀌고 아내를 무려 여섯이나 두고 그중 둘을 처형한 이야기는 서양사에서 가장 인기 좋고 악명 높은 이야기입니다. 읽어보니 왜 그런지 아시겠죠? 막장 드라마는 예나 지금이나 시청률이 높은 법이니까요.

10. 눈처럼 하얀 피부, 피처럼 붉은 입술
– '처녀왕' 엘리자베스 1세의 비밀 화장법

헨리 8세와 그의 여섯 아내 이야기는 재밌게 읽으셨나요? 이번에는 헨리 8세의 딸이자 영국의 황금 시대를 이끌었던 '처녀왕' 엘리자베스 1세(1533~1603, 재위 1558~1603) 이야기를 해보겠습니다.

영국인들은 여왕을 굉장히 좋아합니다. 여왕이 다스리던 시절에 영국이 황금기를 맞았기 때문입니다. 그 대표적인 예가 엘리자베스 1세와 빅토리아 여왕입니다. 빅토리아 여왕은 나중에 이야기하고 여기서는 엘리자베스 여왕에 대해 이야기해보겠습니다.

엘리자베스 1세가 없었다면 지금의 영국이 없었을 만큼 엘리자베스 1세는 영국을 크게 번영케 한 여왕입니다. 45년 동안 영국을 다스린 엘리자베스 1세는 굉장히 다양한 업적을 이루었는데 그중 주목할 만한 것들은 화폐 제도 통일, 빈민구제법 실현, 동인도회사 설립, 아메리카의 버지니아 식민화 등입니다. 이때부터 영국 문학이 번성하기 시작하여

1546년 무렵 화가 윌리엄 스크로츠가 그린 엘리자베스 1세의 공주 시절 모습. 튜더 왕조 특유의 붉은 머리가 인상적이다.

윌리엄 셰익스피어 등이 활동하였으며 영국은 '해가 지지 않는 나라'로 불리며 황금 시대를 누렸습니다. 이렇듯 엄청난 영광을 누리게 해준 엘리자베스 1세였으므로 지금도 영국에서 그녀는 '좋은 여왕 베스(Good Queen Bess)'라는 별명으로 불립니다.

엘리자베스 1세는 영국 역사상 가장 유명한 커플인 헨리 8세와 앤 불린을 부모로 두었습니다. 헨리 8세는 아들을 간절히 바라는 마음으로 조강지처를 내치고 앤 불린과 결혼했지만 떡두꺼비 같은 아들을 낳아 줄 줄 알았던 앤은 딸만 하나 낳았고, 한번 멋대로 부인 바꾸는 맛을 보았던 왕은 이번엔 부인의 목을 쳤습니다. 헨리 8세는 곧바로 엘리자베스를 서녀로 강등시켜버리고 드레스 한 벌 변변히 해 입히지 않아 그녀를 보살피던 유모가 옷이 너무 작다고 호소하는 편지를 보내기도 했습니다. 아직 말도 제대로 못하던 어린 나이에 아버지에게 버림받았던 딸이 그 어떤 아들보다도 왕국을 번영시켰으니 헨리 8세는 무덤 속에서 깜짝 놀랐을 것입니다.

헨리 8세부터 이복 남동생인 에드워드 6세와 이복 언니인 메리 1세가 모두 죽고 엘리자베스가 스물 다섯이라는 젊은 나이에 여왕의 자리에 오르자 자기랑 결혼하자고 졸라대는 왕자들이 줄을 섰습니다. 아직 10대도 안 된 앳된 소년에서 호호백발 할아버지에 이르기까지 청혼이 줄을 이었던 것이죠. 그중 유명한 청혼자는 왕비 제인 세이모어의 오빠이자 왕비 캐서린 파의 마지막 남편이었던 토머스 세이모어, 스페인의 펠리페 2세, 펠리페 2세의 아들이자 사이코패스였던 돈 카를로스 왕자, 엘리자베스 1세의 연인이었다고 소문이 자자한 로버트 더들리 경 등이 있습니다.

수많은 염문을 뿌렸던 헨리 8세와 매혹적인 요부인 앤 불린의 딸이니 수많은 남자들과 연애를 할 법도 했지만 엘리자베스 1세는 평생 결혼은 하지 않았습니다. 수많은 왕자들이 무릎을 꿇더라도 남성 우월주의가 팽배했던 당시 사회에서 여자는 결혼을 하는 순간 남편의 소유물이 되며 여자의 소유권은 모조리 사라집니다. 즉, 영국 여왕이 프랑스 왕이랑 결혼한다=영국 땅이 프랑스 땅에 들어간다, 이런 공식이 성립하는 것이었지요. 엘리자베스 1세가 즉위하기 전에 영국을 통치했으며 '피의 메리(Bloody Mary)'라 불렸던 메리 1세(재위 1553~1558)는 스페인의 펠리페 2세와 결혼했는데 펠리페 2세는 남편으로서 영국에 지나치게 많은 영향력을 행사하려 들었습니다. 그것을 지켜보며 질색을 했던 영국 국민들은 엘리자베스가 영국 귀족과 결혼하기를 바랐습니다.

하지만 권력도 왕위도 다른 사람과 나누고 싶지 않았던 엘리자베스 1세는 평생 결혼을 하지 않았습니다. 물론 그렇다고 정말로 평생 처녀로 늙어죽었을 것이라 믿는 사람은 없겠지요. 14살 때 엘리자베스는 캐서린 파와 토머스 세이모어의 집에 머물고 있었습니다. 마흔이 가까운 나이의 토머스 세이모어는 왕위 계승자 서열에 들어 있는 엘리자베스 공주에게 눈독을 들였고 툭하면 엘리자베스를 붙잡고 몸을 더듬으며 간지럼을 태우곤 했습니다. 그런 망측한 행동을 제지했어야 할 캐서린 파는 오히려 장난에 동참했고 토머스 세이모어가 엘리자베스의 검은 드레스를 수천 조각으로 갈기갈기 찢을 때 재밌다고 웃으며 엘리자베스 공주를 붙잡고 있기도 했습니다. 하지만 토머스 세이모어가 엘리자베스 공주를 남몰래 끌어안고 있는 것을 발견하자 그제서야 어떤 상황인지 깨닫고 그녀를 다른 곳으로 보냈습니다.

즉위식 당시의 엘리자베스 1세. 여왕의 자리에 오를 때 그녀는 약관 스물 다섯이었다.

결혼하지 않기로 결심한 엘리자베스는 자신의 이미지를 성모 마리아와 동일시켰습니다. '영국의 어머니, 영국의 신부(新婦)'라는 식으로 말입니다. 그래서 언제나 반드시 어리고 생기에 넘쳐보여야 했습니다. 무슨 짓을 해도 탱글탱글 윤기가 돌던 어린 시절이야 튜더 왕조 특유의 붉은 머리를 휘날리고 뽀얀 피부에 건강한 혈색이 올라왔지만 세월은 무심하게 흘러갔고 지금처럼 보톡스니 성형 수술이니 하는 의학 기술조차 없었으니 세상을 발밑에 두고 호령하던 천하의 엘리자베스 1세도 세월을 피해갈 수는 없었습니다.

당시 영국의 미인상은 금발이나 그에 준하는 밝은 머리에 눈처럼 새하얀 피부, 발그레한 뺨과 새빨간 입술이었습니다. 그중 새하얀 피부는 귀족 계층의 특권이었기 때문에 그 조건은 남자에게도 통용되었습니다. 핏줄이 파랗게 비쳐 보일 정도의 창백한 피부가 선호되었죠. 자외선 차단제도 없었으니 이런 피부를 가지기 위해서는 외부에서 육체 노동이라고는 전혀 하지 않고 실내에만 머물러야 했고, 때문에 핏줄이 파랗게 도드라져 보이는 창백한 피부는 귀족들만 누릴 수 있는 호사였습니다. 그래서 '블루 블러드(blue blood)'는 귀족을 뜻하는 단어죠.

실내에만 머물면 뽀얗고 탱탱한 피부가 만들어진다면 얼마나 좋을까요. 하지만 집 안에만 있다고 해서 피부가 깨끗해지는 것은 아니라는 건 우리 모두 잘 알고 있습니다. 그래서 우리는 오이를 썰어 얼굴에 붙이고 로션을 바르고 마사지를 하죠. 이렇듯 피부에 대한 지대한 관심은 고대에서부터 내려왔습니다. 아름다움에 집착하는 것은 인간의 본능이니까요. 고대 이집트에서는 멋진 아이라인을 그려 강렬한 태양으로부터 눈도 보호하면서 아름다움을 뽐냈고 고대 로마에서는 검투사들이

엘리자베스 1세의 미모 변천 모습들. 그림 왼쪽은 1563년에 그려진 선보기용 초상화로, 1562년에 천연두를 앓은 후 후계자와 결혼 문제가 대두되어 '지도자'의 모습을 부각시킨 이후 초상화들과는 달리 혼인 적령기의 미혼 여성임을 강조하고 있다. 그림 오른쪽은 1575년의 모습.

피부를 보호하고 윤기를 유지하기 위해서 올리브유, 벌꿀 왁스, 장미 꽃잎 등을 섞어 크림을 만들어 발랐습니다. 이 크림이 과거 한동안 큰 인기를 끌었던 콜드 크림의 원조랍니다.

튜더 왕조 시절의 영국에서도 역시 크림과 향수를 사용했습니다. 과거와 그리 다를 것은 없어서 자연에서 얻어지는 것으로 화장품을 만들었는데요. 주로 꿀, 밀랍, 참기름을 섞어 발랐습니다. 얼굴에서 아주 달달하고 고소한 냄새가 났겠죠? 향수는 주로 꽃을 이용해서 만들어졌습니다. 사실 향수를 뿌리는 것보다 몸을 깨끗하게 씻었다면 훨씬 더 좋았겠지만 말이죠.

같은 튜더 왕조 시절이라 해도 헨리 8세 때는 내추럴 메이크업이 인기였습니다. 헨리 8세의 부인들 초상화나 엘리자베스의 어린 시절을 보면 알 수 있지요. 그 시절에는 분을 많이 바르는 건 촌스러운 짓이었습

1578년 무렵(왼쪽)과 1583년(오른쪽)의 엘리자베스 1세.

니다. 요즘처럼 자연스러운 아름다움이 매우 중요했죠. 엘리자베스 1세 역시 어린 시절에는 그 싱그러운 미모를 마음껏 뽐내고 다녔지만 나이가 들기 시작하자 주름이 생기고 기미도 생기고, 게다가 옛날에 아플 때 얻은 흉터까지 있어 맨얼굴로 다니기에는 '영국의 신부'에 어울리지 않는 모습이 되었습니다. 순결을 상징하는 진주로 온몸을 치장하고 모든 궁정 남자들의 관심과 찬사를 한 몸에 받았지만 아무리 그래도 점차 늙어가는 피부를 보면 한숨만 나왔습니다.

영원히 아름다운 처녀의 모습을 유지하고자 엘리자베스 1세는 젊고 빛나던 시절의 모습을 지켜줄 것들을 찾아 나섰습니다. 어린 시절에 비해 가늘어지고 푸석거리기 시작한 머리카락은 무려 80개가 넘는 가발로 대체하였고 주름이 지기 시작한 얼굴에는 새하얗게 분칠을 하기 시작했습니다. 여왕님의 초상화를 연대 순으로 늘어놓으면 위의 그림과 같습니다.

1588년 무렵(왼쪽)과 1595년 무렵(오른쪽)의 엘리자베스 1세.

여왕님은 당시 시대를 앞서가는 '패셔니스타' 였기 때문에 온 동네 귀족이란 귀족은 죄다 여왕님을 따라서 화려하게 화장을 하고자 했습니다. 이에 따라 얼굴을 새하얗게 만들어주는 분말이 각광받았고 이때 남녀를 불문하고 모든 귀족들의 사랑을 받았던 화장용 분말은 바로 비소랑 납이 가득한 허연 분이었습니다. 이 중금속 성분이 듬뿍 함유된 분을 바르면 아주 뽀얀 화장이 가능했죠. 당시 사람들이 원하던 흰색은 요즘 말하는 17호도 21호도 아닌, 그야말로 백짓장 같은 창백한 흰색이었기 때문에 어떤 이들은 비소와 납 분말에도 만족하지 못하고 손목을 그어 피를 뽑아내기도 했고 피를 빨리기 위해 일부러 거머리를 몸에 붙여 두기도 했습니다.

참, 비소가 듬뿍 든 화장품은 악독한 범죄를 소리 없이 저지르는 데 사용되기도 했습니다. 오늘날 많은 여성이 맑고 깨끗한 피부로 보이도록 하는 데 사용하는 로션이 무려 600명의 사람을 살해하는 데 사용된 적이 있었습니다. 17세기 말, 이탈리아의 한 화장품 제조자였던 세뇨라 토파나는 비소를 듬뿍 넣은 로션을 만들어 〈아쿠아 토파나〉라는 이름으로 판매했습니다.

세뇨라 토파나는 귀족 부인들에게 남편을 만나기 전에 꼭 이 화장품을 양 볼과 목, 가슴 위에 바르라고 말했습니다. 비소를 바른 부인을 둔 600여 명의 남편들은 비소 중독으로 사망했고, 위험성을 알고 바른 것이든 그저 예뻐보이려고 바른 것이든, 부인들은 모두 아주아주 부유한 미망인이 되었습니다. 화장품을 살인 도구로 사용한 세뇨라 토파나는 1709년, 600명을 살해한 혐의로 처형되었습니다. 하지만 귀족 부인들은 아무 처벌도 받지 않았죠.

우리나라에서도 1920년대에 〈박가분〉이라는 최초의 공산품 화장품이 등장하여 미백 효과로 큰 인기를 끌었지만 주성분이 중금속인 납이라 부작용을 일으킨 적이 있었죠. 일본의 가부키 배우들 역시 하얀 분장을 위해 납 성분이 들어 있는 분을 발랐고 그 결과 손발이 썩어들어가며 사망하는 경우까지 발생하였습니다.

당시에는 아름답고 창백한 피부를 뽐냈을지 모르지만 오늘날 엘리자베스 여왕의 사망 원인으로 손꼽히는 이유 중 하나가 바로 비소 중독입니다. 차츰 썩어들어가는 피부를 가리려고 바르고 덧바르고 또 덧발랐던 것입니다. 늙어가는 자신의 모습을 보며 어떻게든 막고자 했던 엘리자베스 1세는 죽을 때까지도 처녀처럼 차려입고 화려한 가발을 쓰고 두터운 화장을 했습니다. 그럼에도 불구하고 죽을 때가 가까워지자 엘리자베스 1세는 우울증으로 괴로워하며 약해져갔고 69살의 나이로 어느 날 조용히 사망하였습니다.

11. 어느 위대한 작가를 둘러싼 진실게임
- 윌리엄 셰익스피어의 정체 논란

　이번 이야기는 위대한 작가 윌리엄 셰익스피어의 정체에 대해 다루는, 말하자면 음모론입니다. 음모론이라 하면 야사의 꽃이죠. 역사의 한 획을 그었다는 인물과 사건에는 언제나 음모론이 존재했고 그것이 옳은지 그른지 언제나 갑론을박이 되풀이되지만 한번쯤 음모론을 살펴보는 것도 재미있을 것입니다.

　셰익스피어의 정체가 이토록 오랫동안 논쟁을 거듭하는 것을 이해하기 위해서는 알아두어야 할 것이 있습니다. 도대체 왜 윌리엄 셰익스피어는 영문학 사상 최고의 작가로 일컬어지고 때로는 유럽 문명 최고의 작가라고도 불리는 것일까요?

　사실 영문학뿐만 아니라 유럽 역사에는 수없이 많은 작가들이 있습니다. 『레미제라블』의 빅토르 위고, 『올리버 트위스트』의 찰스 디킨스, 『전쟁과 평화』의 톨스토이, 『데미안』의 헤르만 헤세, 그리고 수많은 다른 작가들도 유럽을 빛낸 위대한 작가들입니다.

그러나 셰익스피어는 문학계에서, 특히 자부심으로 가득한 영국인들에 의해서 더더욱 높은 자리에 올라 있습니다. 셰익스피어의 문학 세계를 이야기하기 시작하면 이 책이 셰익스피어 얘기로만 가득 찰 테니 간단히 설명하자면 그가 유명하고 칭송받는 이유는 4가지쯤 됩니다.

1\. 모든 세대가 공감할 수 있는 보편적인 주제

지금까지도 셰익스피어가 유명하고 『햄릿』, 『오셀로』, 『로미오와 줄리엣』 등이 여전한 인기를 누리는 것만 보아도 셰익스피어의 작품들이 얼마나 시대를 넘나드는 주제와 이야기를 가지고 있는지 알 수 있습니다. 셰익스피어 속의 인물들은 그 시대나 장소만 다를 뿐 우리가 고민하는 것이나 우리가 겪는 문제를 함께 겪고 함께 고민하며 시공을 뛰어넘어 인간으로서의 고뇌를 겪습니다. 이것은 셰익스피어가 인간을 제대로 이해하고 깊이 들여다보았음을 알 수 있습니다.

2\. 셀 수 없이 많은 단어와 문장을 창조

사실 이건 셰익스피어가 진짜로 다 발명한 것이냐 아니면 당시에 쓰이던 말인데 셰익스피어가 처음으로 받아 적은 것이냐, 하는 논란이 있습니다. 하지만 어쨌거나 셰익스피어는 자신의 작품에서 총 17,677개의 단어를 사용했는데 그동안 없었던 1,700개의 단어들을 처음 사용했으며 새로운 문장들을 만들어냈고 그것들은 지금까지도 전해져 내려오고 있습니다.

그럼 잠시 셰익스피어 영어 타임을 가져볼까요?

- It's Greek to me : '내겐 전부 그리스어일 뿐이야' 라는 뜻인 이 문장은 상대가 하는 말을 도무지 알아들을 수 없을 때 하는 말입니다.
- Wear your heart on your sleeve : 감정을 매우 잘 드러내는 사람이라는 소리입니다. 심장이 소매에 달려 있다는 얘기니까 무척 공개적으로 자신의 마음을 보이고 다니는 것이죠.
- Break the ice : '얼음을 깬다' 는 이 표현은 처음 만난 사람과 어색함을 없애기 위해 대화를 시작하는 것을 뜻하는 유명한 관용구죠.
- Clothes make the man : '옷이 사람을 만든다' 는 말은 무슨 뜻인지 딱 봐도 아시겠죠? 사람들은 결국 차림새를 보고 상대를 판단하곤 하죠.
- Fair play : 페어플레이 정신! 많이 들어보셨죠? 반대말인 파울 플레이(Foul play) 역시 셰익스피어가 만든 말입니다.
- All that glitters isn't gold : 반짝인다고 전부 금은 아니다.
- As dead as a doornail : '못처럼 죽었다' 즉, 살아날 가망이 없이 완전히 죽었다는 소립니다.
- I have not slept one wink : 눈 한번 깜빡도 못했다, 즉 '한숨도 못 잤다' 는 뜻입니다.
- Vanish into thin air : 공기 중으로 사라져버렸다.

그렇다면 단어들은 어떨까요? 여기에 1,700개의 단어를 다 쓸 수는 없으니 요즘도 많이 사용하므로 외워두면 토익이든 토플이든 외국인과의 대화든 진짜로 사용할 법한 것으로 몇 개 써보겠습니다.

addiction : 중독   advertising : 광고

cold-blooded : 냉정한
worthless : 가치 없는
hint : 힌트
blushing : 얼굴을 붉히다
eyeball : 눈알
mimic : 흉내내다, 따라하다
label : 상표
buzzer : 버저
blanket : 담요
marketable : 잘 팔리는
tranquil : 잔잔한

gossip : 소문, 소문내다, 뒷담화하다
negotiate : 협상하다
champion : 챔피언
lonely : 외로운
fashionable : 패셔너블한
gloomy : 어둑어둑한, 우울한
critic : 비평가, 평론가
bedroom : 침실
skim milk : 탈지유
generous : 관대한, 후한
secure : 안전한, 확실한

한번 읽어보세요. 대부분 초급 영어에 나올 법한 단어들이죠. 한 사람이 만든 단어가 지금까지 너무나 당연하게 쓰이고 있다는 사실이 윌리엄 셰익스피어의 영향력을 단적으로 보여주는 듯합니다.

3. 어마어마한 영향력

혹시 셰익스피어의 작품들을 읽어보셨나요? 영화를 보셨나요? 연극을 보셨나요? 그의 작품을 읽고 '에이~, 뭐야. 너무 뻔해~.' 이런 생각이 들었나요? 사실 그건 그동안 읽어온 다른 이야기들이 셰익스피어를 따라한 것입니다. 남들이 모방한 글들을 보고 셰익스피어를 진부하다 한다면 원저작권자인 셰익스피어는 미치고 팔짝 뛸 일이겠지요. 여자아이가 남장을 하고 몰래 남학교에 들어갔다? 만화책이나 하이틴 영화나 드라마에 많이 나올 법한 얘기지만 사실 그것도 원조는 셰익스피어랍니다. 디즈니 애니메이션 「라이온 킹」을 재밌게 보셨나요? 「라이온 킹」은 등장인물을 사람에서 사자로 바꾸었을 뿐, 셰익스피어의 『햄릿』을 고스란히 가져다 만든 내용입니다.

이런 식으로 셰익스피어의 작품이 오늘날까지 문학과 문화에 미친 영향력이 너무나 크기 때문에 셰익스피어가 없이는 현재와 같은 문학과 문화가 없을 것이라 말하기도 합니다.

4. 괴물 같은 집필 능력

그 많은 단어와 문장들을 창작한 것으로도 대단한데 셰익스피어는 수없이 많은 분야에서 뛰어난 전문성을 보였고 평생 38편의 연극, 154편의 시, 2편의 극시, 몇 편의 묘비명 등을 썼습니다. 그것도 어느 한쪽에 치우치지 않고 비극과 희극, 연극과 시를 넘나들며 엄청난 양의 작품을 최고의 품질로 생산해냈죠.

자, 우리는 이 남자가 대단한 작가라는 사실을 알았습니다. 그럼 셰익스피어라는 사람은 어떤 삶을 살았을까요? 흥미롭게도 윌리엄 셰익스피어라는 인물의 개인사에 대해서는 거의 알려져 있지 않습니다. 언제 태어났는지도 모르고 어떤 삶을 살았는지도 정확히 모르는 거죠. 그래서 윌리엄 셰익스피어에 대한 책이 하루에 한 권씩 출간된다는 얘기가 있음에도 불구하고 그의 전기는 '5퍼센트의 사실과 95퍼센트의 추측'으로 이루어져 있다고 합니다.

윌리엄 셰익스피어는 1564년 4월 26일에 유아 세례를 받았습니다. 18

살에 앤 해서웨이와 결혼하고 딸과 쌍둥이 남매를 낳았습니다. 1594년에는 시종장관 극단(Lord Chamberlain's Men)에서 배우로 일하기 시작해서 점차 유명해졌고 이후에는 극장을 일부 소유할 만큼 성공하여 1603년에 나름 가문의 문장도 만들고 꽤 잘나가다 1616년에 사망했습니다. 영국 최고의 작가라

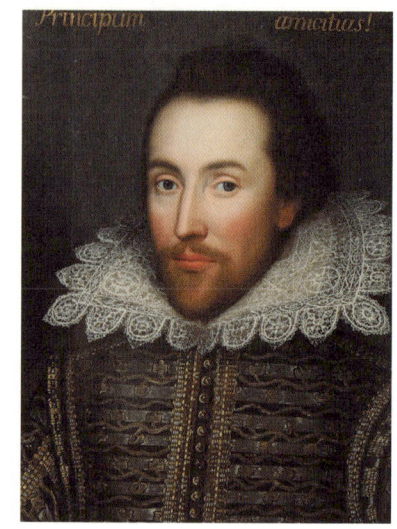

셰익스피어의 초상화로 추정되는 그림.

는 남자인데 삶에 대한 설명이 굉장히 짧지요? 이 정도로 셰익스피어에 대해서는 알려져 있는 것이 거의 없습니다.

 인생이 거의 알려져 있지 않은데 더해서 사실 우리는 셰익스피어의 얼굴도 정확히 모릅니다. 저 위의 윌리엄 셰익스피어 그림도, 그리고 윌리엄 셰익스피어라고 주장하는 그 어떤 그림도 실제 셰익스피어의 모습이라는 확신은 전혀 없습니다. 대부분의 초상화가 셰익스피어 사망 후에 그려졌고 생전에 그려졌다는 초상화도 셰익스피어의 모습이라는 증거가 없으며 셰익스피어가 초상화를 그리도록 주문했다는 근거도 없습니다.

 셰익스피어……. 그는 그 이름조차도 제대로 된 철자가 존재하지 않습니다. 생일도 모르고 성도 없고 교육이라고는 받았는지 안 받았는지조차 모르는 평민. 왕실 근처는 얼씬도 해보지 않았고 외국에는 한 번

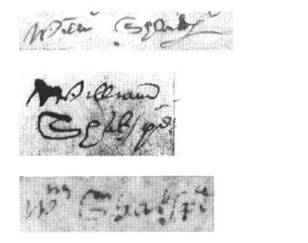 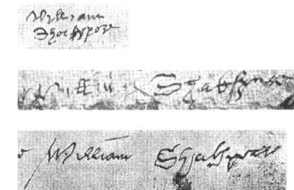

셰익스피어의 여러 가지 서명.

도 나가보지 못했던 사람이 그토록 뛰어난 작품들을 썼다고? 도대체 어떻게? 이것이 셰익스피어의 정체를 둘러싼 의문의 출발점입니다.

셰익스피어라는 이름에서부터 음모론은 시작됩니다. 셰익스피어(Shakespeare)라고 쓰지요. 당연하다고 생각하시죠? 그런데 아니, 정말로 그렇게 쓰였을까요? 초기에 셰익스피어는 Shake-speares라고 썼습니다. 또는 shagspeare, shakspeare, shakestaffe 등 여러 형태로 다 다르게 쓰여졌습니다.

이런 것 때문에 셰익스피어가 실제로는 여러 작가의 모임 또는 필명이라는 주장이 등장합니다. '셰익-스피어(Shake-speares)'라는 성(姓) 자체가 필명에 굉장히 알맞은 성이기 때문입니다. 셰이크(Shake)는 '흔들다'라는 뜻이며 스피어(Spear)는 '창'을 뜻하는데 그리스 신화에 나오는 지혜의 여신 아테나의 탄생 신화에서 비롯된 것이라는 주장입니다. 저널리스트이자 작가인 마크 앤더슨이 쓴 『셰익스피어, 또 다른 이름으로 "Shakespeare" by Another Name』에서는 이렇게 설명하고 있습니다.

아테나는 완전히 중무장을 한 채로 아버지 제우스의 머리를 반으로 쪼개며 태어난다. 탄생의 순간에 창을 흔들며 등장했고 작가들은 이 순간의 아테나를 '창을 흔드는' 행동으로 연관지어 왔다. 창을 흔드는 아테나는 극장을 돌보는 여신의 형상이므로 '창을 흔들다'라는 이름은 극작가에 있어서 완벽한 이름인 것이다. [주9]

게다가 셰익스피어가 교육을 받았다는 증거가 없습니다. 그리고 대본들에 있는 셰익스피어의 서명들은 글을 쓸 줄 아는 사람이 쓴 것이 아니라 문맹인 사람이 '따라 그린' 것으로 보인다고 합니다. 심지어 전부 같은 사람이 쓴 것인지조차 확신할 수 없습니다.

영문학 사상 가장 위대한 작가, 유럽 문명 최고의 작가라는 사람이 문맹이 아니냐는 추궁을 받아도 반박하기 어려운 것은 '셰익스피어'가 직접 쓴 문서가 단 하나도 남아 있지 않기 때문입니다. 그 많은 작품들을 만들어낸 셰익스피어인데 그가 직접 쓴 편지도, 대본도, 공식 서류도 아무 것도 존재하지 않습니다. 그리고 그의 부인과 자식들도 모두 문맹이었습니다.

셰익스피어의 작품을 보면 그는 17,500~29,000개의 단어를 알고 무려 200권이 넘는 책에서 인용을 합니다. 책 200권이 뭐가 그리 대단하냐구요? 16세기 당시 책은 대단한 귀중품이었고 도서관이라는 개념 자체도 생소했습니다. 1년에 150권이 출간될까 말까 하는 상황이었죠. 그런 상황에서 셰익스피어가 200권이 훨씬 넘는 책에서 인용을 했다는 것은 그가 책을 무척 많이 읽은 지식인이었다는 뜻입니다. 심지어 200권 중 몇 권은 영어로 번역도 되지 않은 책들로 프랑스어, 그리스어, 라틴어, 이탈리아어, 스페인어로 쓰여 있는 책들이었습니다.

번역도 되지 않아 원서를 찾아 읽어야 할 만큼 책이 제대로 출간되지 않았던 당시, 책 없이 글을 쓴다는 건 불가능한 직업인 작가에게 있어 책이 얼마나 귀중한 재산이었는지 짐작이 되실 것입니다. 그 때문에 당대 작가들인 벤 존슨이나 존 던은 사후 200권이 넘는 책을 재산으로 남기고는 했습니다.

그에 비해 셰익스피어는 변호인을 통해 작성한 유서에 '두 번째로 좋은 침대는 아내에게 준다'라고 할 정도로 정말 자질구레한 물건까지 모두 목록으로 남겼지만 책이나 문서는 물론, 편지 한 장 남기지 않았습니다. 그렇다면 셰익스피어가 읽은 책은 전부 어디로 사라져버린 것일까요? 그와 함께 의문스러운 점은 영어 자체를 바꾸어 놓았다고 할 정도로 언어 천재였던 윌리엄 셰익스피어가 정작 자신의 유서는 굉장히 지루하고 평범하게 작성했다는 것입니다.

또한, 셰익스피어가 문맹이었을 약간의 가능성과 그가 초급 교육만 받았거나 또는 아예 교육을 받지 못했을 가능성을 염두에 두고 보았을 때도 굉장히 의문스러운 점이 있습니다. 셰익스피어의 작품을 보면 그는 법률, 의학, 천문학, 철학, 언어학, 군사학, 역사, 항해술, 문학, 음악, 과학, 식물학, 고전 등 각 분야에 전문가 수준으로 통달해 있습니다. 이와 더불어 위에서 보듯 무려 6개 국어를 구사할 줄 압니다.

이런 지식이 '초등 교육만 받고 책은 단 한 권도 소유하지 못한 사람의 머리에 들어 있을 가능성이 과연 몇 퍼센트나 되는가?' 하는 것이죠.

그렇다면 셰익스피어의 작품들을 살펴봅시다. 지금과는 아주 다른 시대의 이야기입니다. 편지를 써도 제때 전해질지 모르고 우리 동네 밖이 어떻게 생겼는지도 모르는 사람들이 대다수였던 시절이죠. 바로 그런 시대에 셰익스피어는 프랑스식 예절을 잘 알고 눈 감고도 베니스에 사는 사람보다 베니스를 더 자세하게 그려냈으며 플로렌스 사람들을 묘사하고 이탈리아 북부 지방의 전통을 속속들이 알고 있었습니다. 셰익스피어는 왕궁에 가본 적도 없었으면서 온갖 궁정 예절들을 상세하게 묘사했고 궁정에서의 삶을 표현하는 데 거침이 없었습니다.

당시 뱃사람들은 자신들의 위험천만한 여행을 허풍스럽게 꾸며내기로 유명했고 덕분에 사람들은 정말로 중국의 집들은 황금 기와로 덮여 있고 먼 동쪽 나라에는 용들이 산다고 생각했습니다. 그런 상황에서 영국 땅을 한 발짝도 벗어나 보지 않았던 한 작가가 자신이 살고 있는 런던보다 베니스를 더 자세히 사실적으로 묘사하는 일이 가능했겠는가? 오히려 베니스를 직접 여러 번 다녀온 사람이 썼다는 것이 더 신빙성 있는 얘기가 아닌가? 이런 의문이 드는 것은 당연한 일일 수 있겠습니다.

그럼 셰익스피어가 살았던 당시 사람들은 셰익스피어에 대해 뭐라고 말했느냐. 이 또한 논란의 대상입니다. 많은 사람들이 셰익스피어라는 사람에 대해 쓰긴 했지만 그가 얼마나 뛰어난 작가였느냐에 대해 쓴 것이 아니라 배우로서, 사업가로서, 부동산업자로서의 셰익스피어에 대해서만 썼기 때문이죠.

그리고 셰익스피어가 사망했을 때 그 어떤 작가나 시인도 셰익스피어를 애도하는 작품을 내지 않았습니다. 평생 어둠에 묻혀 있던 인물이 아니라 런던에서는 배우로 명성을 날렸던 셰익스피어가 정말로 모든 작품들을 썼다면 왜 아무도 그의 죽음에 관심을 기울이지 않았는가 하는 의문이 들었을 것입니다.

마지막으로 셰익스피어라 추정되는 그림에서 가면을 쓰고 있다는 주

가면을 쓰고 있는 듯해 화가가 셰익스피어의 정체를 암시하려 한 것이라는 설이 있는 셰익스피어의 초상.

장이 있습니다. 바로 위의 그림인데요. 그림 오른쪽을 자세히 보면 가면을 쓴 듯 턱에서부터 이마에 이르기까지 선이 쭉 나 있는 것처럼 되어 있는 것이 보입니다. 이 때문에 셰익스피어의 정체를 밝히고자 하는 사람들은 화가가 일부러 이렇게 그린 것이며 이것은 가면이라고 주장하고 있습니다.

이런 점들 때문에 18세기부터 셰익스피어의 정체에 대한 논란이 벌어지기 시작해 19세기에 불이 붙었습니다. 단순히 가십거리가 아니라 유명한 작가들 사이에서 주요 토론 주제였지요. 특히 『스케치북』의 워싱턴 어빙, 『풀잎』의 시인 월트 휘트먼, 『허클베리 핀의 모험』의 마크 트웨인, 『여인의 초상』의 헨리 제임스 등 쟁쟁한 문호들이 셰익스피어는 가짜라고 의심했습니다. 그렇다면 '셰익스피어 뒤에 숨겨진 진짜 셰익스피어는 누구인가?' 하는 질문에 다양한 후보들이 등장하는데 그 중에서도 가장 유명한 사람은 프랜시스 베이컨, 크리스토퍼 말로, 그리고 요즘 가장 신빙성 있는 후보로 떠오르고 있는 에드워드 드 비어가 있습니다.

한동안 유명했던 후보는 근대 영국을 대표하는 사상가이자 '아는 것이 힘이다'라는 격언으로도 유명

당대의 천재이자 철학자인 프랜시스 베이컨.

한 경험론 철학의 창시자 프랜시스 베이컨(1561~1626)입니다. 당대 뛰어난 지식인이었던 프랜시스 베이컨은 변호사이자 철학가이자 과학자였습니다. 거의 최초로 후보로 거론된 인물 중 하나였고 법률, 과학에 대한 지식, 언어 능력 등에서 천재성을 보였기에 실제로 셰익스피어가 되기 위한 조건들을 두루 갖추고 있었으므로 수많은 학자들이 달라붙어 조사를 한 인물입니다. 특히 딜리아 베이컨이라는 역사학자가 베이컨이 셰익스피어라고 주장하면서 베이컨이 집필한 글과 그의 일기에서 셰익스피어 작품과 유사한 내용을 많이 찾아내었습니다. 당시 베이컨은 엘리자베스 1세 옆에서 권력자로 살아가고 있었기에 공공연하게 정치를 비판하거나 사회를 풍자할 수 없었으므로 극장을 통하여 자신의 생각을 드러낸 것이라는 주장입니다.

또한 작가이자 역사학자인 아이작 헐 플랫 박사의 주장에 따르면 셰익스피어가 「사랑의 헛수고 Love's Labour's Lost」라는 희극에서 만든 '부

'귀영달'을 뜻하는 단어인 'Honorificabilitudinitatibus'는 철자 순서를 바꾼 말로서 '이 극들은 F. 베이컨의 자식들이며 세계를 위해 보존되었다(Hi ludi F. Baconis nati tuiti orbi)'로 해석된다고 합니다.

두 번째 후보는 크리스토퍼 말로(1564~1593)입니다. 셰익스피어와 같은 시대에 태어난 말로는 셰익스피어와 같

젊은 나이에 세상을 떠났다는 크리스토퍼 말로의 초상화. 그는 셰익스피어로 부활한 것일까?

은 평민 출신이었지만 케임브리지 대학을 다녔습니다. 시인이자 극작가였던 말로가 셰익스피어라고 주장하는 이들은 말로가 무신론에 관한 책을 쓴 후 처형을 피하기 위해 죽은 척한 것이며 그 예로 말로가 사망했다고 되어 있는 날로부터 13일 이후에 셰익스피어의 첫 작품이 출간되었다고 합니다.

말로의 집필 방식과 문체가 셰익스피어와 비슷하며 말로가 작품 속에 의미를 숨기거나 상징을 이용하는 형태가 셰익스피어의 작품에서도 그대로 나온다고 합니다. 말로의 작품인 『몰타 섬의 유대인』에는 셰익스피어의 『로미오와 줄리엣』에 등장하는 말과 비슷한 말이 등장합니다. 『몰타 섬의 유대인』에서도, 그리고 『로미오와 줄리엣』에서도 발코니에 앉은 연인을 바라보며 남자 주인공이 "떠나지 말라 / 어떤 빛이 동쪽에서 / 창문으로 들어오느냐."라고 외칩니다. 이런 식의 공통적인 내

용이 굉장히 많이 등장하고 있기 때문에 크리스토퍼 말로가 실제 셰익스피어이며 윌리엄 셰익스피어는 그저 얼굴 마담이었을 뿐이라는 주장은 에드워드 드 비어가 셰익스피어라는 주장에 견줄 만한 힘을 가지고 있습니다.

세 번째 후보는 최근 들어 가장 힘을 얻고 있으며 영화 「위대한 비밀 Anonymous」(2011)로 유명해진 에드워드 드 비어(1550~1604)입니다. 요즘 말로 하자면 셰익스피어의 정체를 캐내는 동네의 '잇 가이'라고 할 수 있죠.

"무지함의 눈에 창을 흔들라."[vultus tela vibrat(ignarus) = shake a spear … at the eyes of ignorance]
— 가브리엘 하비가 드 비어에게 1578년에 보낸 편지 중에서

1920년대부터 유명해진 에드워드 드 비어는 제17대 옥스퍼드 백작으로, 당대 가장 뛰어나다는 찬사를 받은 시인입니다. 그는 사실 신기하리만큼 셰익스피어의 작품과 삶이 겹치는 경향이 많습니다. 당시 귀족이 희극을 쓰는 일은 불명예로 여겨졌기 때문에 에드워드 드 비어가 필명을 쓴 것이 아니냐는 것인데요. 그의 삶과 셰익스피어의 작품이 겹치는 점들은 상당히 그럴듯합니다. 우선 에드워드 드 비어는 셰익스피어가 글을 썼을 리가 없다고 주장되는 점들을 모두 해결해줄 수 있습니다. 그는 귀족 출신으로 수많은 곳을 여행했고 굉장히 똑똑했으며 궁정에서 평생을 살았으므로 궁정 생활에도 매우 익숙했습니다.

에드워드 드 비어는 젊은 시절부터 이탈리아를 여행했으며 셰익스피

요즘 들어 각광받고 있는 새로운 셰익스피어 후보 에드워드 드 비어 백작의 초상.

어 작품에 등장하는 도시와 항구들은 모두 그가 젊은 시절에 다녀온 곳이고, 1575년에는 아예 이탈리아에서 살았습니다. 에드워드 드 비어에

셰익스피어 비극 『햄릿』의 여주인공을 소재로 한 「오필리어」. 라파엘 전파 화가인 존 에버렛 밀레가 1851년에 그린 그림이다.

게 이탈리아는 제2의 고향과도 같은 곳이었는데 셰익스피어의 작품 중 『베니스의 상인』, 『줄리어스 시저』, 『로미오와 줄리엣』, 『오셀로』 등 무려 14편이 이탈리아를 배경으로 하고 있죠. 또한 그가 소유하고 있던 성경책에 1,028개의 주석을 단 부분들은 모두 셰익스피어의 작품에 등장합니다. 이런 예는 그밖에도 많습니다.

　… 에드워드 드 비어가 했던 연애로 인해 가문 사이에 전쟁이 벌어졌다. 엘리자베스 시대의 몬태규 가문과 캐퓰렛 가문이었다.
　(『로미오와 줄리엣』)
　… 프랑스를 여행하는 동안 드 비어는 자기 부인의 불륜으로 인해 이아고(『오셀로』) 같은 악마의 속삭임으로 괴로워했다.

… 드 비어가 베니스에 사는 동안 그 지역 사채업자들로부터 돈을 빌려 빚에 허덕였다. (『베니스의 상인』)

… 드 비어는 첫 번째 결혼에서 세 딸을 낳았고 세 딸은 드 비어가 살아 있는 동안 할아버지의 성을 물려받는다.(『리어 왕』) [주10]

앞에서도 언급한 책인 『셰익스피어, 또 다른 이름으로』에는 재미있는 대목이 많이 나옵니다. 드 비어는 26살에 프랑스 여행 도중에 게르만 왕자와 군대를 만납니다. 그리고 그 후 배를 타고 가다가 그곳에서 해적들에게 습격을 당해서 발가벗겨진 채로 영국 해변에 버려집니다. 그런데 『햄릿』 4장에 보면 햄릿은 포틴브라스 왕자의 군대가 쳐들어오는 것을 목격하고 배를 탔는데 그 배가 해적들에게 습격당하며 햄릿은 덴마크 해변에 발가벗겨진 채로 버려집니다. 그리고 다음과 같은 이야기도 있지요.

"『비너스와 아도니스』, 『루크리스의 능욕』 등 두 편의 셰익스피어 서사시는 1593~1594년에 쓰였으며 엘리자베스 1세의 궁정에서 고위직이었던 사우샘턴 백작에게 헌정된 것이다. 사우샘턴 백작은 이 시로 인하여 그 어떤 다른 증거도 없이 셰익스피어의 후원자로 여겨졌다. 지난 두 세기 동안 수많은 학자들이 엄청난 시간을 들여 사우샘턴 백작이 후원자였음을 증명하는 증거물을 찾으려 했다. 그들은 아무것도 찾지 못했다. 사실 『비너스와 아도니스』, 『루크리스의 능욕』 이 두 작품은 셰익스피어보다 에드워드 드 비어의 펜으로 쓰였다고 보는 것이 더 이해하기 쉽다. 헌정 당

시 사우샘턴 백작은 에드워드 드 비어의 딸 엘리자베스의 남편감
으로 고려되고 있었기 때문이다." [주11]

  확실히 신기하긴 합니다. 이런 식으로 셰익스피어의 거의 모든 작품이 에드워드 드 비어의 삶과 맞물려 있습니다. 1604년에 셰익스피어는 작품 활동을 중단하는데 그 해는 에드워드 드 비어가 사망한 해이기도 합니다. 만약 에드워드 드 비어가 셰익스피어를 빌려 쓴 것이라면 이건 거의 자서전 수준입니다.
  어떤가요? 셰익스피어 음모론, 재미있었나요? 물론 대부분의 학자들은 셰익스피어 작품의 작가는 평범하게 태어나 런던과 고향인 스트랫퍼드에서 살았던 장갑 제조업자의 아들인 윌리엄 셰익스피어라고 믿고 있습니다. 그리고 셰익스피어가 교육을 못 받았다는 이유로 셰익스피어가 아닐 것이라 믿는 이들에게 교육을 받아야만 이런 글을 쓸 수 있다는 생각은 지나치게 오만한 것이라며 꼬집습니다. 하지만 셰익스피어가 진짜로는 다른 사람의 필명이었을 것이라고 생각하는 학자들 역시 이를 매우 진지하게 연구하고 있답니다.

12. 첫날밤, 권리는 없었다
- 중세 영주들의 초야권(프리마 녹테)에 관한 오해

중세를 생각하면 많은 사람들이 초야권을 떠올리곤 합니다. 초야권, 이 '권리'에 대해 우선 이야기하면 '프리마 녹테(Primae Noctis)', '드루아 뒤 세녜르(Droit du Seigneur)' 등으로 불리며, 이는 신부가 첫날밤을 남편이 아닌 그 위의 권력자와 보내야 한다는 것으로 '영주의 권리'라는 뜻입니다. 여러 문학 작품과 영화 등에 등장하여 실제로 행사된 것으로 많은 사람들이 오해를 하고 있는데, 사실 중세 유럽에서 초야권이 행사되었다는 것은 한 마디로 헛소문입니다.

물론 실제로 행해졌던 곳이 없지는 않아요. 행해졌던 곳들에서는 대부분 권력자의 짓이라기보다 처녀막 근육이 손상되면서 일어날 수도 있는 출혈이 남자에게 불행을 준다고 생각했고 때문에 승려 등의 성직자가 그 불운을 먼저 없애야 한다고 여겨 이와 같은 일이 행해졌다고 합니다. 지역적으로는 대부분 인도, 캄보디아 등에서 행해졌으며 중세 유럽에서는 그런 일이 없었습니다.

그럼 우린 중세 유럽에 대해 이야기하고 있으니 유럽에 대해서만 말해봅시다. 유럽에서 이 초야권에 대해 얘기한 것은 꽤나 오래된 일입니다. 요즘 아이들에게 "옛날에는 말 안 듣는 나쁜 아이를 호랑이가 잡아갔어요, 어흥!" 하듯이 "옛날에는 이랬다더라. 아이고, 세상에나! 요즘이 훨씬 낫네!" 하도록 만드는 전설이었습니다. 재미있는 점은 이 전설은 사실 기원전부터 시작되었다는 것이었죠. 즉 아주 오랜 옛날부터 내려오는 "글쎄, 옛날에는 그랬다잖아!" 하는 전설이었던 것입니다. 모닥불 피워놓고 술 한 잔씩 걸치며 이야기하기에 재미있을 뿐 아니라 아주 극적이기도 했으니까요. 자고로 유사 이래 대부분의 권력자는 못되게 그러지고 욕을 먹는 것이 일반적입니다. 때문에 이런 야만적인 짓을 법으로 정해 놓아서 서로 사랑하는 두 사람이 콩닥콩닥 첫날밤을 맞이하지 못하게 한다는 것은 '권력자'라는 존재를 더욱 중오하게 만들었죠.

그런 못된 권력자가 사랑하는 이들을 억지로 갈라놓으니 신부는 가녀리게 쓰러져 흐느끼고 신랑은 권력 앞에 무릎 꿇고 눈물을 떨구며 불끈 쥔 주먹을 부르르 떠는 장면이 저절로 그려지는 이야기가 아닐 수 없습니다. 우리나라에도 유명한 백제의 도미 설화가 있지요. 도미의 아름다운 아내를 탐낸 못된 왕이 도미의 부인을 범하려다가 한 번 속고, 속은 것에 분노하여 도미의 눈을 뽑아버린 후 다시 도미 부인을 범하려 하지만 결국 부인이 도망을 쳐서 남편과 재회한다는 이야기죠. 이 동네나 저 동네나 못된 권력자와 이에 대항하는 피지배 계층의 이야기는 끊임이 없네요.

하지만 혈통을 중시했던 중세 때 왕부터 하급 귀족까지 이렇게 많은

화가 바실리 폴레노프가 그린 「초야권」(1874). 자신의 세 딸을 영주에게 보이고 있는 아버지의 모습을 그리고 있다. 눈치를 보고 있는 딸들과 달리 영주는 못되고 오만해 보인다.

여자들과 관계를 가지다보면 당연히 사생아가 급증하고, 그렇게 되면 나중에 피 튀기는 사태가 벌어지리라는 것은 자명했습니다. 특히 계층이 단순히 귀족과 평민으로 이루어졌다면 문제가 덜 심각하겠지만 군주와 신하라는 점에서 보았을 때 농부의 딸이 결혼할 때 영주가 초야권을 행사한다면 영주의 딸이 결혼할 때는 어떻게 될까요? 군주가 왕이라 왕이 초야권을 행사했는데 딸이 임신했다면? 낳았는데 아들이라면? 왕에겐 후계자가 없다면? 너도나도 "이 아들이야말로 왕의 아들이오!" 하고 데리고 나온다면? 요즘처럼 유전자 검사법이 있어 유전자 감별을 해볼 수도 없는 노릇입니다.

또는 영주가 오랜 기간 토지를 다스리는 경우도 생각해볼 수 있습니다. 10여 년 전 영주가 초야권을 행사했던 여자가 그날 밤 임신하여 딸을 낳았는데, 그 딸이 시집갈 때가 되어 영주에게 온다면 자신도 모르는 사이에 근친상간이 되는 끔찍한 상황이 벌어질 수도 있는 것입니다. 철저한 그리스도교 대륙이었던 중세 유럽에서 아버지가 딸과 성관계를 맺는 것은 결단코 금기시되는 일이었습니다. 더군다나 왕이나 고위 귀족이 사생아의 씨를 뿌리고 다니는 행동을 했다가는 가족 간의 전쟁이 100번도 더 일어날 수 있게 됩니다.

이 전설이 실제로 존재했음을 증명하는 법이나 문서가 단 한 장도, 암시라도 하는 것이 단 한 줄도 없음에도 불구하고 문학 작품 등에서 자주 사용되었습니다. 모차르트의 오페라 「피가로의 결혼」, 조지 오웰의 장편소설 『1984』, 조지 R. R. 마틴의 판타지 소설 『얼음과 불의 노래』, 멜 깁슨 감독의 영화 「브레이브 하트」, 볼테르의 희극 「초야권」 등이 좋은 예지요. 특히 「피가로의 결혼」은 귀족이 가진 말도 안 되는 권력과 모순을 초야권 제도로 상징함으로써 관객들의 분노를 불러일으켜 이후 프랑스 혁명에 영향을 미치게 됩니다.

그럼 왜 다른 시기가 아닌 중세 유럽의 초야권이 가장 유명할까요? 그것은 18세기 말부터 계몽주의가 성행한 유럽에서 이 초야권을 가지고 "봐라, 중세가 얼마나 더럽고 야만적인가! 우리는 이런 시대로 돌아가지 않기 위해 계몽되어야 하는 것이다!" 라고 목청을 돋우어 외쳤기 때문이었습니다. 프랑스의 계몽사상가인 볼테르는 『민족의 정신과 풍습에 관한 에세이 *Essai sur les moeurs et l'esprit des nations*』(1756)를 통해 유럽의 역사를 집필하며 인간의 생각은 자유로울 때 가장 번성한다는 주장을 펼쳤습니다. 볼테르는 생각을 자유로이 펼칠 수 있었던 고대 그리스 로마 시대나 르네상스 시대, 17~18세기에 비해 교회의 혹독한 억압을 받아야 했던 중세는 야만과 무지의 시대였다고 단정하며 비판하였습니다. 이는 큰 호응을 불러일으켜 오늘날까지 우리가 중세에 대해 갖고 있는 어둡고 미개한 이미지에 크게 이바지하고 있습니다. 이처럼 초야권은 만들어진 전설임에도 불구하고 자극적이고 야만적인 봉건 제도의 속박을 상징했고 사회 비판을 위해 자주 언급되었습니다.

간혹 결혼을 허락하고 결혼세를 받은 것이 초야권의 잔재라고 생각되는 경우가 있습니다. 결혼을 허락하고 결혼세를 받을 권리는 권력자에게 있는 것이 맞습니다. 왕은 고위 귀족들의 결혼을 허락하거나 불허할 권리가 있었고요. 하지만 그것은 초야권의 변형 형태가 아니라 농노의 결혼의 경우 자기 영토 내의 노동력 관리를 위한 것이었으며, 고위 귀족의 결혼의 경우 혈통 있는 집안의 결합을 통해 권력과 부가 지나치게 커지는 것을 미리 견제하기 위한 것이었습니다. 더군다나 신랑이 영주에게 내야 한다고 알려져 있는 결혼세조차도 14세기 무렵부터는 신랑의 친구들에게 거나하게 술과 안주를 대접하는 것으로 바뀌는 등 결혼은 예나 지금이나 모두가 흥청망청하는 즐거운 행사였답니다.

그러니 초야권 전설에 속지 마세요. 귀족이 평민을 억지로 취하거나 돈과 명예와 지위로 유혹하여 관계를 맺는 일은 얼마든지 있었을 법한 이야기지만, 적어도 국가가 나서서 성범죄를 합법화해주는 일은 없었답니다.

13. 태양왕의 은밀한 고통
- 프랑스 절대왕정의 완성자 루이 14세의 건강 이야기

프랑스의 루이 14세(1638~1715, 재위 1643~1715)는 절대왕정을 확립한 '태양왕'으로 잘 알려져 있습니다. 절대군주가 통치하는 호화로운 베르사유 궁전을 상상할 때 우리는 화려하고 우아하게 차려입은 귀족들이 팔랑이는 깃털 부채를 손에 들고 소곤소곤 귓속말로 담소를 나누며 푸짐한 만찬을 먹는 장면을 상상하곤 합니다. 하지만 과연 영화에서 보이는 것처럼 중세 프랑스가 화려하고 아름답기만 한 곳이었을까요? 그 화려함의 절정에 서 있던 루이 14세의 건강에 관한 에피소드를 통해 그 시절의 속살을 들여다봅시다.

1643년 5월 14일, 루이 14세는 불과 5살의 나이에 프랑스 왕위에 올라 무려 72년 동안 프랑스를 통치했습니다. 자신의 아들과 손자보다 오래 살았기 때문에 다음 왕이었던 루이 15세는 루이 14세의 증손자였습니다. 루이 15세 역시 5살의 나이에 왕위에 오른 것은 재미있는 우연이 아

닐 수 없습니다. 루이 14세는 오랜 기간 프랑스를 통치하며 국왕으로서 모든 임무를 성실히 수행하려 노력했습니다. 밤새도록 집무를 보는가 하면 1주일에 세 번은 사냥을 하고 밤에는 몇 시간씩 춤을 춰 건강을 유지했으며 전쟁에도 용맹하게 참전했습니다. 루이 14세 덕분에 프랑스는 전 세계에 명성을 떨칠 수가 있었고 덕분에 루이 14세는 오늘날에도 인기가 좋은 왕입니다.

루이 14세의 5살 때 모습.

그러나 이 대단한 왕에게도 남모를 고통이 한두 가지가 아니었으니, 그것은 바로 건강 상태였습니다. 프랑스뿐만 아니라 아프리카, 아메리카, 인도 등 거대한 식민지를 마음대로 다스린 그였지만 자신의 몸뚱이만큼은 마음대로 다스려지지 않았던 것이었습니다.

루이 14세는 14살에는 천연두, 25살에는 성홍열, 30살에는 홍역을 앓아 얼굴에는 곰보 자국이 있고 머리카락은 빠진 것보다 남아 있는 것을 세는 것이 빠를 정도로 듬성듬성해졌습니다. 식습관 역시 좋지 못했습니다. 많이 뛰고 많이 먹는 것이 건강한 남자의 모습이라고 생각한 데다 프랑스 왕실의 전통에 따라 루이 14세는 매 끼니 당 30접시를 먹었습니다. 미식가였던 어머니를 따라 다양한 음식을 맛보는 것을 즐겼던 루이 14세는 식민지에서 들어온 설탕으로 인해 대대적으로 유행하기 시작한 프랑스 특유의 달콤한 디저트를 입에 달고 살았고 그 결과 치아와 위장이 매우 약해졌습니다. 결국 늘 피부병과 치통에 시달리고 위염에 설사에 구토를 하다 보니 편두통도 오고 당뇨에 통풍, 신장결석까지, 말하자면 걸어다니는 종합병원이었던 셈입니다. 당시는 고대 로마의 유명 의학자인 갈레노스로부터 전해 내려온 의학 이론인 4체액설(혈액, 점액, 황담즙, 흑담즙 등 몸 안의 4종류 체액이 균형을 맞춰야 사람이 건강하다는 주장)을 여전히 철

왕의 만찬을 묘사한 그림.

석같이 믿고 있던 시대였기에 의사들은 병자를 낫게 하는 방법 중 하나로 피를 뽑곤 했습니다. 이를 사혈법(瀉血法)이라고 부릅니다. 요즘도 남아 있는 사혈법은 체했을 때 손 따는 정도를 생각하시면 되지만 과거에는 피를 너무 많이 뽑아서 사망에 이르는 경우도 많았습니다. 루이 14세는 수많은 병을 짊어진 고통뿐만 아니라 열의가 넘치는 어의들이 병을 고치겠다며 피를 줄창 뽑아댄 탓에 더 많은 고통을 받았습니다.

17세기 유럽에서는 위생 관념이라는 말 자체가 생소했으며 루이 14세도 하루 세 번씩 침대보를 갈라고 시킨 데 반해 정작 자신은 평생 목욕을 세 번밖에 하지 않았습니다. 목욕을 하고 청결을 유지해야 병에 잘 걸리지 않았겠지만 초창기 기독교에서는 목욕을 성스럽지 못한 행위로

규정했고 당시 사람들은 오히려 목욕을 통해 물이 병균을 몸 안으로 들어가게 한다고 생각했습니다. 이런 더러운 생활 환경은 콜레라, 흑사병 등 전염병이 급속도로 퍼지는 데 한몫 하여 수많은 사람들이 불결한 위생 상태로 인해 사망하였습니다. 그럼에도 불구하고 사람들은 목욕을 하기보단 그저 향수를 뿌리고 이와 벼룩이 생기지 않도록 머리카락을 밀어버린 뒤 가발을 썼습니다. 특히 루이 14세는 머리카락이 얼마 남아있지 않았기 때문에 가발에 무척 집착했다고 합니다.

그러던 와중에 루이 14세의 어의 가운데 한 사람이 왕의 모든 괴로움들을 해결하기 위해 한 가지 기발한(?) 방안을 내놓습니다. 사실 이 어의만 없었어도 루이 14세의 인생은 두 배쯤 편했을 거예요.

루이 14세의 어의 중 한 명이었던 앙투안 다켕은 모든 병의 근원에는 썩은 치아가 있다고 믿고 있었습니다. 아무도 양치질을 하지 않았던 시절이니 그럴듯한 말이기도 하지만 문제는 치과가 정말 미지의 영역이었다는 것입니다. 당시 치과의사는 힘만 세면 누구나 할 수 있는 일이었습니다. 하는 일이라고는 이를 뽑는 것뿐이었으니까요. 치의학이 발달한 지는 그리 오래되지 않았기 때문에 옛날에는 정말 수많은 사람들이 치통으로 고생했습니다. 가톨릭에는 심지어 치통과 치과의사를 수호하는 성녀 아폴로니아가 있을 정도였답니다.

여러 가지 질병에 시달리는 루이 14세를 보며 다켕은 곰곰이 생각을 했습니다. 어차피 썩으면 아플 치아이니 아예 몽땅 뽑아버리면 되지 않을까? 천한 것들은 치아가 썩어 아파도 참아야 하지만 전하께 그런 고통을 안겨드릴 수야 없지! 결국 다켕은 루이 14세에게 자신의 생각을 전하고 치아를 모두 뽑도록 설득합니다. 그리하여 1685년, 태양같이 고귀

1648년 화가 앙리 테슬랭이 그린 10살의 소년왕 루이 14세의 모습.

1701년 화가 이아생트 리고가 그린 중년의 루이 14세. 그 통통했던 볼이 쑥 들어가 버린 것을 볼 수 있다.

한 전하의 치아는 단 하나를 제외하고는 모두 뽑혀나갔습니다.

하지만 치아는 모래밭에 자갈돌 박히듯 개별적으로 놓인 것이 아니라 뼈이기에 모두 연결되어 있지요. 요즘 세상에도 사랑니가 지나치게 크면 CT 촬영을 하고 조심스레 뽑는데 그런 것 하나 없이 우왁스럽게 모든 치아를 뽑다보니 아래턱은 금이 가고 입천장에는 구멍이 뻥, 하고 뚫려버렸습니다.

고통스러워 하는 전하께 음식을 먹였지만 액체를 먹으면 절반은 코로 줄줄 새어나왔고 음식 찌꺼기는 모두 구멍 속에 끼어 들어가 썩으면서 엄청난 악취를 풍겼습니다. 그와 더불어 입천장과 잇몸에는 염증이 생겼죠. 소독약이나 페니실린이 아직 등장하지 않았기 때문에 염증을 없애는 유일한 방법은 불로 지지는 것이었습니다. 그래서 의사들은 고귀하신 전하의 잇몸과 입천장을 무려 열네 번이나 쇠막대로 지졌습니다. 전하가 당하신 고통은 거의 고문 수준이었을 테지요.

이제 루이 14세는 갓 태어난 아이와도 같은 입 상태가 되었으니 전하께서 드실 요리는 전부 하루 종일 푹 고아 만든 유동식이었습니다. 전채도, 돼지고기도, 생선도, 소고기도, 디저트도 모두 흐물거리는 반액체 상태이다 보니 만날 설사를 하고 소화불량에 걸렸습니다. 루이 14세는 소화도 제대로 시키지 못하고 구토를 하는가 하면 장이 텅 비어야만 몸에 좋다고 여겼던 어의가 건네는 설사약을 먹고 고통에 몸부림쳐야만 했습니다.

늘 방에만 앉아 편히 있을 수 있다면야 고통도 한결 나았겠지만 왕은 아침 7시 반부터 저녁 11시까지 빡빡한 스케줄에 따라 기계처럼 움직여야 했습니다. 방귀 한 번 뀌려 하면 설사가 주르륵 흘러나오는 몸을 이끌고 회의를 하고 만찬을 주최하고 외국 대사들을 만나보시려니 죽을 맛이었겠죠.

이런 만성 소화불량에 시달리다보니 루이 14세의 장과 항문은 점차 약해졌습니다. 그렇게 약해진 항문을 사냥과 승마를 통해 계속 자극하다보니 결국 항문에 종기가 생겼고 1686년 1월부터 이를 짜내고 지지고 짜내고 지지는 수술을 받았지만 전혀 소용이 없었습니다. 결국 치루로 발전해버린 이 골칫덩이를 해결하기 위해 어의들은 대대적인 수술에 들어갑니다. 치아를 모두 뽑아버릴 때와 마찬가지로 마취도 소독도 하지 않고 행해진 이 끔찍한 수술을 루이 14세는 분연히 버텨냅니다.

그 뒤로 어떻게 되었느냐고요? 안타깝게도 별로 나아질 것은 없었고 루이 14세는 사망하는 순간까지 통풍을 비롯한 온갖 후유증과 병마로 인해 고통받아야 했습니다. 루이 14세를 그 꼴로 만든 의사 다켕은 루이 14세가 사망할 때까지 옆에서 어의로서 병을 낫게 하겠다며 피를 뽑아대고, 목욕은 아주 쓸모없는 짓이라는 조언을 멈추지 않았습니다. 이 의사만 없었더라면 자신의 삶의 질이 기하급수적으로 좋아졌을 것을 까맣게 몰랐던 루이 14세는 죽기 직전까지 자신의 건강을 위해 고군분투한(?) 의사들의 노력을 칭찬했다고 해요. 당시에는 그것이 최선이고 최고였을 테니까요!

14. 베르사유의 장미
- 마리아 안토니아 공주 또는 마리 앙투아네트 왕비 다시 보기

살아생전 '적자(赤字) 부인', '오스트리아의 암캐', '부정(不貞) 부인'으로 불렸던 프랑스 왕비 마리 앙투아네트는 오늘날까지도 많은 이들에게 사치와 향락의 대명사로 각인되어 있습니다. 하지만 『마리 앙투아네트 베르사유의 장미』라는 마리 앙투아네트 평전을 쓴 작가 슈테판 츠바이크는 마리 앙투아네트에 대해 "평범한 여자에 불과했다."고 평가했습니다. 거센 파도가 몰아치듯 격변하던 시대가 당시 다른 왕족들과 다를 바 없이 '평범하게' 살았던 한 여자를 나라를 말아먹은 악녀, 사치스러운 마녀, 음란한 창녀로 몰아갔고 결국 비극의

아기 마리아 안토니아.

주인공으로 역사에 남게 하였습니다. 누구나 알고 있는 그 이름, 마리 앙투아네트의 삶을 짧게나마 둘러보겠습니다.

1755년 겨울밤, 오스트리아의 수도 빈의 예쁜 성에서 신성로마제국 황제 프란츠 1세와 황후 마리아 테레지아 사이에 15번째 자식이자 막내딸인 안토니아가 태어났습니다. 당시를 케벤훌러 공작은 다음과 같이 기록하고 있습니다.

> 황후 폐하께서는 자그마하지만 완벽하게 건강한 공녀를 행복함에 가득 차서 출산하셨다. 주12

훗날 마리 앙투아네트로 불리게 될 이 공주님의 이름은 마리아 안토니아 요제파 요한나 폰 합스부르크-로트링겐입니다. 너무 길고 어색하다구요? 그럼 그냥 마리 앙투아네트로 알면 됩니다.

안토니아의 대부와 대모는 포르투갈의 왕과 왕비였습니다. 그런데 안토니아가 태어난 날 포르투갈에서는 큰 지진이 났답니다. 그래서 불길한 징조라고 했다고 해요. 안토니아의 삶을 보면 실제로 불길한 징조였던 것 같기도 하죠?

안토니아는 마리아 테레지아의 16명의 아이 가운데 15번째 아이였고 항상 언니 오빠들과 어울려 신나게 뛰어놀면서 자랐습니다. 마리 앙투아네트는 근친혼과 유전병으로 악명 높지만 혼맥을 통해 전 유럽을 통치하다시피 했던 합스부르크 가문 출신입니다. 과거에 역시 합스부르크 가문 출신이었던 신성로마제국 황제 레오폴드 1세(1640~1705)는 성모 마리아에 대한 존경심을 표하며 이후 태어나는 합스부르크 가문의 모든 딸의 이름은 마리아로 시작하도록 했습니다. 그래서 안토니아의 이름도 마리아로 시작합니다.

합스부르크 가문의 전통육아법 가운데 하나는 가문의 아이들과 평민 아이들을 함께 어울려 놀게 하여 백성들과 친밀히 지낼 수 있게 하는 것이었습니다. 그래서 안토니아도 정원에서 숲으로, 숲에서 방앗간으로 즐겁게 뛰놀면서 자라날 수 있었습니다. 또한 진취적인 여성이었던 어머니 마리아 테레지아는 궁정의 쓸데없는 관습들을 폐지하거나 간소화시키고 백성들도 쉽게 궁에 드나들 수 있도록 했습니다.

마리아 테레지아가 워낙 음악을 사랑했고 조예도 깊었기 때문에 모든 가족은 악기 두세 가지쯤은 다룰 줄 알았고 노래도 잘 했습니다. 안토니아도 하프를 켜고 이탈리아의 아리아와 프랑스 노래들을 불렀답니다. 오스트리아의 마리아 테레지아와 안토니아의 음악 이야기가 나오면 빠질 수 없는 아주 유명한 일화가 있습니다.

안토니아가 7살 무렵이었을 때 마리아 테레지아 앞에서 연주를 한 안토니아 또래의 음악 신동이 있었습니다. 그 아이는 마리아 테레지아의 무릎으로 뛰어올라 웃음기 가득한 황후로부터 뽀뽀를 받기도 했는데요. 아이가 궁에서 뛰어다니다 실수로 넘어지자 안토니아가 아이의 손을 잡아 일으켜 주었습니다. 아이는 "너 좋은 애구나? 내가 크면 너랑 결혼할 거야!" 라고 말하여 주위를 놀라게 하고 마리아 테레지아를 웃게 했다는 이야기가 전해집니다. 그 아이가 바로 불멸의 천재 음악가 볼프강 아마데우스 모차르트(1756~1791)였죠.

안토니아는 합스부르크 가문의 딸이자 공주로서 수많은 과목들을 배워야 했습니다. 하지만 예술 이외의 다른 과목은 그렇게 잘 하지 못했다고 합니다. 특히 언어에 매우 취약했는데요. 당시 독일어, 프랑스어, 이탈리아어 등 3개 국어를 기본으로 하던 빈에 살았음에도 불구하고 이탈리아어만을 정말 잘했을 뿐 프랑스어는 더듬거리는 수준을 벗어나지 못했습니다.

그럼 여러분이 합스부르크 가문의 아들이나 딸로 태어났다면 배워야 하는 것들을 한번 훑어볼까요?

독일어, 프랑스어, 이탈리아어, 라틴어, 악기 선택1, 악기 선택2, 악기 선택3, 다양한 종류의 춤, 사교 및 예절, 오스트리아 역사, 프랑스 역사, 노래, 필기, 자수, 가톨릭 교리, 외교, 산수 등

자녀들이 공부를 마치고 다른 나라로 결혼하러 가야 하는 평균 나이는 15살. 그러니까 우리로 치면 중학교 3학년도 채 되기 전에 3개 국어를 익히고, 악기 3가지쯤은 기본으로 다루고, 역사를 줄줄 꿰고, 춤추고 노래하고, 한석봉 뺨치게 글씨도 쓰고, 자수도 놓고, 종교 문제로 목숨이 왔다갔다하는 시대이니 『성경』 공부하고, 말 한 마디 잘못했다가 전쟁나면 안 되니까 외교도 익히고, 덧셈뺄셈 공부도 하고……. 참 힘들게 살았죠? 물론 안토니아는 공주였기 때문에 다른 무엇보다도 매력적이고 예뻐 보이도록 하는 교육을 집중적으로 받았습니다. 외교를 배우기보단 악기를 연주하게 하고 산수보다는 춤을 더 많이 가르쳤죠. 게다가 막내딸인 탓에 안토니아는 관심을 거의 받지 못하고 자랐고 그와 더불어 교육 역시 제대로 받지 못했답니다.

때문에 안토니아는 그림은 잘 그렸지만 글씨는 제대로 쓰지 못해 굉

장히 천천히 썼고 볼펜이 없던 시절이기에 안토니아의 편지들은 잉크가 번진 자국으로 가득했습니다. 프랑스 역사는커녕 오스트리아 역사도 제대로 몰라서 늘 헤매곤 했습니다. 안토니아는 어린 시절부터 집중력이 매우 약했고 이는 훗날 프랑스 왕비가 되었을 때도 마찬가지였습니다. 아이가 집중력이 떨어져 공부를 힘들어하면 부모님의 관심이 많이 필요하지만 애초에 자녀가 무려 16명이나 되었던 오스트리아의 궁에서 어머니인 마리아 테레지아와 안토니아가 서로 정을 쌓을 시간은 많지 않았습니다. 게다가 안토니아에게는 1살 위의 오빠가, 그리고 밑으로는 1살 어린 남동생까지 있어 11명이나 되는 딸 가운데 하나일 뿐이었던 안토니아는 아들들 사이에 끼어 갓난아이 때부터 무관심에 익숙해져야만 했습니다. 안토니아는 어머니를 두려움 섞인 존경심으로만 대했고 마리아 테레지아 역시 안토니아를 그냥 수많은 아이들 중 하나 정도로 대했다고 합니다.

게다가 마리아 테레지아는 편애가 무척 심해서 수많은 아이들 중 자신과 생일이 같은 다섯째인 마리아 크리스티나만 챙기며 예뻐하였습니다. 마리아 테레지아는 '유럽의 장모'라 불릴 정도로 딸들을 정치적으로 이용하며 결혼시켰지만 마리아 크리스티나는 사랑하는 사람과 결혼할 수 있도록 허락하였습니다. 어머니가 너무 바빠 다 함께 사랑을 받지 못하는 것은 괜찮을지 몰라도 마리아 크리스티나만 사랑받는 것을 지켜본 다른 자녀들은 늘 박탈감을 느꼈습니다.

안토니아가 10살 되던 해인 1765년에 아버지인 신성로마제국 황제 프란츠 1세가 사망합니다. 그리고 그때부터 마리아 테레지아 황후는 장남인 요제프 2세와 함께 나라를 다스리게 되지요. 이제 군건히 지키고 있던 남편이 없어졌으니 외교를 위해서도, 그리고 딸들도 혼기가 찼기 때문에 다들 약혼을 시킵니다.

하지만 2년 후인 1767년, 안토니아의 언니가 천연두로 사망하고 마리아 테레지아 역시 천연두를 앓고 이겨내지만 그 후 평생을 후유증으로 고생하게 됩니다. 아이를 16명이나 낳았지만 그중 넷(마리아 엘리자베스,

13살의 안토니아 공주를 화가 마르틴 반 마이텐스가 1767~1768년 무렵에 그린 그림. 우리가 일반적으로 상상하는 예쁜 '공주님'의 모습 자체다.

찰스 요제프, 요한나 가브리엘라, 마리아 요제파)이 기껏 다 키워놓았더니 천연두로 죽어버렸으니 마리아 테레지아는 억장이 무너졌겠죠. 안토니아는 어릴 적에 천연두에 걸렸었지만 회복하여 면역이 생긴 덕에 천연두를 피해갈 수 있었습니다. 이 시기 천연두는 전염성이 높은 아주 무시무시한 병이었습니다. 볼프강 모차르트의 아버지인 레오폴드 모차르트는 당시 빈에서 죽은 어린이 10명 가운데 9명은 천연두로 인한 사망이었다고 기록하고 있습니다.

그러다보니 결혼 적령기의 딸은 얼떨결에 안토니아 하나만 달랑 남게 되었습니다. 아직 어린 아이로 취급받으며 천천히 교육시키던 공주였던 안토니아는 순식간에 프랑스 왕세자이자 먼 친척뻘이기도 한 루이 오귀스트와 혼담이 오가게 되며 마리아 테레지아의 관심을 받게 됩니다. 처음으로 안토니아를 꼼꼼히 뜯어본 마리아 테레지아와 프랑스 정부는 합스부르크 가문 특유의 튀어나온 아랫입술은 어쩔 수 없다고 단념했지만 비뚤어진 치아만은 용서할 수 없었고 결국 안토니아는 석 달에 걸쳐 치아 교정을 받습니다. 그 후 가지런해진 안토니아의 치아를 보고서야 프랑스 왕세자와 약혼을 시켰고 이후 거액의 지참금과 반지, 초상화가 교환되었습니다.

1770년에 15살의 안토니아는 프랑스 왕세자비의 칭호를 받고 프랑스로 건너가게 됩니다. 프랑스 국경을 넘어가면서 안토니아는 프랑스 전통에 따라 오스트리아에서 가져온 모든 것을 두고 가야만 했죠. 오스트리아에서 따라온 말동무들도, 속옷을 포함한 모든 옷도, 심지어 애완견인 퍼그 '맙스'도 두고 가야 한다는 말을 듣습니다. 울음을 터트리며 정든 고향의 모든 것들과 이별한 안토니아는 프랑스에 도착하고 그때부

1769년에 결혼을 앞둔 마리 앙투아네트와 루이 왕세자의 모습을 그린 초상화. 아직 얼굴에서 앳된 모습을 찾아볼 수 있다.

터 마리아 안토니아 요제파 요한나가 아닌, 마리 앙투아네트 조세프 잔 이라고 프랑스식으로 불리게 됩니다. 프랑스에서 마리 앙투아네트는 남편의 형제들과 여동생을 만나는데, 그 여동생은 마담 엘리자베스로 서 훗날 안토니아의 가장 친한 친구가 됩니다.

흔히 마리 앙투아네트는 사치와 낭비벽이 심한 악녀의 대명사로 여겨집니다. 하지만 이해해주는 마음으로 한번쯤 바라봐주세요.

오랫동안 오스트리아와 프랑스는 앙숙이었습니다. 그런데 7년전쟁으로 인해서 잠깐 동맹 관계가 되면서 마리 앙투아네트가 루이 왕세자와 결혼을 하게 된 것이었죠. 하지만 애초에 오스트리아를 싫어했던 프랑스 왕궁에서는 마리 앙투아네트를 반겨주지 않았습니다. 게다가 마리 앙투아네트는 프랑스어를 무척 못해서 말은 독일어와 섞어서 하고 읽고쓰기도 무척 힘들어 했습니다.

외국에서 왔으니 원어민처럼 말을 못하는 것은 당연지사고, 마리 앙투아네트가 프랑스어를 잘 하기 위해 무척 노력했음에도 사람들은 그녀를 비웃었습니다. 당시 마리 앙투아네트를 비웃던 사람들은 그녀를 오트리시엔(l'Autrichienne)이라고 불렀는데 이게 '오스트리아 여자' 라는 뜻이어서 그렇잖아도 왕족을 '오스트리아 여자' 라고 낮춰 부르는 건 모욕인데, 심지어 이 말은 '오트뤼시엔(l'Autruchienne)' 이 되면 프랑스어로 '타조' 를 뜻하는 '오트뤼슈' 와 '암캐' 를 뜻하는 '시엔' 을 합친, '타조이자 암캐' 라는 말장난이 됩니다.

자고로 시댁이 악독하면 남편이라도 잘해줘야 하는데 이 남편이란 사람은 만날 자물쇠 만드는 일에만 빠져 가지고 여자에게는 관심도 없었습니다. 게다가 당시 왕이었던 시할아버지 루이 15세한테는 마담 뒤바리라는 애첩이 있었죠. 이미 사망한 시어머니를 대신해 첩실이 시어머니 노릇하려 드는 꼴이었죠. 마리 앙투아네트는 우선 어머니가 다스리던 나라에서 왔기 때문에 당연히 첩실인 마담 뒤바리를 싫어했고 자기는 왕세자비이자 오스트리아의 공주인데 첩실 따위인 그녀와 말 섞기가 싫었을 테고 게다가 남편의 모든 형제들이

루이 15세의 애첩으로 훗날 단두대에서 목숨을 잃은 마담 뒤바리의 초상.

마담 뒤바리를 싫어했기 때문에 마담 뒤바리와 말도 안 했답니다. 그렇지만 마담 뒤바리가 루이 15세에게 행사하는 영향력은 그야말로 어마어마했고 그 때문에 오스트리아 외교관과 마리아 테레지아는 다른 형제자매들은 모두 행복하게 잘 살고 있는데 왜 너만 위험한 줄타기를 하느냐고 혼을 내며 당장 마담 뒤바리와 살갑게 지내라고 명령했습니다.

　어머니에게 반항하는 것은 생각지도 못할 만큼 어머니를 어려워했던 마리 앙투아네트는 1772년 1월 1일, 마담 뒤바리가 있는 쪽을 향해 "오늘 베르사유에 사람이 많네요."라고 말을 걸었습니다. 별 것 아닌 소리였지만 오스트리아 공주가 프랑스 궁정에서의 마담 뒤바리의 권력을 인정하고 굽히고 들어왔다는 뜻이었기에 마담 뒤바리는 아주 흡족해했습니다. 하지만 그날 마리 앙투아네트는 남편인 루이에게 다시는 그 끔찍한 여자와 대화하지 않겠노라 선언했습니다. 그 뒤로 마리 앙투아네트는 어머니와 시할아버지를 만족시키기 위해서 마담 뒤바리가 있는 쪽으로 몸을 틀고 이야기를 하곤 했습니다. 마담 뒤바리와 대화하고 싶지 않은 자존심도 지키고 명도 따르는 방식을 택한 것이었죠.

　마리아 테레지아는 프랑스로 보낸 오스트리아 대사를 통해 마리 앙투아네트의 행동에 대한 비밀 보고를 끊임없이 받았고 마리 앙투아네트에게도 늘 편지를 쓰도록 시켰습니다. 마리 앙투아네트는 집이 너무나 그립다고 썼다고 해요. 하지만 마리아 테레지아는 마리 앙투아네트의 행동 하나하나에 간섭하고 잔소리를 했고 이에 마리 앙투아네트는 합스부르크 가문에 대한 의무를 다 하겠지만 가끔 너무 힘이 든다고 답하며 많은 스트레스를 받고 있음을 내비쳤습니다.

　마리 앙투아네트에게 있어 왕세자비로서의 삶이란 사람들은 등 뒤에

18살 무렵 마리 앙투아네트의 초상화(1773).

서 나를 암캐라고 부르고 시할아버지는 첩실의 치마폭에만 싸여 있는 데다가 남편은 나한테 관심도 없고 친정 엄마는 내 얘기는 듣지도 않고 무조건 똑바로 하라고 혼내기만 하는 것이었으니 아직 어린 나이에 이 모든 일들을 감당하기에는 너무 힘이 들었을 것이고, 그러다보니 지치고 무기력해지는 것도 당연했겠죠.

　남편의 무관심이 사랑으로 바뀌기를 한없이 기다리던 마리 앙투아네트의 관심사는 도박과 사치에 쏠리기 시작했습니다. 어차피 전통적으로 프랑스 왕비나 왕세자비는 궁정의 다른 여성들보다 훨씬 더 빛나야 했기에 드레스에 돈을 많이 쓰는 것이 허용되었는데 한 번은 1년 동안 드레스를 무려 90벌이나 맞추기도 했습니다. 마리 앙투아네트는 주변의 귀족 여성들과 친하게 지냈는데 그중 가장 친했던 친구는 랑발 공작부인과 폴리냑 공작부인이었습니다. 왕세자비로서 마리 앙투아네트는 프랑스 국민의 사랑을 한 몸에 받았습니다.

　1774년 루이 15세가 천연두로 사망했습니다. 그리고 드디어 루이 오귀스트가 루이 16세로 즉위하며 마리 앙투아네트는 프랑스 왕비가 됩니다. 마리 앙투아네트가 꼴도 보기 싫어했던 마담 뒤바리는 루이 15세가 사망하자마자 궁에서 쫓겨납니다. 하지만 오스트리아 공주가 프랑스 왕자랑 결혼했다 해서 앙숙이었던 오스트리아의 입지가 더 커진 것은 아니었습니다. 애초에 그리 친밀하지도 않았던 두 사람이었고 루이는 아주 어릴 때부터 오스트리아는 적이라는 소리만 듣고 자랐으니 마리 앙투아네트를 통해 오스트리아가 잘나가게 되는 것을 경계했죠. 그러던 와중에 루이의 여동생이 떡두꺼비 같은 아들을 낳습니다. 아직 마리 앙투아네트는 아이를 하나도 낳지 못했는데 말이죠.

그러자 프랑스에서는 결혼 첫날밤 마리 앙투아네트와 루이가 멀뚱멀뚱 있다가 잠이 들었던 것을 꼬투리잡아 왕이 고자이며 마리 앙투아네트는 남자든 여자든 가리지 않고 성적 쾌락을 좇는다는 소문이 돌기 시작했답니다. 심지어 친구인 랑발 공작부인, 폴리냑 공작부인과 마리 앙투아네트가 레즈비언이라는 소문까지 나기 시작했고 왕의 형제들과도 몸을 섞는다는 수군거림까지 있었습니다.

항상 자신의 뒤에서 수군거리는 것을 알고 있었던 마리 앙투아네트는 이런 것에 스트레스를 너무나 받아 정치에 관여하는 것은 아예 포기하고 더 이상 촌사람이란 소리를 안 듣도록 몸을 치장하며 왕궁 사람들과 사치를 하고 도박을 하는 데에만 집중하게 됩니다. 하지만 적국의 공주가 프랑스로 시집을 와서 만날 연극을 보고 노름을 하며 밤늦게 돌아다니는 것은 사람들의 불만을 사기에 충분했습니다.

그리고 이런 궁정의 수군거림과 사치에 질렸을 때 남편이 선물해준 프티 트리아농 궁을 영국식 농장처럼 꾸몄습니다. 마리 앙투아네트는 농업과 백성들의 삶에 관심이 많았고 목적지에 빨리 도착하기 위해 소작인의 밭을 망치는 행동을 거부한 유일한 프랑스 왕실 사람이었습니다. 1784년 겨울에 백성들이 혹독한 고통을 겪는다는 것을 알게 되자 마리 앙투아네트는 자신의 돈에서 약 100만 프랑을 절약하여 기부하기도 했습니다.[주13]

루이가 마리 앙투아네트와 아이를 갖지 못한 것은 사실 성적 불구자까지는 아니지만 포경 수술을 해야만 성관계가 가능했기 때문이었습니다. 당시에는 마취 없이 수술을 했기 때문에 루이 16세는 포경 수술을 굉장히 두려워했습니다. 하지만 왕의 의무 중 하나인 후계자 생산을 위해 마리 앙투아네트의 오빠가 베르사유에 와서 루이를 설득했죠. 이후 루이 16세는 마음을 다 잡고 포경 수술을 하고 마리 앙투아네트는 수술이 끝난 지 8개월 만인 1778년 4월에 임신을 하게 됩니다.

임신 중에 마리 앙투아네트는 페르젠 백작을 만나게 됩니다. 아주 잘생긴 스웨덴 남자였다고 합니다.

페르젠 백작과 마리 앙투아네트 사이에 사랑이 싹텄다는 이야기가 있습니다. 두 사람 사이에 연애 감정이 있었고 그걸 루이 16세가 알면서도 관여치 않았다는 이야기도 있습니다. 당시 마리 앙투아네트의 아이들이 사실 페르젠 백작의 아이가 아니냐는 수군거림이 있었지만 사실 왕자나 공주가 페르젠 백작의 아이일 가능성은 굉장히 희박합니다. 프랑스의 왕족들에게는 잠을 잘 때도 화장실에 갈 때도 늘 사람이 붙어 다녔기 때문에 아무도 모르게 비밀 연애를 하는 것은 불가능한 일이었으니까요.

첫 아이 출산 당시 마리 앙투아네트의 방은 출산을 지켜보는 사람들로 가득 찼습니다. 첫날밤도 귀족들이 지켜보는 가운데서 치러지던 시절이었으니 어쩔 수 없는 일이었죠. 주명철 교수가 쓴 『다이아몬드 목걸이 사건과 마리 앙투아네트 신화』에서는 다음과 같이 묘사하고 있습니다.

왕비의 첫 아기 분만은 하나의 구경거리였다. 궁중의 남녀는 물론 서민들도 들어와 구경을 했다. (중략) 지저분한 중상비방문에 따르면, 사람들은 온통 마리 앙투아네트가 처녀인지 아닌지, 또는 창녀인지에 관심을 쏟고 있었으며, 그녀가 아기를 낳는다고 하니

'앙투아네트의 생식기'를 보려고 몰려들었고 실제로 피 묻은 생식기를 봤다.[주14]

마리아 테레지아는 자신의 사적인 일을 들여다보는 것이 싫다며 오스트리아에서는 이 전통을 없애버렸습니다. 첫 아이를 낳을 때 의사의 실수로 마리 앙투아네트는 많은 출혈을 했고 방 안에는 사람이 너무 많아 공기가 부족했습니다. 옛날에는 출산을 할 때 나쁜 병균이 들어온다고 창문을 꽁꽁 닫아놓곤 했는데, 사람들을 모두 내보내고 창문을 열고 나서야 마리 앙투아네트는 살아날 수 있었습니다. 그 후 출산에서는 의사 빼고는 아무도 들어오지 못하게 했다고 해요. 그렇게 마리 테레사 샬롯을 낳았습니다.

사람들은 샬롯의 아버지가 누구냐는 심술궂은 입방아를 찧어댔지만 루이 16세는 그런 소문에 전혀 개의치 않았고 딸을 무척 사랑했습니다. 그러나 딸을 낳았기 때문에 아들을 가지라는 압박이 심해졌고 마리 앙투아네트는 다시 임신을 했지만 이번에는 유산을 했습니다. 창문을 직접 닫으려다가 배가 부딪혔다고 하는데 또 다시 마리 앙투아네트에게 비난이 쏟아질 것을 걱정했던 루이 16세는 그 사실을 아는 모든 사람들에게 함구할 것을 명했습니다. 이제야 드디어 부부 사이에 정이 보이는 듯하죠? 그 덕분인지 1781년에 바라 마지않던 장남 루이 조셉 자비어 프랑수아를 낳고 그 후에 아이를 둘 더 낳습니다.

앞서 말했듯 루이 16세는 마리 앙투아네트에게 정치에 대한 얘기를 하지도 않았고 오스트리아 사람들을 채용하지도 않았습니다. 그래서 마리 앙투아네트는 고위 관료들에게 마치 자기는 루이와 모든 얘기를 한다는 듯 허세를 부려서 정보를 알아낼 수밖에 없었죠. 이 행동은 마리 앙투아네트가 마치 루이의 정치력에 엄청난 영향력을 가진 듯이 보이게 했고 훗날 마리 앙투아네트의 죽음을 불러오는 데 일조했다고 볼 수 있답니다.

만날 이리 치이고 저리 치였던 마리 앙투아네트는 자신만의 농장을 더 만들었습니다. 건물이 12채 있는, 정말로 농장 같은 곳이었죠. 그곳에서 마리 앙투아네트는 무겁고 거추장스러운 비단 드레스를 벗어던지고 간소한 영국 농부 아낙의 옷을 입고 밀짚모자를 썼습니다. 달걀을 줍기도 하고 새끼 양에게 우유도 먹이고 농사짓는 모습을 구경도 하면서 보냈죠.

사치스러운 옷을 입었을 때는 사치한다고 욕을 먹었고, 수수한 드레스를 입었더니 이번에는 왕비가 입을 만한 옷이 아니라고 욕을 먹었습니다. 이 시기에 모슬린 천으로 만든 옷은 가족이나 가까운 친구들과 산책하거나 편히 있을 때 입는 옷이었지 대중에게 공개적으로 내보이는 옷이 아니었기에 사람들은 왕비가 속옷만 입은 그림을 내걸었다며 그림을 내리라고 청원하기도 했습니다.

사실 마리 앙투아네트는 그 어떤 여성보다 화려해야 한다는 프랑스 궁정의 법도에 따라 돈을 많이 쓰기는 했지만 오스트리아 궁정의 개혁을 따라서 쓸모없이 전통이라는 이유로 있는 직위들을 없애 비용을 절감하는 등, 여기저기서 절약도 굉장히 많이 했습니다. 아이들이 크리스마스 선물로 멋지고 비싼 것을 바라면 밖에서 굶주리고 있을 백성들을 생각하라며 교육하기도 했고요.

자, 그럼 이번에는 그 유명한 다이아몬드 목걸이 사건에 대해 알아봅시다. 굉장히 복잡하고 말이 많은 사건이므로 이해하기 쉽도록 단순하게 간추려서 설명해보겠습니다.

1. 루이 15세가 돈을 많이 들여서라도 마담 뒤바리에게 그 어떤 목걸이보다 잘난 목걸이를 만들어 주고 싶어함.
2. 그런데 목걸이가 워낙 크고 보석이 많이 들어가다보니 만드는 데 몇 년이 걸림. 다이아몬드만 무려 647개가 들어가는 목걸이였음.
3. 그 사이에 루이 15세는 죽고 마담 뒤바리는 쫓겨남. 결국 목걸이는 돈도 받지 못하고 공중에 붕 뜨게 됨.
4. 보석상은 루이 16세를 찾아왔고 루이 16세가 얘기를 듣고 마리 앙투아네트에게 사주겠다고 제안함.
5. 마리 앙투아네트는 그 돈을 차라리 국방을 정비하는 데 쓰라며 우리에게는 보석보다는 배 한 척이 더 중요하다 함.
6. 훗날 왕자를 출산한 마리 앙투아네트에게 목걸이를 사지 않겠냐고 다시 제의가 들어오지만 마리 앙투아네트는 거절.
7. 사생활이 방탕해서 마리아 테레지아와 마리 앙투아네트의 눈 밖에 났던 로앙이라는 추기경이 있었는데, 이 추기경에게 몰락한 발루아 왕조의 후손인 잔 드 라 모트 백작부인이 접근함.
8. 로앙 추기경은 왕비한테 잘 보여서 권력을 얻고 싶어 했고 잔은 자기가 방법을 안다고 말함.
9. 이후 로앙 추기경과 왕비 사이에 편지가 오고가기 시작. 하지만 사실 편지는 잔이 작성한 것으로 편지는 애정이 흘러넘치며 부드러웠음.

로코코 시대 가장 유명한 여성 화가이자 마리 앙투아네트의 총애를 한 몸에 받은 궁정 화가였던 엘리자베스 루이즈 비제 르 브룅이 그린 「슈미즈 차림의 마리 앙투아네트」(1783). 마리 앙투아네트는 남성들이 대다수인 미술계에서 그녀를 자신의 공식 초상화가로 지정하여 강력한 후원자로서 자유로운 작품 활동을 뒷받침했다.

10. 로앙 추기경은 왕비가 자신을 사랑한다고 생각하고 밤에 베르사유 정원에서 만나기로 약속함. 하지만 실제로 만난 것은 왕비를 닮은 매춘부였음.

11. 잔은 로앙 추기경한테서 마리 앙투아네트를 핑계로 돈을 계속 뜯어감. 그리고 '나, 마리 앙투아네트랑 친한 여자야' 라고 자랑을 하고 다님.

12. 사태를 지켜보던 보석상은 잔이 정말로 왕비인 마리 앙투아네트와 친하다고 생각하고 목걸이를 잔을 통해 왕비에게 팔기로 함. 잔은 처음엔 싫다고 했지만 곧 무슨 꿍꿍이가 생겼는지 알았다고 답함.

13. 목걸이가 탐난 잔은 로앙 추기경에게 왕비인 척 편지를 보내 목걸이를 사달라 부탁함.

14. 목걸이를 갖고 싶지만 요즘 나라 재정이 어려워서 그러니 돈을 빌려 달라는 편지를 본 로앙 추기경은 목걸이를 사서 잔의 하인에게 넘겨줌.

15. 잔의 남편은 목걸이를 가지고 런던으로 달아나 다이아몬드를 각각 팔아치움.

16. 보석상은 목걸이 대금을 기다리며 잔을 독촉하다가 결국 왕비를 직접 찾아감.

17. 마리 앙투아네트는 황당해했고 루이 16세 역시 분노함.

18. 잔은 3일 뒤에나 체포되었기 때문에 관련 서류가 다 없어짐.

19. 오늘날 역사가들은 마리 앙투아네트는 전혀 연관이 없었고 로앙 추기경은 이용당한 것이며 잔이 다 잘못한 거라는 데 의견을 같이 하지만 당시 대중들은 마리 앙투아네트가 로앙을 없애려고 짠 계획이라고 봄.

20. 덕분에 마리 앙투아네트는 아무 잘못도 없으면서 사치를 하고

마리 앙투아네트가 열과 성을 다해 사랑했던 아이들과 함께 있는 모습. 화가 아돌프 율리크 베르트뮐러가 1785년에 그린 그림이다.

추기경과 불륜을 저지른 나쁜 왕비로 몰리게 됨. 잔은 감옥을 탈출하여 런던으로 도망간 후 모든 것은 왕비 잘못이라고 주장하는 책까지 출판함.

다양하고 돈이 많이 드는 여러 취미 활동을 하고 정치에 영향력이 큰 듯 행동하여 사람들의 미움을 받고 있던 마리 앙투아네트에게 목걸이 사건까지 터지자 온갖 악랄한 소문이 퍼져나갔고 프랑스 국민은 그녀를 걷잡을 수 없이 증오하게 됩니다. 프랑스 경제 상황이 좋지 않은 와중에 베르사유에서 쓰는 천문학적인 액수의 돈에 대한 비난의 화살은 전부 왕비에게 돌아갔습니다. 실제로는 마리 앙투아네트보다 그 주변의 귀족들이 훨씬 많은 사치를 부렸으나 외국인인 마리 앙투아네트는 최고의 제물이었습니다.

사람들은 마리 앙투아네트가 프랑스를 망하게 하기 위해 오스트리아에서 시집온 것이며 베갯머리에서는 왕을 무기력하게 만들고 사치를 부리는 양성애자라는 근거 없는 소문을 퍼뜨렸습니다. 먹고 살기 너무나 힘든 사회에서 적국의 공주는 그 모든 잘못을 떠넘길 수 있는 희생양으로 삼기에 매우 적합했으니까요. 마리 앙투아네트는 '마담 데피시트(적자 부인)'라고 불리며 온갖 악담을 들어야만 했습니다. 막내딸인 소피가 죽었을 때도, 그리고 유산을 했을 때도 위로보다는 '엄마라는 사람이 뭐하고 있는 거냐'며 욕을 먹었죠.

그리고 마리 앙투아네트가 명예를 회복할 겨를도 없이 1789년 프랑스 혁명이 일어납니다. 프랑스 혁명 얘기에 '빵이 없으면 케이크를 먹으면 되지'가 빠질 수는 없죠. "굶주리는 자에게 브리오슈를 먹게 하라

(Qu'ils mangent de la brioche)."는 말은 프랑스의 유명한 계몽사상가인 장 자크 루소의 『고백록』에 처음 등장합니다. 책이 출간된 건 1769년이며 프랑스 혁명은 1789년에 일어났죠.

브리오슈란 지금은 버터와 달걀이 많이 들어간 폭신하고 보드라운 고급 간식이지만 예전에는 빵을 굽고 남은 부스러기, 또는 실패작들을 일컫는 말이었습니다. 즉 '굶주리는 자에게 브리오슈를 먹게 하라'는 말은 백성이 배가 고파하면 안 먹는 음식이라도 좀 주라는 소리였습니다. 물론 지금의 우리가 보면 기가 차는 소리지요? 마리 앙투아네트가

루이 14세의 왕비였던 마리 테레즈. '굶주리는 자에게 브리오슈를 먹게 하라'라는 말을 한 장본인일 가능성이 높다.

이런 말을 했다는 증거는 그 어디에도 없습니다. 오히려 이 말은 혁명이 일어날 만큼 프랑스 경제를 위태롭게 한 범인으로 지목되고 있는 루이 14세의 왕비였던 스페인 출신의 마리 테레즈가 한 말이었을 가능성이 큽니다.

프랑스 혁명은 루이 16세와 마리 앙투아네트가 직접적인 원인이 되었다기보다 루이 14세부터 차근차근 분노가 끓어오르고 있던 것이 루이 16세 때 터진 것입니다. 루이 14세는 1685년 낭트 칙령을 폐지하면서 신교도를 탄압하기 시작했는데 철학적이고 종교적인 문제를 경제적인 상황은 고려하지 않고 처리하는 바람에 신교도였던 상공업자들이 전부 프랑스에서 빠져나가버립니다. 때문에 한번 휘청거린 프랑스 경제는, 무려 72년간 통치했던 루이 14세가 절대왕정의 위엄을 보이기 위해 베르사유 궁전을 짓고 수도 없이 많은 전쟁을 해대는 통에 살아날 기미가 전혀 보이지 않았습니다.

이후 루이 14세를 계승한 증손자 루이 15세 역시 보고 배운 것이 할아버지의 화려한 삶이라 왕실의 사치는 조금도 줄이지 않았습니다. 때문에 루이 16세에 이르렀을 때 프랑스에서 거둬들이는 세금의 60%는 루이 14세와 15세가 진 빚의 이자 갚는 데에 모조리 들어가고 있어 프랑스 경제는 뿌리까지 썩어 있는 상태였습니다. 루이 16세는 위기의식을 가지고 어떻게든 나라를 살려보려 했지만 정치적으로도 경제적으로도 그리 수완이 좋은 사람도 아니고 영리하거나 전략적인 사람도 아니었는데다 영국을 견제하겠다며 미국 독립전쟁에 끼어들어 지원하는 바람에 프랑스 국민들은 굶어 죽어갔습니다. 증조 할아버지에서 증손자로, 다시 할아버지에서 손자로, 무려 150년 동안 무너져 내린 경제이니 국민

대례복을 입은 프랑스 왕비 마리 앙투아네트(1775). 화가 장 바티스트 고티에 다고티의 작품이다.

부르주아로 변장하여 파리를 탈출하려다 바렌에서 체포된 루이 16세 일가.

이 분노하여 들고 일어나는 것은 당연한 일이었습니다.

성난 군중이 물밀듯 궁으로 들어오려고 하고 혁명의 물결이 거세지기 시작했습니다. 국왕과 왕비를 비롯한 왕족들은 파리의 튀를리 궁으로 이송되어 감금되었습니다. 이곳에서 국왕을 탈출시키려는 계획이 여러 차례 세워졌지만 태어날 때부터 죽을 때까지 우유부단했던 루이 16세는 결정을 내리지 못했고 결국 탈출하지 못했습니다. 페르젠 백작은 마리 앙투아네트와 왕실의 아이들을 우선 탈출시키려는 계획을 세웠지만 마리 앙투아네트가 남편 없이는 아무데도 안 가겠다고 하여 결국 1791년 6월 21일 온 가족이 함께 탈출을 시도합니다. 하지만 그것도 잠시, 국왕 일가는 곧 분노한 군중에게 잡힙니다.

왕이 시민을 버리고 도망가려고 했다는 것 때문에 군중의 분노는 폭발하며 그나마 있었던 지지까지 급속도로 사라져버립니다. 1793년 1월 21일, 루이 16세는 결국 시민의 손에 의해 처형되었습니다. 마리 앙투아네트의 아들은 혁명파의 손에 의해 끌려가버렸고 마리 앙투아네트는 샬롯, 그리고 루이 16세의 여동생인 마담 엘리자베스와 함께 지내게 되었습니다. 마리 앙투아네트는 프랑스 왕비로서의 긍지를 가지고 우아하고 세련되게 행동했고 그러한 왕비의 모습은 감옥 간수들과 혁명파 사람들을 압도하여 점차 마리 앙투아네트를 존경하는 사람들이 늘어나기까지 했지만 마리 앙투아네트 역시 남편 루이 16세가 죽은 지 9개월 만에 단두대로 보내졌습니다.

1793년 10월 16일 오후 12시 15분, 자신의 목을 자르기 위해 기다리고 있는 단두대로 올라가면서 마리 앙투아네트는 실수로 사형집행인의 발을 밟았습니다. 그리고 마리 앙투아네트는 이승에서 마지막 말을 그 사람에게 했다고 해요.

"실례했습니다, 무슈. 일부러 밟은 것은 아니었어요."

왕의 만찬

과거에도 지금도 왕족이 먹는 음식이라는 건 사실 사치와 풍요의 상징이죠. 때문에 왕들은 때때로 자신들이 밥을 먹는 모습을 대중에게 공개하곤 했습니다. 왕가에 특별한 일이 있을 때(왕의 생일이나 왕자나 공주의 탄생, 결혼, 대관식 등)나 명절(크리스마스, 새해, 부활절 등) 따위의 여러 이유를 들어 음식을 대중 앞에서 먹었죠. 먹는 것을 굉장히 좋아했고 유명한 대식가이기도 했던 프랑스의 루이 14세 같은 경우 저녁 식사하면서 말을 걸지 말라고 해서 식사 시간이 도서관 열람실 수준으로 조용했다고 합니다.

음식은 정말 어마어마한 양으로 주어졌고 가장 높은 지위에 있는 사람부터 조금씩 맛볼 수 있었습니다. 가장 높은 지위에 있는 왕이 한 입 먹기 위해 음식이 왕 앞으로 오는데 무려 15명의 하인을 거쳐서 왔다고 하니 허례허식이 무척 심했음을 알 수 있습니다. 아주 맛있는 음식이 나오면 가장 높은 지위인 왕이 한 입 맛을 봅니다. '음, 맛있네? 이거 너무 맛있어서 저기 딴 나라에서 온 대사한테도 주고 싶도.' 그럼 대사에게 보낼 수 있었습니다.

그런 식으로 하나하나 한 입씩만 먹어보며 접시는 차례차례 밑으로 밑으로 내려갔습니다. 그러다보니 당연히 지위가 낮을수록 음식이 차갑게 식어버리겠죠? 그렇게 먹고 먹어도 남은 음식들은 궁정의 하인들이 먹거나 성 밖에 사는 가난한 사람들이 먹었습니다.

왜 이런 일을 했을까요? 이는 왕족이 모두 건강하며 특히 왕이 음식을 든든히

대관식 후 식사하는 왕족과 귀족들 그리고 그런 그들을 구경하는 평민들.

잘 먹고 잘 살고 있음을 보여주어 국민을 안심시키는 한편, 왕가의 휘황찬란한 모습을 과시하여 국민을 압도하기 위한 것이었는데, 물론 국민들은 굶어 죽어가고 있는데 왕이 저러면 당연히 열받았겠죠? 프랑스 같은 경우는 중세 시대부터 베르사유 궁에서 저녁을 먹을 때는 그 모습을 늘 대중에게 공개했다고 해요. 영국은 그보다는 덜 공개했구요. 저 많은 사람들을 다 먹여야 했으니 왕들이 빚에 허덕이는 일이 왜 비일비재했는지 알 만하죠?

15. 결혼은 사랑의 무덤이다
— 바람둥이의 대명사 또는 만인의 연인, 카사노바의 삶과 사랑

"결혼은 사랑의 무덤이다." '만인의 연인' 또는 '희대의 바람둥이'로 불리는 카사노바가 남긴 명언입니다. 세상 모든 바람둥이들이 무릎을 탁 치며 반길 듯한 이 말은 우리가 알고 있는 카사노바의 이미지에 꽤 잘 어울리지요? 세상 모든 여자들이 갈망하고 모든 남자들이 시기했다는 카사노바의 삶은 어떠했으며 어떤 여자들과 어울렸는지 구경하러 18세기 베니스로 떠나봅시다.

조반니 자코모 카사노바(1725~1798)가 태어난 당시 베니스는 오늘날의 라스베이거스와 비슷한 곳이었습니다. 도박장과 현란한 장식들, 잠들지 않는 밤, 관광객이 넘치고 카니발이 열리는 곳이었죠. 당시 유럽의 귀족 가문들에서는 자식들을 외국으로 여행시키는 것이 유행이었는데, 그것을 '그랜드 투어'라고 불렀습니다.

그랜드 투어는 어릴 때부터 그리스 신화와 『성경』, 호메로스의 『오뒷

세이아』 등을 읽으면서 자라고 로마 제국의 역사를 배운 유럽의 명문가 자제들이 실제로 다른 나라 귀족들을 만나고 로마 제국의 유물들을 견학하는 일종의 호화판 현장 학습이었지만 돈 많고 힘 있는 집안 자식들이다보니 여기저기 돌아다니면서 흥청망청 돈이나 펑펑 쓰고 여자나 건드리며 다니곤 했습니다. 그리고 그 일을 하기에 가장 알맞은 도시가 바로 베니스였죠. 그런 도시에서 세기의 바람둥이가 탄생한 것은 그리 놀라운 일이 아닐지도 모르겠습니다. 심지어 부모님이 둘 다 가수이자 배우였다는 점도 뭔가 고개를 끄덕이게 합니다.

카사노바의 아버지는 그가 6살 때 돌아가셨고 어머니는 극단 사람들과 함께 떠나버렸습니다. 카사노바는 5명의 형제들과 함께 외할머니 댁에서 지낼 수밖에 없었습니다. 그는 8살 때까지는 자신이 '채소'였다고 저서에서 고백한 바 있습니다. 정확한 의미를 짐작하기 힘든 이 고백에 대해 학자들은 그가 그 나이까지는 전혀 흥미로울 것이 없는 인생을 살았던 것이라고 짐작하는 정도입니다. 그렇다면 8살 난 카사노바에게 무슨 일이 있었던 것일까요?

카사노바의 남동생이자 화가인 프란체스코 주세페 카사노바가 그린 카사노바의 초상화(1750~1755년 무렵).

카사노바는 어릴 때부터 코피를 자주 흘렸던 모양입니다. 그의 외할머니는 의사들보다는 마녀나 점쟁이들을 믿었습니다. 당시 의료 수준으로 봐서는 둘이 별반 다를 것이 없을 때긴 했으니 딱히 나쁜 일도 아니었죠. 그래서 외할머니께서는 카사노바를 데리고 마녀에게 찾아가 아이가 코피를 자주 흘린다고 말했습니다. 카사노바에게 그 장소는 정말 숨이 막힐 만큼 놀랍고 신비로운 장소였습니다. 어두침침한 방 안에 검은 고양이를 쓰다듬으며 앉아 있는 노파와 그녀의 주변을 맴도는 몇 마리의 고양이, 연기와 주문, 마법의 약초 등은 사실 코피를 멎게 하는 데는 아무런 효능은 없었지만 그 후로 카사노바는 미스터리한 세계에 큰 관심을 가지게 됩니다.

마녀의 치료가 효과가 없자 외할머니가 어쩔 수 없이 카사노바를 의사들에게 보였고, 그들은 베니스의 공기가 나빠서 아이가 코피를 자주 흘리는 것이라고 말했습니다. 예전 사람들의 기록을 보면 참 다들 공기 탓을 어쩜 그리 많이들 하는지요. 오늘날 의사들이 병의 원인을 알 수 없으면 무조건 스트레스 때문이라고 하듯이 과거에는 무조건 공기 탓을 많이들 했답니다.

덕분에 베니스를 떠나 기숙학교에 들어가지만 카사노바는 그곳을 끔찍이 싫어합니다. 그래서 카사노바는 아베 고치라는 사람의 집에서 기초 학문과 바이올린을 배우게 됩니다. 그리고 그곳에서 처음으로 이성의 존재에 눈을 뜹니다.

아베 고치의 어린 여동생이었던 베티나는 카사노바와 스스럼없는 스킨십을 했는데 그녀의 손을 잡거나 끌어안는 행위 등을 통해 카사노바는 묘한 감정을 느끼기 시작했다고 합니다.

파도바 대학에서 법학을 전공한 카사노바는 17살에 졸업을 합니다. 역사 속 인물들은 다들 어쩜 그리도 똑똑한지요. 법학을 전공했지만 정작 카사노바는 법을 굉장히 싫어했습니다. 대학생 때 즐기지 않으면 언제 즐기겠냐는 생각이 들었던 모양인지 대학을 다니면서 도박에 푹 빠져 빚을 잔뜩 지게 됩니

카사노바가 연애하는 모습을 그린 그림.

다. 외할머니는 노발대발하여 카사노바에게 당장 집으로 돌아오라고 합니다. 베니스로 돌아온 그는 이제 온갖 파티에서 인기를 끌게 됩니다. 젊고 잘생기고 키도 크고 어두운 색 머리카락에 깊은 눈동자를 가진 똑똑한 청년으로서 말이죠. 법학은 싫어했지만 의학은 좋아했던 카사노바는 의학 공부를 하여 가족과 친구들에게 많은 도움을 주게 됩니다. 그리고 일흔이 넘은 말리피에로 상원의원이 카사노바의 후원자가 되기로 합니다.

하지만 그 관계는 이제 성인이 되어 슬슬 본색을 찾아가기 시작한 카사노바가 의원이 마음에 두고 있던 여배우와 그렇고 그런 사이가 되면서 끝장이 납니다. 그들의 관계를 알게 된 의원이 카사노바와 여배우를 모두 쫓아내버렸기 때문이었죠. 아직 동정이었던 카사노바는 늘어나는 성적 호기심에 나네타 사보르냥과 마리아 사보르냥 자매와 동시에

관계를 가지게 됩니다. 게다가 당시 나네타는 14살, 마리아는 17살, 카사노바는 18살이었습니다. 카사노바다운 시작이 아닐 수 없습니다.

외할머니께서 돌아가시자 카사노바는 신학교에 들어가서 추기경의 서기로 취직합니다. 하지만 빛이 하도 많았기 때문에 감옥에 갇히는 신세가 되지요. 소식을 들은 카사노바의 어머니는 인맥을 통해 재판에서 무죄 판결을 받게 해주었고 얼마 후, 카사노바는 로마로 가서 교황 베네딕토 14세를 만납니다. 교황은 카사노바의 쾌활한 성격에 반해 그를 가까이 두었지만 당시 로마에서 일어난 '로미오와 줄리엣' 스타일의 연애 사건에 러브레터를 대신 써주었던 카사노바에게까지 불똥이 튀어서 결국 로마를 떠나게 됩니다.

그 후 그는 군대에도 들어가 보지만 금방 나오고 예전에 모셨던 추기경의 편지를 전달하는 일도 해보지만 그만둡니다. 전문 도박꾼이 되려고도 해보지만 쫄딱 망하고 빚만 잔뜩 진 채로 21살이 됩니다. 재능도 없는데 좋아한다고 해서 무조건 했다가는 고생만 하게 된다는 교훈이네요. 그리고 카사노바는 극장에서 바이올린을 켜는 직업을 얻습니다. 법학 전공으로 대학까지 나와 놓고 주머니에 땡전 한 푼 없어도 변호사 노릇은 죽어도 하기 싫었던 걸까요.

그러던 중 행운의 여신이 카사노바의 운명에 미소를 지어줍니다. 돈이 없던 카사노바는 갓 결혼식을 올린 커플을 위해 곤돌라에서 바이올린을 켜고 있었는데 곤돌라에 타고 있던 의원이 갑자기 뇌졸중으로 쓰러집니다. 루이 14세 이야기에서도 언급했듯이 당시는 사람 몸 안의 4종류 체액이 균형을 맞춰야 사람이 건강하다고 믿고 있던 시대였기에 사람들은 곤돌라 안에서 의원의 팔에 상처를 내어 피를 뽑았습니다.

카사노바는 의원을 옮기는 일을 도왔고 집에 도착하자 의사가 피를 더 뽑은 후 가슴에 수은을 발랐습니다. 당시 수은은 온갖 용도로 쓰이던 약물이었는데 다들 짐작하시다시피 아무 효과도 없었죠. 오히려 수은으로 인해 의원의 상태는 계속 악화되어갔고 의사는 이미 늦었다고 선언하며 신부를 부르라고 합니다. 하지만 카사노바가 수은을 당장 닦아내고는 가슴에 시원한 물을 대주자 의원은 상태가 곧바로 호전되더니 되살아납니다.

덕분에 카사노바는 평생 자신의 뒤를 봐줄 후원자를 얻었고 사무관 일을 하면서 귀족처럼 살 수 있었습니다. 멋진 옷을 차려입고 머리에는 파우더와 향수를 뿌리고 도박을 했죠. 그리고 이때부터 카사노바의 전설이 시작됩니다. 수많은 여성들의 마음을 훔치기 시작한 것이었죠.

그의 후원자는 그러다 언젠가는 후회한다고 경고했지만 카사노바는 귓등으로도 듣지 않았습니다. 그러다가 베니스에서 쫓기다시피 도망을 쳐야 할 일이 두 가지 생겼습니다. 첫 번째는 자신을 모욕한 자를 놀리겠답시고 묻힌 지 얼마 안 된 시신을 무덤에서 파내서 장난을 친 일이었는데요. 상대방은 너무 놀라서 온몸이 마비되어 다시는 일어나지 못했답니다. 두 번째는 카사노바에게 홀랑 빠진 한 소녀를 카사노바가 받아주지 않자 그녀가 경찰서로 쫓아가 강간당했다고 고발한 일이었습니다. 경찰이 두 번째 사건을 증거 부족으로 결론을 내릴 때쯤 카사노바는 이미 걸음아 나 살려라 하고 베니스에서 달아난 후였습니다.

파르마로 달아난 카사노바는 그곳에서 앙리에타라는 프랑스 여성을 만납니다. 불과 석 달이라는 짧은 기간의 연애였으나 그 만남은 카사노바가 느낀 어떤 사랑보다 크고 강렬했다고 합니다. 굉장히 직설적이고 정의로웠던 앙리에타는 카사노바를 완전히 이해해주었고 그의 행동들에 대해 정확한 판단을 내려 훈계를 하곤 했습니다. 카사노바는 밤에 그녀를 안을 때보다 낮에 이야기를 나눌 때가 더 행복했을 정도로 그녀가 완벽하다고 했지만 앙리에타는 카사노바의 변덕스러운 성격, 그리고 카사노바가 경제력도 없고 도박을 많이 한다는 등의 이유로 카사노바에게 100프랑을 건네주고는 떠나버렸습니다.

절망에 빠진 카사노바는 다시 베니스로 돌아왔습니다. 베니스에서 도박을 통해 돈 좀 만지게 된 카사노바는 자신만의 '그랜드 투어'를 떠났습니다. 카사노바는 굉장히 사교성이 좋은 사람이었기 때문에 여행을 다니는 일이 적성에 아주 잘 맞았습니다. 그는 프라하, 빈 등을 돌아다니며 당시에는 인기가 좋았던 연극 대본을 쓰기도 했습니다. 베니스로 돌아온 카사노바는 하도 사고를 쳤기 때문에 경찰이 카사노바 이름 밑으로 수많은 경범죄 목록을 가지고 있을 정도였습니다. 주정 부리기, 쌈박질하기, 가만히 있는 여자한테 치근덕거리기 등등. 심지어 자신이 여행

카사노바가 콘돔에 구멍이 나 있는지 확인하는 모습.

중 2명의 수녀들과 그렇고 그런 사이였다고 떠벌려서 베니스 내에 수많은 적을 만들었습니다. 게다가 비밀 경찰은 당시 베니스에서 금지되어 있던 히브리 신비 철학과 비밀 단체인 프리메이슨에 카사노바가 관여되어 있음을 알아내고 체포하려 했습니다. 비밀 경찰에 속해 있던 카사노바의 후원자는 체포 계획을 알게 되자 카사노바에게 어서 달아나라고 합니다. 하지만 카사노바는 바로 다음 날 체포되었고 재판도 없이 5년형을 선고받아 가장 경계가 삼엄한 감옥에 갇히게 되었습니다.

하지만 그 무엇이 카사노바의 앞길을 막겠습니까. 알렉상드르 뒤마의 소설 『몽테 크리스토 백작』처럼, 미국 드라마 「프리즌 브레이크」의 스코필드처럼, 카사노바는 감옥을 산책하다 버려진 철봉과 돌을 주워서 봉을 잘 간 다음 침대 밑바닥을 파기 시작했습니다. 바로 밑이 사무실이었고 축제 동안에는 아무도 없을 것을 알고 있었기 때문이었죠. 그러나 연줄이 워낙 좋았던 덕인지 탈출 예정일 사흘을 앞두고 카사노바는 더 넓고 좋은 감방으로 옮겨졌습니다.

잠시 충격에 빠졌던 카사노바는 이제 앞방 죄수랑 손잡고 탈출 계획을 짜기 시작합니다. 앞방의 죄수는 신부였는데 카사노바는 같은 방에 다른 죄수와 함께 있었기 때문에 신부에게 자신이 잘 갈고 닦은 철봉을 건네줍니다. 신부는 천장에 구멍을 뚫고는 지붕을 통해 카사노바의 방으로 건너가 그의 천장에 구멍을 뚫어줍니다. 같은 방 죄수는 카사노바를 감시하기 위해 넣어진 스파이였지만 카사노바는 자신이 아는 모든 마법과 헛소리를 동원해서 미신에 약한 그를 공포에 떨게 만들어 탈출에 걸림돌이 되지 않도록 했습니다. 두 사람이 갇힌 감옥이 궁 안이었기 때문에 둘은 옷을 갈아입고 마치 귀족이 실수로 술 먹고 궁에서 쓰러

1788년에 카사노바가 자신의 탈옥담을 쓴 책의 표지 그림(왼쪽)과 본문 삽화(오른쪽).

져 잠들었던 척하며 뻔뻔하게도 정문으로 당당히 걸어나갔습니다. 이것은 지금까지도 카사노바의 전설적인 탈옥기로 회자되고 있지요.

그리하여 다시금 카사노바의 떠돌이 생활이 시작되었습니다. 그는 베니스를 떠나 이리저리 떠돌며 자신의 여행기에 약간의 과장을 덧붙여서 흥미롭게 풀어놓았고 덕분에 전 유럽의 궁정에서 그를 손님으로 초대했습니다. 카사노바는 베니스를 떠나 파리, 로마, 마드리드, 베를린, 상트페테르부르크 등지를 떠돌았고 볼테르, 프랑스의 루이 15세, 프로이센의 프리드리히 대왕, 러시아의 예카테리나 2세, 교황 클레멘스 8세 등과 친하게 지냈습니다. 인맥이 참 대단하죠?

하지만 카사노바는 인생을 망치게 할 도박 중독에서 끝끝내 헤어나

208 _ 스캔들 세계사 1

오지 못했고 그와 더불어 여러 여성들과 관계를 가지면서 한 곳에서 오래 머물 수가 없었습니다. 당시 유럽 귀족들 사이에서 연애란 무료한 삶 속의 게임과도 같은 것이었기에 카사노바는 그토록 쉽게 연인을 바꿀 수 있었습니다. 성병이라도 옮거나 옮겼다간 큰일이었기 때문에 카사노바는 성병 예방을 목적으로 리넨으로 만든 콘돔을 늘 이용했습니다. 사실 그리 효과는 없었을 듯하지만요.

자신은 여성을 위해서 태어난 것 같다고 말하던 카사노바는 자신과 같은 남성들에게 연애에 대해 조언하기도 했습니다. 수많은 모태 솔로들과 이성을 물리치는 철벽을 두르고 계신 많은 분들, 여기서 카사노바의 조언을 한 번 들어보세요.

세기의 바람둥이, 카사노바에 따르면 그는 나쁜 남자 때문에 고통받는 여성을 발견한 후 그녀의 문제를 해결해주고 그녀가 고마워하면 유혹했다고 합니다. 상대에게 무엇을 요구하는 것이 아니라 상대가 무엇을 필요로 하는지 알아내서 가려운 부분을 긁어준 것이었죠. 늘 설거지만 하는 하녀에게는 귀족 도련님처럼 다가가 고귀한 숙녀를 대하듯 아껴주었고 따분한 일상을 보내는 귀족 아가씨에게는 거칠게 굴며 밤에 몰래 함께 놀러나가자며 유혹하기도 하고 무심한 남편 탓에 하루에 말 한 마디 변변히 못하는 부인에게는 진지한 대화를 나누고 외롭지 않도록 편지를 보내주는 등 일탈을 제공한 것이죠. 짧은 유희를 즐기고 난 후에는 여성들에게 어울리는 좋은 남자를 소개시켜줌으로써 연애를 끝냈다고 하니 애프터서비스까지 확실하네요.

"쾌락을 담당하는 감각들을 발전시키는 일은 늘 내 인생의 목표였다. 난 아름다운 성(Fair sex, 여기서는 여성을 뜻함)을 기쁘게 하기 위해 만들어졌음을 알기에 난 늘 그에 알맞기 위해 나를 발전시킨다." 주15

카사노바의 연인 중 가장 유명한 여성은 마농 발레티입니다. 마농은 10살 때 카사노바를 처음 만났습니다. 카사노바의 친구 여동생의 딸이었으니 마농에게 카사노바는 삼촌뻘쯤 되는 인물이었고 두 사람은 나이 차가 무려 15살이나 났답니다. 첫사랑에 빠진 마농은 카사노바에게 42장이 넘는 러브레터를 보냈고 '내 사랑, 내 남편, 내 친구'라고 카사노바를 칭했습니다. 카사노바 역시 마농을 굉장히 사랑했다고 하지만 그의 아랫도리는 그리 정숙하지 못했고 이 여자 저 여자 두루 만나고 다녔기 때문에 마농과의 연애 기간인 3년 동안 많이 다투었다고 해요.

마농은 카사노바를 위해 이미 정해져 있던 약혼도 파기했고 카사노바의 집에 들락거렸으며 심지어 카사노바와 약혼을 하기도 했습니다. 하지만 그 약혼도 카사노바를 다른 여자들로부터 떼어놓을 수 없었죠. 그럼에도 불구하고 마농은 카사노바에게 정절을 지켰고 훗날 카사노바는 마농에게 싸늘했던 자신의 태도를 후회했습니다. 빚 때문에 감옥에 갇히게 된 카사노바를 꺼내주기 위해 마농은 자신의 다이아몬드 귀걸이를 팔기까지 했었는데, 얼마 후 결국 카사노바를 포기하고 설계사와 결혼했습니다.

카사노바는 자신이 언젠가는 마농과 자리 잡고 결혼해서 살 것이라고 생각하고 있었기 때문에 실망했다고 해요. 하지만 마농은 불과 서른여섯의 나이에 병으로 세상을 떠납니다. 카사노바는 자신이 계속 그녀

카사노바에게 있어 순수한 사랑의 결정체였던 마농 발레티의 초상화(장 마르크 나티에, 1757). 카사노바는 여러 여자의 뒤를 쫓느라 자신만을 바라보던 마농을 잃고 말았다.

의 마음을 상하게 하여 몸까지 약해진 것은 아니었던가 후회했다고 전합니다.

카사노바는 1785년에 자신의 후견인이 사망하자 발트슈타인 백작의 도서관 사서 자리를 얻습니다. 돈도 잘 주고 편안한 직장이었지만 평생을 떠돌아다니며 내키는 대로 살던 카사노바에게는 매우 따분한 자리였습니다. 그는 1798년에 73살의 나이로 "철학자로 살다가 그리스도교인으로 떠난다."라는 말을 남기고 사망했습니다. 카사노바의 삶은 오늘날에도 수많은 책과 영화의 소재가 되고 있으며 그가 쓴 작품들은 그의 화려한 명성에 가려 빛을 잃은 감이 있긴 하지만 그럼에도 『회상록』, 『20일 이야기』 등은 유명합니다.

16. 감자를 먹는 사람들

– '가난한 이들의 성자'라 불리는 구황 음식 감자의 유럽 전래사

감자, 좋아하세요? 최근 연구 결과에 따르면 감자는 과일과 채소를 통틀어 가장 유용하고 비중이 높은 칼륨의 공급원이라고 해요. 가격 대비 영양 가치가 가장 높은 식품이기도 하죠. 그와 더불어 맛도 좋기 때문에 감자는 정말이지 다양한 음식에 사용되는 재료이며 동서양을 막론하고 두루 사용되고 있습니다. 햄버거와 최고의 궁합을 자랑하는 감자튀김부터 버터와 우유를 넣고 으깬 감자, 감자 수프, 감자 샐러드, 감자 팬케이크에 이르기까지 아주 다양하죠. 그렇다면 언제부터 감자가 이토록 유명해졌을까요? 감자가 뭐가 그리 대단하냐고 생각하실 수도 있겠으나 사실 감자는 '음식계의 마더 테레사'라고 볼 수 있습니다. 수많은 굶주린 이들을 먹여 살려왔고 지금도 먹여 살리고 있는 음식이지요. 비록 인정받을 때까지 오랜 시간이 걸리긴 했지만요.

감자는 칠레와 페루에서 기원전 8~5세기 전부터 먹기 시작했다고 합

니다. 당시 페루 사람들은 감자를 매우 신성시했답니다. 사람이 죽으면 감자와 함께 묻기도 했고 감자에게 기도를 올리기도 했고요. 그리고 여행을 다닐 때는 건조시킨 감자를 들고 다녔다고 해요.

오늘날에도 페루는 '감자의 수도'로 불릴 정도로 많은 감자를 생산하고 있습니다. 감자는 전 세계에 무려 5,000종이나 있고 그중 3,000종이 페루와 페루 주변국에서 생산되고 있다고 합니다.

페루와 칠레 사람들이 전 세계 사람들은 아직 알지 못하는 감자의 맛을 즐기며 평화롭고 행복하게 살고 있을 때 스페인 사람들이 남미에 쳐들어 왔습니다. 때는 1532년이었습니다. 스페인에서 바다 건너 온 사람들은 신이 오신 것인가 하며 열렬하게 환대해준 순진한 원주민들을 친절하게 대하지는 못할 망정 그들의 호의를 이용하여 재물을 빼앗고자 했습니다. 스페인 사람들은 남미 원주민들이 별로 가치를 두지 않았던 금과 은을 빼앗아 가기 위하여 어마어마한 학살을 저질렀고 그 와중에 원주민의 70% 가까이가 사망했습니다. 당시 스페인 사람들은 신나게 금을 싸들고, 별 생각 없이 감자도 빼앗아 창고 구석에 챙겨서 스페인으로 돌아왔습니다.

캥거루란 이름의 유래를 아시나요? 맨 처음 오스트레일리아 대륙에 도착한 탐험가가 난생처음 보는 동물을 보고 깜짝 놀라서는 원주민에게 동물의 이름을 물었습니다. 원주민은 "캥거루(모른다)."라고 답했고 탐험가는 "아, 캥거루라는 동물이군." 했다고 합니다. 감자도 마찬가지입니다. 스페인 사람이 "이건 이름이 뭐야?" "아, 그건 고구마(바타타 batata)!" "아, 이것들 이름이 바타타(batata)인가 보군." 이리하여 고구마와 감자를 구분하지 못한 스페인 사람 때문에 감자의 이름은 '고구마'

빈센트 반 고흐가 그린 「감자 먹는 사람들」(1885).

가 되어버렸습니다. 지금도 스페인어로 감자는 파타타(Patata)입니다. 하지만 페루에는 사실 감자를 가리키는 파파스(Papas)라는 단어가 따로 있고 페루 사람들은 지금도 감자는 파파스, 고구마는 바타타라고 부릅니다. 영어의 '포테이토(Potato)'는 스페인어의 '파타타(Patata)'에서 온 단어랍니다.

   감자가 정확히 언제 유럽으로 유입되었는지는 확실히 알려져 있지 않고 누가 감자를 처음으로 소개했느냐에 대해서도 의견들이 분분합니다. 곤살로 히메네스 데 케사다라는 탐험가가 충분한 금을 찾지 못하자 감자를 가져가서 왕궁에 소개했다거나 영국의 유명한 해적이자 여왕 엘리자베스 1세의 남자일지도 모른다는 소문이 도는 프랜시스 드레이크가 영국 왕실에 감자를 소개했다고 하기도 합니다.

옆의 그림의 주인공이 프랜시스 드레이크 경입니다. 참고로 프랜시스 드레이크는 스페인 왕실의 금을 하도 털어가서 스페인에서 "저 놈 죽여줘!!" 하고 영국에 부탁했지만 엘리자베스 1세는 되레 콧방귀를 뀌며 해적이었던 드레이크에게 '경(卿)'의 작위를 내려주었습니다.

프랜시스 드레이크의 초상화(1850년 무렵).

당시 감자가 왕실에 소개되자 요리장에게 이걸 요리해오라는 명이 떨어졌습니다. 그리고 감자를 난생처음 본 요리장은 감자알은 버리고 잎으로 요리를 했죠. 아시다시피 감자 잎에는 독성이 있기 때문에 당연히 왕족들을 포함한 귀족들이 전부 아프게 되었고 결국 감자는 왕궁에서 금지 음식이 되었습니다. 정확히 누가 감자를 처음으로 소개했느냐에 대해서는 의견들이 분분하지만, 누구였든 간에 그 분의 입장은 참 곤란했겠지요.

이런저런 연유로 유럽에 갓 상륙한 감자는 '외모지상주의'와 '자문화 중심주의'가 팽배한 유럽 사회에서 냉대를 받게 되었습니다. 생긴 것도 괴상망측하게 생긴 것이 땅 속에서 자라고 어떤 것들은 사람 얼굴

같기도 하다며 질색한 것이 외모지상주의를 대변하는데요. 사람을 닮은 식물인 맨드레이크와 비슷하다 하여 마녀나 악마의 식물이라는 소리도 들었습니다.

또한 남미의 야만적인 미개인들이나 먹는 음식이니 입에 대지 않겠다는 말들이 많았습니다. 자문화 중심주의지요. 귀족들은 당연히 안 먹었고 가난한 평민들까지도 감자는 인간이 먹을 것이 못 되며 동물 사료로나 줘야 할 것이라며 거부했습니다.

먹을 것이 못 된다고 생각을 하든 말든 쑥쑥 크고 열매도 주렁주렁 잘 달리는 감자는 굉장히 빨리, 잘 자라는 식물이었고 1600년대가 되자 스페인과 영국을 넘어 이탈리아, 오스트리아, 벨기에, 네덜란드, 프랑스, 스위스, 독일, 포르투갈, 아일랜드 등으로 퍼져나갔습니다. 그래도 여전히 굶어죽기 직전이어야 먹을까 말까 했고 인간이 먹을 것이 못 된다는 의견이 팽배했답니다. 감자는 결국 유럽에 와서는 항해 시 비상 식량, 군대 식량, 그리고 외국 식물이니까 정원에서 자랑하기 위해 키우는 관상식물의 역할을 맡게 되었습니다.

실제로 당시 농부들을 포함한 모든 사람들은 감자가 독성이 있고 악마적이라고 믿었고 프랑스에서는 감자가 한센병(나병), 매독, 혼수 상태, 이른 죽음, 불임, 폭력적인 성적 성향을 불러일으키며 땅을 망가트린다고 믿어서 감자를 심는 사람에게는 벌금이 내려지기도 했습니다.

그러던 감자가 유럽에 상륙한지 200년 만에 새롭게 각광받게 되는 일이 일어났습니다. 그것은 바로 '소 빙하기(Little Ice Age)'라고 불리는 짧은 빙하기의 도래 덕분이었습니다.

1770년 유럽은 유래 없는 추위에 벌벌 떨었고 그와 함께 작물들은 손

쓸 새도 없이 스러져 갔습니다. 거기서 꿋꿋이 버티고 있던 것은 감자였죠. 그때부터 왕족과 귀족들은 '오호, 이것 봐라?' 했습니다.

당시 사람들은 말도 안 되는 미신에 사로잡혀 감자를 거들떠보지도 않았지만 1774년 프랑스의 어느 식물학자는 감자의 엄청난 영양학적, 생물학적 이점을 발견했고 루이 16세는 감자를 대대적으로 홍보하기 시작했습니다. 심지어 마리 앙투아네트는 감자꽃으로 화관을 만들어 쓰고 무도회에 나가기도 했답니다. 그와 함께 프로이센의 프리드리히 대왕(1712~1786, 재위 1740~1786)은 감자의 가치를 알아보고 1774년에 '흉년에 대비하여 감자를 키우라'는 칙령을 내렸습니다.

하지만 콜버그라는 마을에서 "이건 뭐 냄새도 없고 맛도 아무 맛도 안 나서 개도 안 먹는데 이걸 누가 먹음?" 하는 답장을 보냈습니다. 대부분의 마을들이 똑같은 생각을 가지고 있다는 걸 알게 된 프리드리히 대왕은 아주 똘똘하게 머리를 굴렸습니다.

감자를 먹으라며 강압적으로 밀어붙인 것이 아니라 감자를 못 먹게 자기 농장에서만 키웠습니다. 감자 농장을 지키는 병사들을 세워놓은 뒤 감자는 정말 맛있으니 나 혼자 먹겠다고 했죠. 그걸 지켜본 사람들은 '어라, 왕이 자기 혼자 다 먹네?' 하며 살금살금 하나씩 훔쳐다가 먹기 시작했습니다. 물론 병사들은 보고도 모른 척하도록 명을 받은 상태였고 이내 프로이센 전역에서 감자를 먹기 시작했습니다. 그렇게 감자는 점차 전 유럽으로 퍼져나가기 시작했죠.

하지만 러시아에서는 감자라는 식물이 『성경』에 등장하지 않는다는 이유로 사람들이 왕명을 무시하고 먹지 않다가 1800년대 말이 되어서야 비로소 감자를 먹기 시작했어요.

감자 농사를 둘러보는 프로이센의 프리드리히 대왕.

유럽 사람들은 옛날부터 고기를 무척 좋아하고 채소를 아주 싫어했습니다. 그러니 감자도 당연히 굉장히 싫어했지요. 하지만 감자에 대해 점차 많은 연구가 이루어지면서 쌍수를 들고 환영할 만한 발견을 하게 됩니다.

감자는 같은 면적당 밀보다 2~4배의 칼로리를 보유했고 같은 양의 통밀 빵과 비슷한 칼로리를 가졌음에도 불구하고 통밀 빵보다 쌌으며 영양학적으로는 똑같이 좋았던 것이었습니다. 게다가 동일한 면적 당 생산량이 그 어떤 곡물보다도 많았으니 굶주리는 이들에게 이보다 좋은 음식은 없었습니다. 유럽에 도착한 이래 오랜 설움과 압박을 꿋꿋이 이겨낸 감자는 이제 서민의 음식으로 각광받는 정도가 아닌 주식의 중심으로 자리 잡게 되었습니다.

그 후 뭐가 되었든 너무 열광하면 안 좋다는 증거가 바로 이 감자에서 얻어지게 되었습니다. 아일랜드에서 있었던 일인데요. 아일랜드는 영국 옆에 있는 섬으로, 스코틀랜드와 함께 영국으로부터 독립하고자 하는 의지가 큰 나라였습니다. 아일랜드의 땅이나 기후는 그리 좋다고는 말할 수 없는데요. 당시 아일랜드에서는 옥수수도 키웠고 밀도 키웠고 여러 작물들을 재배했으나 아일랜드는 영국의 식민지였기 때문에 이런 모든 작물의 수확물들은 영국으로 보내졌습니다. 영국에 보내고 나도 자기들 먹을 것이 남을 만큼 풍족한 양을 수확하는 건 불가능했고 그래서 당시 아일랜드 사람들은 아침에도 감자, 점심에도 감자, 저녁에도 감자를 먹었습니다. 오늘은 볶은 감자, 내일은 삶은 감자, 모레는 찐 감자, 크리스마스에는 구운 감자, 새해에는 데친 감자……. 이런 식이었던 것이죠. 가난한 농민들이 배가 터지게 먹어도 괜찮은 작물이었던 감자는 모든 식사용 음식의 윗자리를 차지하는 데 무리가 없었습니다. 감자 덕분에 아일랜드 인구는 쑥쑥 증가합니다. 1800년대에는 500만 명이던 인구가 1841년에는 800만 이상

감자 기근으로 굶주린 아일랜드 사람들을 그린 그림.

으로 늘어난 것이었죠. 그러던 어느 날 아일랜드에 큰 재앙이 닥쳐옵니다. 그 유명한 아일랜드 대기근(1845~1852)이 그것입니다. 감자가 전염 속도가 매우 빠른 전염병인 감자마름병에 걸렸고 당시 아일랜드 전역의 감자는 모조리 썩어버립니다.

그렇잖아도 먹을 거라곤 감자밖에 없었던 사람들의 식탁 위에 썩은 감자밖에 남는 것이 없어지자 아일랜드 사람들은 하나둘 굶어 죽어가기 시작합니다. 전염병이 사그라들 때까지만이라도 영국이 수탈해가는 작물을 좀 줄여주었더라면 좋았을 텐데, 영국은 아일랜드 사람들이야 죽든 말든 아무 관심이 없었고 결국 800~900만 명으로 추산되던 아일랜드의 인구는 단 7년 만에 400만 명이 조금 넘는 수준으로 줄어듭니다. 약 200만 명이 굶어죽었고 약 200만 명은 영국과 스코틀랜드, 그리고 신대륙으로 피난을 떠났기 때문이었죠. 아일랜드 사람들은 그렇게 피난을 간 곳에서 많은 핍박을 받았고 신대륙으로 떠나갔던 많은 사람들도 긴 항해 도중 목숨을 잃었습니다.

이렇게 버려진 땅은 영국 사람들이 와서 헐값에 다 주워가게 됩니다. 영국의 이러한 태도는 굶주림의 고통과 겹쳐 아일랜드 사람들의 분노를 불러일으켰고 훗날 영국에 대한 격렬한 독립 운동을 일으키게 됩니다. 이처럼 감자는 단순한 구황 음식을 넘어 역사의 물줄기를 바꾸는 커다란 역할을 수행하기도 하며 유럽과 미 대륙에 없어서는 안 될 작물이 되었습니다.

감자와 관련된 재미난 에피소드를 하나 소개하자면, 질소만 가득해서 과대포장의 대명사가 된 감자칩은 어떻게 생겨난 것일까요?

때는 1853년. 미국의 사라토가 스프링스라는 지역에 문레이크 호텔

감자를 수확하는 사람들.

이 있었습니다. 그 호텔 식당에서 한 손님이 감자 튀김을 해달라고 하자 주방장이 감자를 잘라서 튀겨줬는데 손님이 "이거 너무 두껍잖아!" 하고 주방으로 돌려보내는 것이었습니다. 화가 난 주방장은 '그래 한 번 당해봐라' 하며 감자를 아주 얇게 썰어서 튀긴 다음, 소금도 잔뜩 뿌려 손님에게 건네주었습니다. 그 손님 역시 씩씩거리면서 그걸 먹었는데……. 아니, 생각보다 정말 맛이 있는 것이었습니다. 그렇게 '사라토가 칩스(Saratoga Chips)'가 탄생했고 이것이 오늘날 전 세계 감자칩의 조상이 되었답니다.

오늘날에는 중국과 인도가 전 세계에서 생산되는 감자의 3분의 1을 소비하고 있으며 영국 사람들도 감자를 무척 좋아하게 되어서 한 사람당 1년에 약 94킬로그램의 감자를 먹어치운다고 합니다. 가장 대표적인 영국 음식이 생선 튀김과 감자 튀김을 같이 먹는 '피시앤칩스'인 것만 봐도 영국인들의 감자 사랑을 알 수 있겠죠?

지금도 감자는 전 세계의 굶주림과 싸우느라 고군분투 중이며 가난한 나라들의 아이들이 배를 주리지 않고 살아갈 수 있게 해주는 고마운 존재로 우리 곁에 있답니다.

17. 거울아, 거울아, 누가 가장 예쁘니?
– 동화 「백설 공주」의 모델이 된 비운의 공주들

어린 시절 읽은 동화책 내용을 기억하세요? 여러분 모두 「콩쥐팥쥐」, 「홍길동전」, 「심청전」 같은 전래동화뿐만 아니라 서양의 공주님 이야기도 많이 읽었겠지요. 독사과를 먹고 쓰러진 '백설 공주', 구두 한 짝을 잃어버린 '신데렐라', 100년 동안 잠이 든 '잠자는 숲속의 공주' 등 서양 동화에는 참으로 많은 공주들이 등장합니다. 특히 신데렐라 같은 경우는 중국이 원조다, 아니다 유럽이 원조다, 유리 구두다, 아니다 가죽 구두다 하며 논쟁을 벌이곤 합니다. 사실 신데렐라 이야기는 고대 이집트가 원조인데 말이죠.

아무튼 백설 공주 이야기를 모르는 사람은 없겠지만 아동용 동화가 아닌 전설에 기반을 둔 이야기를 해볼까 합니다. 1812년 그림 형제가 발행한 『어린이와 가정을 위한 동화집』 초판본 내용입니다. 그전에는 백설 공주를 정리한 책이 없었으며 입에서 입으로만 전해왔습니다.

옛날 옛날 아주 먼 옛날, 어느 겨울 밤 눈송이들이 하늘에서 깃털처럼 떨어지고 있었습니다. 아름다운 왕비님은 흑단으로 만든 창가에 앉아 바느질을 하다가 눈 내리는 모습을 바라보았고 실수로 손가락을 콕 찌르고 말았어요. 손가락에서 방울방울 핏방울이 흑단 창틀에 쌓인 눈 위로 떨어졌어요. 그 모습을 본 왕비님은 감탄하며 말했어요. "아, 내 딸이 눈처럼 희고 흑단처럼 까맣고 피처럼 붉은 아름다움을 가졌으면 얼마나 좋을까!"

얼마 후 정말로 흑단처럼 까만 머리카락과 눈처럼 새하얀 피부와 피처럼 붉은 입술을 가진 예쁜 딸이 태어났고 사람들은 아이를 백설이라고 불렀어요. 백설의 어머니인 왕비님은 참으로 아름다웠지만 아름다운 만큼 독사와도 같은 악함을 품고 있는 사람이었어요. 왕비님은 늘 거울을 가까이 하며 자신의 아름다움에 감탄했어요. 매일 거울에게 "거울아! 거울아! 이 세상에서 누가 가장 아름다우냐?" 하고 묻곤 했지요. 그럼 말하는 거울은 "왕비님께서 세상에서 가장 아름다우십니다!"라고 답했어요.

(한 나라의 국모이신 분이 거울과 대화하는 짓을 무려 6년이나 하다가) 백설이 7살 되던 해에 거울은 조금 다른 말을 했어요. "왕비님께선 여전히 아름다우시지만 백설 공주가 왕비님보다 천

왕비는 거울에게 매일 물었어요. "거울아, 거울아, 이 세상에서 누가 가장 아름다우냐?"

225

배는 아름답습니다."라고요. 화가 난 왕비님은 질투에 얼굴이 창백해졌어요. 그 후로는 딸인 백설을 증오하며 분노에 몸을 바들바들 떨었지만 해가 거듭될수록 예뻐지는 백설을 막을 수는 없었어요. 날이면 날마다 "백설 공주가 천 배는 더 예쁩니다!" 하는 소리가 듣기 싫었던 왕비는 사냥꾼을 불렀어요(거울처럼 너무 직언만 하는 사회 생활을 했다간 오히려 화만 부른다는 교훈을 얻을 수 있는 대목이네요).

못된 왕비는 사냥꾼에게 백설을 죽이고 소금으로 요리해서 먹게 간과 폐를 가져오라고 했어요. 사냥꾼이 백설을 숲으로 데려가 죽이려고 하자 여리디여린 백설은 흐느껴 울며 "사냥꾼님, 사냥꾼님, 부디 저를 죽이지 말아 주세요. 숲으로 들어가 다시는 왕비님 앞에 나타나지 않겠어요."라고 말했어요. 백설의 미모가 정말로 뛰어났기 때문에 안타깝게 생각한 사냥꾼은 숲으로 도망가 다시는 돌아오지 않겠다는 약속을 받고 백설을 놓아주었어요. '어차피 맹수들이 저 아이를 잡아먹겠지.' 사냥꾼은 생각했지요.

백설 공주는 숲으로 도망가서 절대로 돌아오지 않겠다고 약속했어요.

때마침 어린 멧돼지 한 마리가 지나갔고 사냥꾼은 그것을 잡아 간과 폐를 꺼내어 백설의 죽음의 증거로 왕비에게 가져다주었어요. 딸의 간과 폐라고 생각한 왕비는 그것을 요리해서 맛있게 먹었어요. 멧돼지의 간과 폐를 맛있게 냠냠 먹어치운 왕비는 이제 마음 편히 다시 거울에게 물었어요. "거울아! 거울아! 이제 누가 제일 예쁘냐?"

그러는 사이 백설은 산을 넘고 숲을 지나 일곱 난쟁이의 집에 들어갔어요. 모든 것이 자그마한 집이었지만 그래도 깔끔하고 정돈된 곳이었죠. 백설은 식탁 위에 놓인 각각의 접시에서 채소를 몇 개 집어먹고 빵을 먹고 각각의 컵에서 포도주를 조금씩 덜어서 마셨어요. 피곤해진 백설은 일곱 개의 침대에 하나하나 누워보다가 마지막 일곱 번째 침대에 누워보고 딱 맞은 기분이 들었어요. 그리고 바로 잠이 들었죠.

밤이 되자 난쟁이들이 돌아왔어요. 촛불을 켜자 그들은 누군가 자신들의 집에 들어왔다는 걸 깨달았죠.

첫 번째 난쟁이가 말했어요. "누가 내 의자에 앉았지?"

두 번째 난쟁이가 말했어요. "누가 내 접시로 먹었지?"

세 번째 난쟁이가 말했어요. "누가 내 빵을 먹었지?"

네 번째 난쟁이가 말했어요. "누가 내 채소를 먹었지?"

다섯 번째 난쟁이가 말했어요. "누가 내 포크를 썼지?"

여섯 번째 난쟁이가 말했어요. "누가 내 나이프를 썼지?"

일곱 번째 난쟁이가 말했어요. "누가 내 컵을 사용했지?"

첫 번째 난쟁이가 말했어요. "누가 내 침대를 밟았지?"

두 번째 난쟁이가 말했어요. "누군가가 내 침대에 누웠었어."

이렇게 난쟁이들은 촛불을 들고 일곱 번째 침대까지 걸어갔어요. 백설 공주를 발견한 난쟁이들은 백설의 얼굴 가까이 촛불을 대보고 탄성을 내질렀어요. "와! 정말 아름답다!" 백설의 미모가 난쟁이들의 마음에 쏙 들었기 때문에 백설을 깨우지 않기로 하고 일곱 번째 난쟁이는 다른 난쟁이들과 교대로 잠을 잤어요.

백설은 난쟁이들에게 자신의 이야기를 해주었고 난쟁이들은 그렇다면 집안일도 돕고 식사를 만든다면

일곱 난쟁이는 백설 공주를 발견하고 함께 살기로 했어요.

이곳에서 지내도 된다고 허락하였어요. 낮에는 자신들이 나가서 없으니 왕비를 조심해야 한다는 말도 잊지 않았죠.

한편, 왕비의 질문에 거울은 또 "왕비님보다 산을 넘고 숲을 지나 일곱 난쟁이랑 살고 있는 백설 공주가 천 배는 더 예쁩니다."라고 대답했어요(아무래도 백설 공주가 전생에 거울과 엄청난 원수를 졌음이 틀림없군요).

그 말을 들은 왕비님은 속은 것에 화를 내며 할머니로 변장을 했어요. 그리

왕비는 할머니로 변장하여 백설 공주를 찾아왔어요.

고 백설 공주를 찾아 산 넘고 숲을 지나 난쟁이의 집을 찾아갔죠. 그곳에서 백설에게 아주 예쁜 허리띠를 선물로 주자 백설은 허리에 둘렀고 왕비는 아주 세게 허리끈을 조여 백설을 기절시켰어요.

쓰러져 있는 백설을 때마침 발견한 일곱 난쟁이가 살려냈어요.

실패한 왕비는 다시 할머니로 변장하여 백설에게 찾아가 독이 묻은 빗을 선물로 주었어요. 빗을 받아 머리를 빗은 백설은 그대로 바닥에 쓰러졌어요. 물론

일곱 난쟁이는 백설 공주에게 왕비를 조심해야 한다고 일렀어요.

일곱 난쟁이가 다시 살려주었죠. 그러자 이번에는 왕비가 농부의 아내로 변장하여 백설에게 독이 묻은 사과를 건네주었어요. 그제야 위험을 눈치 챈 백설이 "난쟁이들이 집에 아무도 들이지 말라고 했어요."라고 했지만 왕비는 그럼 사과를 나누어먹자고 제안했고 백설은 독이 든 반쪽을 먹고 쓰러졌어요. 이번에는 일곱 난쟁이도 살릴 수가 없었지요.

왕비가 건네준 독사과를 먹은 백설 공주는 그만 쓰러지고 말았어요.

왕비는 궁으로 돌아가 거울에게 "누가 제일 예쁘냐?" 하고 물었어요. 그러자 거울은 드디어 "왕비님께서 가장 예쁘십니다."라고 대답했어요. 그제서야 만족한 왕비는 행복하게 미소지었죠.

백설 공주 곁에서 난쟁이들은 사흘 밤낮을 울었어요. 그리고 관에 넣어 묻으려고 했죠. 하지만 백설 공주의 뺨은 여전히 붉디붉었고 전혀 죽은 사람 같지 않았어요. 그래서 난쟁이들은 유리관에 백설 공주를 눕히고 관에 금으로 백설 공주의 이름을 적어넣었어요. 그렇게 백설 공주는 아주 오랜 시간 관 속에 누워 있었어요. 피부는 여전히 눈처럼 희고 입술은 여전히 피처럼 붉고 만약 눈을 뜬다면 흑단같이 검은 눈을 하고 있을 것 같았죠.

그러던 어느 날 지나가던 왕자님이 난쟁이의 집에 하룻밤 묵게 되었어요. 그는 집으로 들어와 '죽어 있는' 백설 공주를 보고 홀딱 반해서 시체를 사겠다고 제안했어요. 난쟁이들은 아무리 많은 돈을 주어도 백설 공주를 팔 수 없다고 했어요. 그러자 왕자는 자신은 지독한 사랑에 빠져버렸기 때문에 그녀를 바라보지 않고는 더 이상 살아갈 수 없다며 그냥 주면 안 되느냐고 간청했고 난쟁이들은 왕자를 안쓰럽게 여겨 백설 공주를 넘겨주었어요.

왕자는 정말로 백설 공주를 지나치게 사랑해서 그녀

목에 걸려 있던 독사과 조각이 튀어나오자 백설 공주는 되살아났어요.

를 보지 않고는 살 수가 없었기 때문에 항상 하인들에게 관을 들고 나르도록 시켰어요(권력이 너무 많으면 사람이 변태가 된다는 것을 알 수 있는 대목이죠). 하인들은 자꾸 들고 날라야 하니 열이 받았고 하루는 하인 하나가 관 뚜껑을 열어제쳤어요. 이런 죽은 여자 때문에 하루 종일 고생해야 하다니!' 하인은 손등으로 백설의 얼굴을 때렸어요. 그 순간 백설 공주의 목에서 독사과 조각이 튀어나왔고 되살아난 백설 공주는 왕자와 결혼식을 올렸어요.

그리고 결혼식에 왕비를 초대했지요. 아무것도 모르는 왕비는 결혼식에 가기 전에 거울에게 물었어요. "이 세상에서 제일 아름다운 사람은 누구냐?" 거울은 대답했어요. "왕비님, 왕비님께서도 아름다우시지만 이웃 나라의 새로운 왕비는

자신보다 아름다운 왕비가 있다는 거울의 말에 왕비는 한달음에 이웃 나라로 달려왔어요.

왕비님보다 천 배는 더 아름답습니다." 왕비는 이 말을 듣고 기절할 듯 놀랐어요. 도대체 새로운 왕비가 누군지 알아내고자 질투에 불탄 왕비는 이웃 나라로 달려갔고 새로운 왕비가 자신의 딸인 백설 공주임을 알아챘어요. 백설은 자신의 어머니를 보며 생긋 웃고는 왕비에게 불에 시뻘겋게 달군 구두를 억지로 신겼어요. 살이 벗겨지고 뼈가 드러나게 녹아내리는 고통에 울부짖는 어머니를 보며 딸은 즐겁게 파티를 하였답니다.

분명히 어린 시절에 읽었을 때는 아름다운 동화라고 생각했는데 어른의 시선으로 다시 읽어보니 참으로 엽기적인 이야기입니다. 시체 애호, 식인, 정신착란 등의 코드가 곳곳에 숨어 있지요. 동화 「백설 공주」 이야기가 워낙 상징적이어서 그런지 세상에는 원작이라고 주장하는 정말 다양한 이야기들이 있는데요. 그림 형제가 정리한 「백설 공주」는 이것이 원작입니다.

그런데 백설 공주가 실존 인물을 토대로 만들어진 이야기라는 설이 있습니다. 그게 사실이라면 그 사람이야말로, 그 사람의 삶이야말로 진정한 「백설 공주」의 원작이 되겠지요? 이야기의 주인공일 것이라고 생각되는 후보가 둘 있습니다. 둘 다 독일의 공주님인데요.

첫 번째 후보는 마르가레테 폰 발데크(1533~1554)입니다. 독일 공작의 딸이었던 마르가레테는 아주 아름다운 미모를 가지고 있었습니다. 행복했을 마르가레테의 삶은 어머니가 너무 일찍 돌아가셔서 들어오게 된 계모가 마르가레테를 정말 끔찍하게 미워하면서 어두워지기 시작했습니다.

계모는 마르가레테를 늘상 구박하고 괴롭히고 혼냈습니다. 구박을 못 이길 때면 마르가레테는 집에서 나와 마을 사람들과 많이 어울리며 살았습니다. 마르가레테가 살던 지역에는 탄광촌이 많았는데 당시에는 좁은 탄광 속에 아이들을 집어넣어 일을 많이 시켰습니다. 아이들은 좁은 통로 속에서 제대로 자라지 못했고, 때문에 '난쟁이(Zwerg)'라고 불렀습니다.

16살 되던 해에 마르가레테는 신랑감을 구하기 위해 벨기에의 궁정으로 갑니다. 그리고 그곳에서 스페인의 왕위 계승자였던 펠리페 왕자

영국의 초상화가 토머스 로렌스가 1822년에 그린 블레싱턴 백작부인 마거릿 가드너의 초상. 동화 「백설 공주」에 묘사된 '하얗고, 빨갛고, 까만' 미녀의 이미지가 연상되는 모습 때문에 백설 공주의 실제 모델이 라는 오해를 샀다.

(훗날 펠리페 2세)의 눈에 들게 됩니다. 두 사람은 곧 사랑하는 사이가 되어 알콩달콩 지냈지만 마르가레테의 계모나 펠리페 왕자의 아버지는 둘 사이가 전혀 달갑지 않았습니다

계모야 마르가레테가 왕비가 된다 생각하니 당연히 배가 아프다 못해 뒤집어질 지경이었고 펠리페 왕자의 아버지는 아들이 정치적으로 아무런 이득도 없는 여자랑 결혼하겠다고 하니 마르가레테가 눈엣가시였던 것입니다.

백설 공주가 왕자님을 만나 영원히 행복하게 살았듯, 마르가레테도 행복해졌을까요? 안타깝게도 마르가레테는 불과 21살의 나이로 독살당합니다. 당시 사람들은 모두 그녀가 병이 걸려 죽은 것이라 생각했지만 유서를 작성한 마르가레테의 필체가 심하게 떨리고 있었던 점을 보았을 때 훗날 학자들은 그녀가 누군가에 의해 비소로 독살당했다고 결론 내렸습니다. 그러나 누가 그녀를 독살했는지는 아직도 밝혀지지 않았답니다.

백설 공주 모델의 두 번째 후보는 마리아 조피아 마르가레타 카타리나 폰 에르탈(1729~?)이라는 무척 긴 이름을 가진 어여쁜 아가씨입니다. 첫 번째 후보인 마르가레테가 동화 「백설 공주」의 줄거리를 제공했다면(계모의 학대, 독살 등) 마리아 아가씨는 그 밖의 것을 제공합니다. 마리아의 어머니는 마리아가 10살쯤 되었을 때 사망합니다. 그리고 몇 년 후 계모가 들어옵니다. 그녀의 이름은 클라우디아 엘리사베트. 이번이 두 번째 결혼이었던 클라우디아에게는 첫 번째 결혼에서 데려온 자기 자식들이 있었고 의붓딸 마리아를 굉장히 차별합니다.

동화에서 아버지는 주로 어머니에게 휘둘리는 역할로 등장하곤 하는

데요. 이와 마찬가지로 아무 것도 모르는 마리아의 아버지는 당시에도, 그리고 오늘날에도 유리 세공업으로 유명한 로어(Lohr) 지방에서 만든 거울을 클라우디아에게 선물합니다. 옆의 사진이 바로 그 유명한 '말하는 거울'입니다. 물론 진짜로 말은 할 줄 모릅니다. 그럼 왜 '말하는 거울'이 되었냐면, 당시 마리아가 태어난 지방에서 생산되는 유리와 거울이

말하는 거울로 알려진 로어 지방에서 만든 거울.

품질이 매우 좋아서 '진실만을 말한다(보여준다)'라는 찬사를 받곤 했기 때문입니다. 그러니 그림 형제가 그걸 가져다 진짜로 말하는 거울로 사용했을 가능성이 보입니다.

더군다나 거울과 유리는 나무를 많이 필요로 하기 때문에 숲에서 만들어졌고, 마리아의 집 근처에는 어두운 숲과 탄광이 있었습니다. 그리고 마르가레테의 경우와 마찬가지로 탄광에서는 하루종일 허리를 숙이고 일을 한 탓에 제대로 자라지 못한 작은 성인이나 아이들이 일을 하고 있었죠. 그러니 계모에게 학대를 받던 마리아가 숲으로 달아나는 일은 충분히 있었을 법합니다.

독이 든 열매를 먹는 것에 대해서는 우선 마르가레테의 독살로 인해

독이 등장했거나 또는 마리아가 살았던 로어 지방에서 많이 나는 벨라도나 열매로부터 나왔을 가능성이 많다고 합니다. 벨라도나는 '아름다운 여자'라는 뜻을 가진 독초입니다. 맹독을 가진 가짓과 식물로, 고대 로마인들이 독살에 사용하기도 하고, 화살촉에 바르는 독으로도 많이 썼지요. 벨라도나의 속명은 아트로파인데요. 그리스 신화에 나오는 운명의 실을 끊는 여신(모이라이) 가운데 막내인 여신 아트로포스에서 따온 이름입니다. 강한 독성 때문에 또 다른 독초인 만드라고라와 함께 옛날부터 '악마의 풀'로 불리며 두려움의 대상이었죠.

이 독초의 이름이 '아름다운 여자'인 이유는 옛날 여성들은 서클 렌즈가 없었으므로 이 독초를 조금씩 섭취해서 동공이 확대되도록 만들었기 때문입니다. 실제로 벨라도나는 오늘날에도 약용으로 동공확대제로 쓰입니다.

그 후 마리아가 어떻게 되었는지는 알려져 있지 않습니다. 다만 현대에 와서 마리아는 '백설 공주'라 불리며 마리아가 살았던 성은 '백설 공주의 성'으로 관광 명소가 되었고 성에서 발견된 200년이나 된 아이 신발은 '백설 공주의 신발'로, 클라우디아가 선물받았던 거울은 '말하는 거울'로 전시되어 있답니다.

백설 공주가 마리아든 마르가레테든, 결국 역사 속의 '백설 공주'는 해피엔딩을 맞이하지 못한 것입니다. 물론 애초에 동화 「백설 공주」의 엔딩도 꽤나 무시무시하긴 하죠.

18. 사랑은 영혼을 잠식한다
― 카스티야 왕국 후아나 여왕의 상처투성이 사랑 이야기

우리나라도 고대에 신라, 백제, 고구려 등 삼국이 성립되었던 시대가 있었듯이 오늘날 스페인이 자리 잡고 있는 이베리아 반도에도 포르투갈 왕국과 그라나다 왕국, 그리고 아라곤 왕국과 카스티야 왕국 등 여러 왕국이 있었습니다. 그중 카스티야는 스페인 중부에 위치한 왕국이었으며 현재도 지명으로 사용되고 있답니다. 이 카스티야 왕국에는 아주 유명한 여왕이 있습니다. 그녀의 이름은 후아나. 질투와 사랑에 눈멀고 무관심과 냉담함에 상처입어 정신줄을 놓아버린 여왕입니다.

후아나가 보이게 될 광기는 사실 예견된 것이었습니다. 후아나의 외할머니인 이사벨라 역시 우울증과 히스테리에 시달리다 사람들을 알아보지도 못할 만큼 고통받았고 이는 후아나에게 고스란히 전해졌습니다. 후아나는 스페인 통일을 이루어내고 '가톨릭의 왕들'이라 불렸던 여장부인 이사벨라 1세와 그녀의 남편 페르디난도 2세의 셋째 딸로 태

후아나의 부모이자 '가톨릭의 왕들'이라 불린 페르디난도 2세와 이사벨라 여왕.

어났습니다. 동생인 카탈리나는 훗날 헨리 8세의 부인으로 영국 왕비가 됩니다(아내를 살해하는 남자, 헨리 8세 이야기는 105쪽을 참조하세요).

후아나는 굉장히 총명한 아이였습니다. 카스티야어 뿐만 아니라 갈리시안-포르투갈어, 레온어, 카탈루냐어를 완벽하게 구사했으며 프랑스어와 라틴어도 유창했습니다. 말하자면 무려 6개 국어에 능통했던 거지요. 뿐만 아니라 노래도 잘하고 춤도 잘 추고, 위대한 왕국의 공주로서 뛰어난 예의범절을 갖추었으며 종교에 대해서도 깊은 지식을 가지고 있었습니다. 이토록 영리하고 재능 있는 이 공주님은 심지어 아름답기까지 했습니다. 푸른 눈과 갈색에 가까운 짙은 금발을 가진 후아나의 우아한 미모와 총명함은 카스티야 궁정의 자랑거리였습니다.

지성과 미모를 갖춘 재원인 후아나 공주는 1496년, 열여섯의 나이에 결혼을 합니다. 남편은 플랑드르 지역을 포함하는 부르고뉴 공국의 펠리페 공작이었습니다. 펠리페 공작은 정말이지 놀라우리만큼 잘생겼다고 전해지며 어찌나 잘 생겼던지 당시 별명이 '잘 생긴 펠리페(Philip the Fair)' 였습니다. 두 사람은 첫눈에 사랑에 빠졌다고 합니다. 다만 문제라면 펠리페는 성욕이 무척 강하여 여자들 뒤꽁무니를 졸졸 따라다니는 남자였기에 후아나의 몸만을 탐한 것이었고 후아나는 첫사랑에 빠진 16살 여자아이답게 펠리페의 모든 것을 소유하려 한 것이었죠.

카스티야 왕국의 후아나 공주.

펠리페는 게으르고 쾌락을 탐하며 복잡한 것은 싫어하는 성격이었고 후아나는 집착이 강하고 질투가 심하며 거만한 데다 툭하면 외할머니로부터 물려받은 우울증이 발병하곤 했습니다. 두 사람은 자주 싸웠고 싸울 때마다 펠리페는 후아나의 침실에 발을 들여놓지 않았습니다. 그러면 후아나는 밤새도록 펑펑 울면서 벽에 머리를 찧어댔습니다.

이런 상황에서 펠리페는 후아나를 이용하여 카스티야와 아라곤의 왕위를 가지고자 시도합니다. 후아나는 이사벨라 1세와 페르디난도 2세의 다섯 자녀 가운데 셋째였지만 언니 이사벨라와 오빠 후안은 이미 사망했고 후아나 밑으로는 남자 형제가 없었으므로 후아나에게 카스티야 왕국의 후계자 자리가 오게 된 것이었습니다. 그리고 이사벨라 1세가 말릴 틈도 없이 펠리페는 자신이 원하던 것을 얻게 되었습니다. 펠리페를 지나치게 사랑했던 후아나는 펠리페만 졸졸 따라다녔고 두 사람 사이에서는 결혼 10년 동안 6명의 아이가 태어납니다. 딸 넷과 아들 둘을 낳았는데 훗날 아들들은 신성로마제국황제를 비롯해 스페인, 헝가리, 크로아티아 등 여러 국가의 왕이 되고 딸들은 프랑스, 덴마크, 포르투갈, 헝가리, 스웨덴, 노르웨이 등 유럽 각국의 왕비가 되었습니다. 딸이 넷뿐인데 어떻게 이렇게 많은 나라들의 왕비가 될 수 있느냐구요? 그건 과거 유럽에서는 한 명의 왕이 여러 왕국을 다스리는 일이 많았기 때문입니다. 예를 들어 후아나의 둘째 딸인 이사벨라의 남편은 덴마크, 노르웨이, 스웨덴의 왕이었죠.

잘생긴 외모로 후아나 공주의 마음을 단숨에 빼앗은 펠리페 공작.

'남자는 자식을 낳으면 철이 든다'는 시쳇말도 펠리페에게는 전혀 통용되지 않는 말이었습니다. 이사벨라 1세가 이슬람 교도들을 가톨릭의 이름으로 몰아내고 이베리아 반도 전체를 가톨릭으로 뒤바꿔버린 국토

회복운동인 '레콘키스타'를 1492년에 완성했다는 이야기를 앞에서 했었는데요. 그렇잖아도 완고하고 보수적인 가톨릭 신자였던 이사벨라 1세는 전보다 더욱 더 종교에 매진하게 되었습니다. 지금도 스페인은 가톨릭의 힘이 센 국가이니 군주가 심지어 '가톨릭의 왕들'이라고 불렸던 시기에는 가톨릭의 힘이 얼마나 셌을지 짐작이 가지요. 음악과 춤을 즐기고 유흥이 넘치는 플랑드르에서 온 펠리페는 엄숙하고 종교색이 짙은 스페인에서의 생활에 숨이 막혀 죽을 지경이었습니다.

결혼한 지 6년 후인 1502년이 되자 펠리페는 지나치게 교회에 집착하고 늘 칙칙한 색깔의 옷만 입고 있는 스페인 사람들을 더 이상 견딜 수 없게 되었습니다. 더군다나 스페인 사람들은 여자들을 아주 꽁꽁 감추어놓거나 엄격히 보호해서 딴 여자와 바람을 필 수 있는 기회도 너무 적었습니다. 결국 견디다 못한 펠리페는 임신한 후아나도 내팽개치고 플랑드르로 떠났습니다. 남편이 없는 궁이라니! 후아나는 상상만 해도 정신이 혼미해질 지경이었습니다.

당시 임신 중이었던 그녀는 가지 말라고 울고불고 사정했지만 펠리페의 머릿속에는 플랑드르에서 신나게 놀 생각뿐이었죠. 후아나는 사랑하는 남편의 얼굴을 하루라도 못 보는 일은 도저히 견딜 수 없어 자신도 당장 플랑드르로 떠나려 했으나 어머니 이사벨라 1세는 이 추운 겨울에 임신한 몸으로 어딜 가냐며 말렸습니다. 그러자 후아나는 우울한 얼굴로 하루 종일 차디찬 창가에만 앉아 있는가 하면 성직자들이건 귀족이건 부모님이건 욕설을 퍼붓고 하인들을 매질하기도 했습니다.

한번은 성에서 도망치려다 성문이 닫히자 성문의 쇠창살을 붙잡고 지쳐 쓰러질 때까지 비명을 질러대고 진정시키러 온 주교에게 고문하여 죽여 버리겠노라고 협박하였습니다. 이베리아 반도를 통일할 정도로 여장부인 이사벨라 1세도 셋째 딸의 난동 앞에서는 두 손 두 발 다 들었고, 결국 후아나를 플랑드르로 보내주었습니다.

15개월간 그 난리를 치고 태어난 지 얼마 되지 않은 어린 둘째 아들 페르디난드도 스페인에 내팽개쳐 둔 채로 겨우 플랑드르에 도착한 후아나를 반긴 것은 자신만을 그리워하고 있는 펠리페가 아니라 다른 여자와 바람이 나서 시시덕거리고 있는 펠리페였습니다. 후아나는 펠리페의 행동에서 수상한 느낌을 받았고 곧 새로운 정부가 누군지 알아내었습니다. 후아나는 감히 자신의 남자를 넘본 괘씸한 그 여자를 찾아내 붙잡고는 가위로 머리카락을 모두 잘라버리기 시작했습니다. 여자가 놀라서 후아나를 막으려 하자 후아나는 여자의 얼굴까지 가위로 찔렀고 여자는 결국 두피까지 가위에 베이고 머리카락은 모두 잘렸습니다. 그 소식을 들은 펠리페는 분노로 펄펄 뛰었고 후아나는 펠리페의 태도에 큰 충격을 받아 침대에 쓰러져 울었습니다.

그렇게 부부 사이가 악화되고 있던 1504년 후아나의 어머니 이사벨라 1세가 세상을 떠납니다. 그와 함께 후아나는 카스티야 왕국의 여왕이 되고 카스티야뿐만 아니라 어머니 이사벨라 1세가 후원했던 탐험가 콜럼버스가 도착한 신대륙 아메리카에서 보내지는 막대한 자원과 부 역시 얻습니다.

후아나가 여왕이 되자 남편과 아버지의 태도가 갑자기 달라집니다. 이사벨라 1세와 페르디난도 2세는 카스티야와 아라곤을 함께 소유했던 것이 아니라 이사벨라 1세는 카스티야의 여왕이었고, 페르디난도 2세는 아라곤의 왕이었기에 페르디난도 2세는 부인 이사벨라 1세가 죽은 순간 카스티야에 대한 통치권을 모두 상실하게 된 것이었습니다. 이사벨라 1세는 유언장에 후아나를 법적인 후계자로 명명백백하게 지정해두었으며 페르디난도 2세는 후아나가 통치를 원치 않거나 나라에 없을 경우에 후아나의 이름으로 지배할 수 있다고 명시해두었습니다.

페르디난도 2세는 그 정도의 권력에 만족할 수 없었고 자신이 카스티야의 왕으로 군림하고자 했습니다. 사위인 펠리페도 욕심은 마찬가지였습니다. 그는 카스티야 여왕의 남편으로서 장인인 페르디난도 2세에게서 모든 권력을 빼앗고자 했습니다. 남편과 아버지가 권력을 둘러싸고 정면충돌하는 동안 후아나의 우울증은 점차 심해져갔습니다. 남편과 아버지는 후아나의 정신이 불안정해야 자신들의 권력이 강해지므로 후아나가 낫기를 바라기는커녕, 오히려 더 밀어붙였습니다. 특히 펠리페는 후아나가 너무나 싫어하는 여성 편력을 조금도 줄이지 않음으로써 후아나에게 끊임없이 상처를 주었죠.

장인과 사위가 아웅다웅하고 있던 어느 날 사위 펠리페가 심각한 증상으로 앓아눕습니다. 피를 토하고 온몸에 붉은 반점이 돋더니 며칠 후 급작스럽게 숨을 거둡니다. 병은 아마도 장티푸스나 천연두, 또는 홍역이었으리라 짐작됩니다. 후아나는 병든 남편 곁에서 밤새도록 간호했지만 결국 사랑하는 남편이 죽자 오열하며 그를 그라나다에 묻기 위해 시신을 싣고 길을 떠났습니다. 쉬기 위해 멈출 때마다 하인들에게 관을 열도록 명했고 시신을 바라보고 어루만졌습니다. 막내딸 카탈리나를 임신 중이었던 후아나는 남편의 시신을 무덤으로 운반하는 도중에 출산을 했습니다. 남편의 시신에 대한 후아나의 집착이 병적이었는지라 사람들은 후아나가 시체와 사랑을 나눈다며 수군거렸습니다.

남편의 관 앞에서 망연자실한 후아나 여왕의 모습을 묘사한 「'미치광이' 후아나 여왕」(1877). 화가 프란시스코 오르티스의 작품이다.

아버지 페르디난도 2세는 남편의 죽음으로 넋이 나간 후아나의 손아귀에서 잽싸게 모든 권력을 빼앗고 딸을 토르데시야스 성에 가둬버렸습니다. 그리고 그곳에서 후아나는 죽을 때까지 46년 동안 갇혀 지내면서 자신을 잠식하는 우울증으로 고통받습니다. 페르디난도 2세는 감금되어 우울증에 빠진 딸에게서 막내딸 카탈리나까지 빼앗아 버림으로써 후아나의 우울증이 더욱 심해지게 만듭니다.

아버지 페르디난도 2세가 사망하자 후아나는 아버지의 왕위도 이어받아 아라곤의 여왕까지 되었지만 정작 자신은 성에서 한 발짝도 나갈 수 없는 처지였습니다. 후아나의 큰아들 카를로스는 어머니를 풀어주기는커녕 꾀죄죄하고 지저분한 옷차림의 병든 어머니를 보고는 코를 막고 고개를 돌렸습니다. 카를로스는 어머니가 성에서 나오지 못하도록 가두어두고 자신이 섭정으로서 카스티야와 아라곤을 다스렸습니다. 결국 후아나는 인생의 대부분을 토르데시야스 성의 독방에 갇혀 살면서 과거의 기억만을 좇다가 1555년, 76살의 나이로 세상을 떠납니다.

합스부르크 가문 출신이었던 펠리페와 결혼한 후아나가 낳은 자식들은 이후 근친혼을 거듭했는데, 우리가 쉽게 짐작할 수 있듯이 정신병 등 많은 부작용을 일으켰습니다.

결국 사이코패스로 유명한 돈 카를로스 왕자를 지나 합스부르크 왕조의 막을 내린 카를로스 2세에 이르러서는 그 위로 근친혼이 너무 많아 남매끼리, 또는 아버지와 딸이 교접하여 낳은 아이보다도 더 심한 수준의 유전적 결합이 되었습니다. 후아나가 앓았던 정신병들은 이러한 근친혼을 통해 진하게 물려져 내려갔고 결국 스페인 왕실에서 합스부르크 왕조의 맥이 끊길 때까지 수많은 자손들이 정신병으로 고통받았습니다.

19. 키다리 병정을 사랑한 남자
― 프로이센 왕국 프리드리히 빌헬름 1세와 '포츠담의 거인들'

프로이센 왕국은 오늘날 독일이 위치한 지역에 있던 프로이센 공국(公國)을 1701년에 프리드리히 1세가 즉위하여 왕국으로 승격시킨 곳입니다. 프로이센 왕국을 처음 듣는다구요? 프로이센 왕국은 훗날 독일 제국의 중심을 이루는 나라입니다(독일 제국은 1871년 건국되어 1918년 제1차 세계대전에서 패배한 뒤 붕괴되지요). 영어로는 프러시아라고 부르기 때문에 러시아와 무슨 연관이 있을 것 같지만 사실 두 나라는 아무 연관이 없습니다.

독일이라 하면 소시지, 맥주와 더불어 각 잡힌 제복과 키가 큰 독일 병사를 떠올리는 분들이 많으실 거예요. 패션과 예술로 유명한 프랑스에는 문화와 예술을 사랑했던 루이 14세가 있었고 엄숙함과 가톨릭 성당들로 유명한 스페인에는 '가톨릭의 왕들'이라 불렸던 이사벨라 1세와 페르디난도 2세가 있었습니다. 물론 20세기 독일에서는 악명 높은 아돌프 히틀러도 있었지만, 그가 등장하기 전, 프로이센 왕국도 군대에 대해 이야깃거리가 참 많았습니다. 특히 프로이센 왕국의 두 번째 왕이었던 프리드리히 빌헬름 1세(1688~1740, 재위 1713~1740)는 키가 큰 군인에게 집착했던 것으로 유명합니다.

이 이야기의 주인공인 프리드리히 빌헬름 1세의 아버지는 프리드리히 1세입니다(참, 앞의 감자 이야기에 나온 프리드리히 대왕이 프리드리히 2세로, 프리드리히 1세의 손자랍니다). 앞에서 말한 프로이센 공국을 왕국으로 승격시켰던 사람이죠. 이름이 비슷하다고 헷갈리시면 아니되어요! 프리드리히 빌헬름 1세의 아버지인 프리드리히 1세는 군대를 사랑하고 군사력이 강한 국가를 추구한 왕이었습니다. 프로이센 왕국은 하나의 커다란 영토로 이루어진 것이 아니라 개별적인 여러 지방들의 연합체로 시작하였습니다. 때문에 이를 통솔하기 위해 늘 대군을 유지하였으며 군사력을 매우 중시했습니다.

그렇기 때문에 프리드리히 1세는 자신의 아들이 군대를 이해하고 이끌 줄 아는 뛰어난 지도자가 되길 바라는 마음으로 아들이 태어나자마자 포츠담 지역에 주둔하고 있는 보병 연대 하나를 선물로 주었습니다. 왕답게 참으로 통 큰 선물이지요? 아직 목도 가누지 못하는 갓난아기를 명목상이라도 대장으로 둔 이 보병 연대와 프로이센의 군대에 대한 교육은 아이가 자라는 동안 깊은 인상을 남겼고 프리드리히 빌헬름 1세는 왕위에 오른 후 군대에 많은 투자를 하기 시작했습니다. 그런 그에게 가장 소중했던 것은 아버지가 준 선물이었던 제6보병 연대였습니다. 역사가 F. L. 카르스텐은 다음과 같이 쓰고 있습니다.

'군인왕' 프리드리히 빌헬름 1세.

> "(프리드리히 빌헬름 1세의) 통치 기간 동안 모든 것은 군대에 비하면 부차적인 것이었으며 왕 자신도 왕국의 관리보다 군대를 관리하는 데 훨씬 많은 시간을 들였다." 주16

프리드리히 빌헬름 1세의 통치 아래서 프로이센은 많은 변화를 겪게 됩니다. 초기에는 각 지역마다 법도 다르고 의회도 달랐지만 프리드리히 빌헬름 1세 아래에서 프로이센 왕국은 절대주의 국가로 변모합니다. 아버지의 가르침을 새기고 군사력을 보강하는 데 무척 집중한 프리드리히 빌헬름 1세가 사망할 때쯤에는 38,000명이었던 군사가 83,000명으로 늘어 있었습니다.

자고로 남자, 특히 이런 커다란 권력을 가진 남자가 제일 조심해야 하는 세 가지는 술, 도박, 여자라고 하지만 프리드리히 빌헬름 1세는 술이나 도박, 여자 따위보다는 키가 큰 남자를 훨씬 더 좋아했습니다. 160센티미터 정도였던 자신의 작은 키를 보상받고 싶었던 것일까요?

프리드리히 빌헬름 1세는 자신의 취향대로 보병 연대를 구성하기 시작했습니다. 우선 프로이센에서 가장 키가 큰 남자들을 모아서 보병 연대를 가득 채운 후 모든 병사들에게 똑같은 제복을 입혔습니다. 파란 재킷에 빨간 바지, 흰 양말과 금빛 띠까지 두른 키 큰 병사들이 질서정연하게 서 있는 모습은 장관이 아닐 수 없었습니다. 이러한 모습을 흐뭇하게 바라보던 프리드리히 빌헬름 1세는 곧 전 세계에서 키 큰 남자들을 모집하기 시작했습니다. 프리드리히 빌헬름 1세의 소중한 보병 연대는 곧 왕의 근위대로 목적이 변경되었고 이 키다리 남자들이 몰려다니는 모습을 본 사람들은 이들을 '포츠담의 거인들(Potsdam Giants)'이라 부르기 시작했습니다.

도대체 키가 얼마나 컸기에 거인들이라고 불렀던 것일까요? 이 부대에 들어가기 위해서는 키가 최소한 188센티미터여야 했습니다. 프리드리히 빌헬름 1세의 거인 근위대에 속했던 병사들 중 가장 키가 컸던 병사는 공식적으로는 217센티미터였던 아일랜드 출신의 제임스 커클랜드이며, 정확한 키는 알 수 없지만 234~330센티미터 정도의 키로 거인증에 시달렸던 것으로 알려진 핀란드인 역시 프리드리히 빌헬름 1세의 근위병 가운데 하나였다고 알려져 있습니다.

프로이센 왕국 안의 키 큰 남자들이 부족해지자 프리드리히 빌헬름 1

세는 전 유럽으로 사람을 보내 키가 큰 소년과 청년들을 데려오기 시작했습니다. 프리드리히 빌헬름 1세의 독특한 취향이 알려지자 전 유럽의 권력자들은 프리드리히 빌헬름 1세와 친분을 쌓기 위하여 자국에서 가장 키가 큰 청년들을 프로이센으로 보내기 시작했습니다. 러시아의 표트르 대제도 젊고 키가 큰 청년들을 자주 보내주었지만 그것으로는 프리드리히 빌헬름 1세의 욕심을 채울 수 없었습니다.

"통치가 끝나갈 무렵, 이 독특한 왕이 작센으로 왕실 도자기를 보내고 러시아로 왕실의 요트와 호박방을 보내어 '포츠담의 거인들'에 포함시킬 만한 키 큰 병사들로 이루어진 근위대와 맞바꾸었다는 것은 유명하다." 주17

키가 큰 병사들을 위해 프로이센 왕국에서 러시아로 넘어간 호박방은 어느 날

프리드리히 빌헬름 1세가 총애한 '포츠담의 거인들' 가운데 한 명이었던 아일랜드 출신 병사 제임스 커클랜드.

갑자기 사라져버려 지금까지도 많은 호기심을 불러일으키고 있습니다. 요즘 이 호박방은 세계 8대 불가사의로 불리고 있는데요. 표트르 대제가 가져가 애지중지했던 이 호박방은 제2차 세계대전 때 나치에 의해 36시간 만에 모두 분리되어 약탈되었다가 보관되어 있던 성이 연합군의 폭격을 맞으면서 세상에서 사라져버리게 됩니다.

이 호박방이 불에 타서 사라진 것인지 아니면 혹시라도 비밀 장소에 숨겨져 있는지는 알 수 없습니다. 호박방을 매우 자랑스러워했던 러시아는 호박방이 언젠가 돌아오기만을 마냥 기다릴 것이 아니라 복원하고자 1979년부터 재건축에 들어가지만 소련이 붕괴되면서 흐지부지됩니다. 이후 1999년, 독일의 가스회사인 루르 가스에서 호박방 복원 비용으로 350만 달러를 기증하고 러시아는 7톤에 달하는 호박을 모아 호박방을 복원하였습니다. 독일이 잃어버렸으니 독일이 러시아에게 보상한 셈이죠.

이처럼 프리드리히 빌헬름 1세는 자신의 거인 부대를 완성시키기 위하여 많은 돈을 써서 병사들을 모으고 영주들로부터 직접 농민을 사들이는가 하면 군대에 들어가기 싫어하는 청년들은 납치하기도 했습니다. 이 일에 큰 기쁨을 느낀 프리드리히 빌헬름 1세가 베를린에 있는 프랑스 공사에게 "나에게 있어 세상에서 가장 아름다운 소녀나 여성은 무관심의 대상일 수 있소. 하지만 키 큰 병사들……. 그들이야말로 내 약점이라오."라고 말하기도 했으니 얼마나 열과 성을 다해 아꼈던 근위대인지 알 만합니다.

납치와 구매가 많은 돈과 인력을 요구하게 되고 특히 납치당해 끌려온 병사들이 우울증을 겪고 자살까지 하자 프리드리히 빌헬름 1세는 더

값싸고 편리한 방법으로 병사를 늘릴 수 있는 방법은 없을까 고민하였습니다. 그 결과 떠오른 아이디어는 바로 육종(育種)이었습니다. 키가 큰 병사를 원한다면 키가 큰 남자와 키가 큰 여자를 결혼시키면 되지 않을까? 프리드리히 빌헬름 1세는 자신의 이 기가 막힌 생각에 아주 만족하며 바로 실행에 옮겼고 키가 큰 여자들을 데려다 키 큰 병사들과 결혼하도록 압력을 가하기도 했습니다.

이처럼 포츠담 거인들을 사랑한 프리드리히 빌헬름 1세는 이들을 너무나 애지중지한 나머지 전쟁이 나도 행여나 머리털 하나라도 다칠까 염려하여 전쟁터에는 내보내지 않았습니다. 그저 자신이 기분이 우울하거나 몸이 아플 때, 또는 외국에서 사절단이 왔을 때 이 키다리 근위대를 불러 행진하도록 시킴으로써 스트레스도 풀고 자랑도 하는 데 동원했을 뿐이죠.

'포츠담 거인들'은 프리드리히 빌헬름 1세가 사망한 1740년에는 무려 3,200명이나 되는 위용을 자랑했습니다. 하지만 프리드리히 빌헬름 1세의 아들이자 '프리드리히 대왕'이라 불린 프리드리히 2세가 왕위에 오르자마자 '포츠담의 거인들'은 해체되어 프로이센 왕국의 전설로 남게 되었습니다. 프리드리히 빌헬름 1세가 요즘 세상에 태어나셨다면 만사 제쳐놓고 농구 경기만 보러 다니실지도 모르겠네요.

20. 아름다움이 아니면 죽음을 달라!
- 패션에 대한 집착과 욕망의 초상

사람은 태어나는 순간부터 죽는 순간까지 옷과 떼려야 뗄 수 없는 사이입니다. 의복은 별것 아닌 것 같지만 인류와 그 역사를 함께합니다. 패션의 역사를 통해 우리는 미의 기준에 대한 변화부터 여성 인권이 어떻게 성장했는지까지 많은 것을 볼 수가 있습니다. 그만큼 사상과 문화, 정치, 경제 등 사회 모든 분야와 영향을 주고받는 것이 패션이죠.

여기서는 아름답기 위해 사람이 죽어나갔던 5가지 패션 아이템 이야기를 해볼게요. 그중 하나를 제외하고는 모두 여성 패션의 위험성에 관한 것이며 결국 '여성의 아름다움이란 무엇인가' 하는 문제의식으로 귀결된다고 볼 수 있을 것 같습니다.

요즘 아름다운 여자란 피부는 하얗지만 볼은 발그레하고 얼굴은 작지만 눈은 커야 하고 머릿결은 매끄러우며 허리는 한 줌에 잡힐 듯하지만 가슴은 크고 골반과 엉덩이는 풍만하되 다리는 길고 늘씬하며 발은

조그맣고 사랑스러워야 하죠. 이런 모습을 타고나는 사람이 얼마나 있을지는 모르겠지만, 아무튼 오늘도 우리는 이런 아름다움을 얻기 위해서 끝없이 노력하고 있지요.

제일 먼저 등장할 것은 19세기의 대유행 아이템으로, 자고로 숙녀라면 이것을 입지 않고는 밖으로 나갈 수가 없었던 '크리놀린(Crinoline)'입니다. 크리놀린이란 뭘까요? 크리놀린이 무엇인지 떠올리기에 가장 쉬운 방법은 어린 시절 동화책에서 보았던 공주님의 드레스입니다. 아름다운 공주님의 잘록한 허리 밑으로 아주 풍성하고 긴 치마가 있었죠. 치마를 그렇게 풍성하게 만들어주는 것이 크리놀린입니다.

보기만 해도 불편하죠? 여성의 골반과 엉덩이는 풍만하게, 허리는 잘

19세기의 유행 아이템인 크리놀린을 입은 여성들.

'튜더 패션' 이라고도 불린 파딩게일을 받쳐입은 엘리자베스 1세.

록하게 보이게 하는 이러한 형태의 패션은 늘 인기를 끌어왔습니다. 동서고금을 막론하고 잘록한 허리와 풍만한 가슴과 엉덩이는 여성적 아름다움의 표본이지요. 때문에 과거 14세기부터 유럽에서는 여성의 드레스를 풍만하게 보이도록 하는 데 많은 공을 들여왔습니다.

처음에는 옷을 겹쳐 입어서 만들어내던 형태였지만 15세기에 들어서면서는 파딩게일(Farthingale)이라고 불리는 보조 기구가 사용되기 시작합니다. 255쪽 그림을 한번 봐주세요. 1592년에 그려진 엘리자베스 1세의 초상화에서 유럽 대륙을 당당하게 발로 밟고 서 있는 여왕님의 스커트를 보면 허리는 얼굴만 한데 스커트는 옆으로 쭉 퍼져 있는 것을 볼 수 있습니다. 튜더 왕조 시절 여성들이 모두 이렇게 입었기 때문에 튜더 패션 중 하나로 칭해지기도 합니다.

보통 패션 아이템들의 역사가 그렇듯, 파딩게일 역시 시작은 미미하였는데 갈수록 그 크기가 창대해지기 시작합니다. 오른쪽 페이지의 1659년쯤에 그려진 마르가레타 테레사 공주의 초상화를 보세요. 점점 옆으로 퍼지고 있다는 것이 느껴지시죠? 이처럼 스페인 스타일은 반원형으로, 그리고 프랑스 스타일은 동그랗게 생겼습니다.

그렇게 끝도 없이 퍼져나가던 파딩게일과 그의 변형 형태라고 볼 수 있는 파니에(Panniers)는 1789년에 프랑스 혁명이 일어나면서 주춤하기 시작합니다. 정말 실용성이라고는 눈곱만큼도 없는 '귀족에 의한, 귀족을 위한' 패션이었기 때문에 새롭게 권력을 잡은 시민들은 귀족들과 정반대인, 보다 심플하고 좁은 공간에서도 돌아다닐 수 있는 실용적인 패션을 선호하기 시작한 것이죠. 그게 엠파이어 드레스인데요.

엠파이어 드레스가 유행하다보니 점차 적은 양의 속옷을 입기 시작

반원형으로 넓게 퍼진 파딩게일을 받쳐입은 스페인의 마르가레타 테레사 공주.

합니다. 패션이란 늘어날 때도 끝없이 늘어나고 줄어들 때도 끝없이 줄어드는 거죠. 그런데 점점 줄이다보면 이게 여성의 미와 맞지를 않거든요. 여성의 라인이 네모로 보이고 허리는 잘록한 게 티가 안 나고 가슴이 그 형태를 유지하는 것도 몇 년 못 가는 지라 여성들은 점차 예전의

프란시스코 고야가 그린 「친촌 백작부인」(1800). 당시 유행하던 허리선이 높고 실루엣이 늘씬한 엠파이어 드레스를 입고 있다.

'젊은 어머니가 후프를 활용하는 방법'이라며 파딩게일을 풍자하고 있는 일러스트.

패션 아이템들을 다시 찾기 시작합니다.

왼쪽 페이지의 고야가 그린 친촌 백작부인 초상화는 1800년 작품인데, 그로부터 얼마 뒤인 1810년대부터 치마는 다시 풍성해지기 시작합니다. 너도나도 허리가 잘록해 보이고 여성스러워 보이는 크리놀린을 다시 입기 시작했고 이제 10년 전에 유행했던 패션은 속옷보다 못한 취급을 받기 시작합니다.

이런 크리놀린은 당연히 여성의 건강에 많은 문제를 일으켰습니다. 우선 그 형태와 크기 때문에 골반과 허리에 대단히 나쁜 영향을 미쳤죠. 마차에서 타고 내릴 때나 의자에서 일어날 때 누가 잡아주지 않으면 중심을 못 잡는 일이 다반사였고 출입문도 통과하기 힘들어서 한 사람씩

여성들의 패션을 신랄하게 풍자한 일러스트.

천천히 나가야 했습니다.

크면 더 커지고 작으면 더 작아지는 것이 패션이라고 말씀드렸듯 크리놀린은 점점 커졌고 나중에는 지름이 무려 180센티미터에 이르기도 하였습니다. 때문에 조금만 바람이 거세게 불거나 사고라도 나면 크리놀린을 입은 여성들은 언제든 중심을 잃고 쓰러지거나 날아가 버릴 수 있었습니다. 실제로 절벽 근처에 서 있다가 바닷바람에 절벽 밑으로 떨어져 추락사하거나 익사한 경우도 종종 있었다고 해요. 하지만 일반적으로 이런 드레스를 입는 여성들은 귀부인들이었기에 큰 문제는 되지 않았습니다. 운동이라고 해봤자 햇빛을 가려주는 양산을 어깨에 살포시 얹고 산책 정도나 하던 시절이었으니까요.

하지만 1863년, 산티아고에 있는 한 교회에서 역사상 최악의 화재가 발생해서 약 2,000~3,000명에 이르는 사람이 한꺼번에 사망하는 일이 일어납니다. 탈출구는 달랑 출입구 하나뿐이었고 모든 여성들은 풍성한 크리놀린 드레스를 입고 있었습니다. 무시무시한 불길이 교회를 덮친 와중에 "먼저 나가시죠." "어머나, 아니에요, 먼저 나가세요." 하고 있을 예의바른(?) 사람들이 있을 리가 없었고 결국 사람들은 아름다워 보이기 위해 입었던 크리놀린이 길을 막아 탈출하지 못하고 불에 타 죽었습니다.

이처럼 활동성을 극히 제한하는 크리놀린이지만 아름다운 실루엣을 연출해주기 때문에 현재도 많이 사용되고 있습니다. 특히 결혼식 때 드레스를 풍성하게 하기 위해서 사용됩니다.

두 번째는 패션의 역사에서 절대로 빠뜨릴 수 없는 코르셋(Corset)입니다. 잘록한 허리, 풍만한 가슴을 한방에 해결할 수 있는 필수 소품이죠.

훗날 마리아 표도로브나 황후가 된 덴마크의 공주가 크리놀린을 받쳐 입은 모습.

약간(?) 위험할 수는 있는데요. '예쁘면 됐다!'라고들 생각했던 모양입니다. 코르셋이 위험하다는 것은 아주 잘 알려진 사실인데도 불구하고 현재까지도 인류는 코르셋과 떨어지지 못하고 있습니다. 코르셋은 고대에서부터 시작된, 역사와 전통을 자랑하는 패션 아이템 가운데 하나로, 크리놀린이 엉덩이를 풍만하게 '보이게' 하는 효과를 노린 것인 반면, 코르셋은 정말로 사람의 허리를 가늘게 만들어줍니다.

뱃살이 감춰져서 허리가 가늘어진다면 참 좋겠지만 문제는 사람의 뱃속에는 장기라는 것이 들어 있다는 점입니다. 극단적인 패션 세계에서 여성들의 허리는 점점 가늘어져야 했고 오늘날 우리가 보기에는 경악스러운 사이즈인 17~18인치 허리가 당연하게 여겨졌습니다. 코르셋을 착용하면 장기가 밑으로 쏠려서 자궁을 압박하게 되는데도 임신이 가능했다는 것이 신기할 정도입니다.

단단히 조여진 코르셋은 겉보기에는 아름다울지 몰라도 속으로는 여성을 완전히 망쳐놓았습니다. 여성들은 마음 편히 앉지도, 뛰지도 못했으며 심지어 숨조차 제대로 쉬지 못하였습니다. 꽉 조여진 코르셋 탓에 피가 통하지 않았고 그 때문에 하반신 마비가 오기도 하였습니다.

한번 코르셋을 입고 있다면 어떨지 실험해보고 싶다면 아주 얕게 숨을 쉬어보세요. 1초에 약 두 번 정도 숨을 들이쉬고 내쉴 정도로 헐떡이듯 쉬다보면 너무나 답답해서 마음껏 심호흡을 할 수 있다는 것이 얼마나 큰 행복인지 느낄 수 있습니다.

장기간의 코르셋 착용은 간을 위로 올리고 폐의 형태를 일그러뜨려 아래로 내려가게 만들었는데요. 때문에 당시 여성들은 숨을 크게, 깊게 쉬지 못했을 뿐만 아니라 크게 숨을 몰아쉬었다가는 오히려 뼈가 부러

코르셋을 착용한 여성의 뒷모습(왼쪽)과 앞모습.

져 죽을 수도 있었습니다. 실제로 1903년에는 코르셋 속에 있는 와이어가 심장을 꿰뚫어 한 여성이 사망하기도 하였으며 많은 여성들이 갈비뼈가 부러져 폐에 구멍이 나거나 간이 두 동강나서 사망하기도 하였습니다.

이러한 부작용들이 있는데도 불구하고 요즘도 '아름답기 위해서' 이런 식의 코르셋을 입는 사람들이 많이 있다는 것을 보면 아름답기 위해 사람은 어디까지 가는가 싶기도 합니다.

아름다워지기 위한 세 번째 패션 아이템은 퐁탕주(Fontange)입니다. 가발은 16세기 프랑스에서 조금씩 인기를 끌기 시작했는데 18세기에는 가발 없이는 밖에 나가는 것이 쑥스러울 정도로 대대적으로 유행하기

'멋쟁이' 왕 루이 14세 시대가 낳은 또 하나의 위험한 패션 아이템, 퐁탕주.

시작합니다. 프랑스 루이 14세 전하께옵서 성홍열에 걸리는 바람에 머리카락이 몇 올 남지 않게 되자 그것을 감추기 위해 가발을 착용했기 때문이었죠. 루이 14세는 예술을 사랑하고 외모에 무척 신경을 쓰던 '멋쟁이' 왕이었고 어차피 가리는 거 우아하고 멋지게 가리려고 사자 갈기 같은 화려한 가발을 착용하였습니다. 그 모습을 본 귀족들은 루이 14세에게 아부도 할 겸 자신들도 가발을 쓰기 시작했고 결국 머리가 빠지지 않은 사람들도 삭발을 하고 가발을 쓰는 것이 유행하게 되었습니다. 머리를 밀어버린 덕분에 평소 머리를 감지 않아 득실거리던 이가 사라지고 머리 냄새도 덜 나게 되었죠.

17세기부터는 머리에 이것저것 장식을 얹는 것이 인기를 끌게 되었는데 이것을 퐁탕주라고 부릅니다. 17세기 후반부터 머리에 파우더를 뿌리는 것도 대인기! 왠지 '어느 시대부턴가 사람들 머리가 죄다 회색이야!'라고 생각하셨다면 그건 그림의 주인공들이 할머니, 할아버지가 아닌 이상 파우더를 뿌린 것이랍니다. 이때 뿌린 파우더는 바로 밀가루입니다. 빵을 구워 굶주린 사람에게 나눠주지는 못할망정 음식을 머리에 뿌려대는 터무니없는 사치를 부린 것이었죠.

퐁탕주는 머리 위에 갖가지 장식물들과 리본과 심지어 기계까지 올려 화려하게 만든 것을 말하며 1760년대부터 큰 인기를 끌었습니다. 퐁탕주는 루이 14세의 연인인 퐁탕주 공작부인의 이름에서 나왔다는 이야기도 있습니다. 어느 날 사냥 도중에 머리카락이 흐트러지자 그녀가 양말대님으로 머리를 묶었는데 이것을 본 루이 14세가 "오, 아름답도다!" 하고 무척 좋아했답니다. 이렇듯 왕의 칭찬을 받게 되자 이런 스타일이 프랑스와 영국 궁정의 여인들 사이에서 유행하게 되었다네요. 당시 여성들은 자신들의 머리카락을 이용해 레이스와 리본과 온갖 장식물을 높게, 더 높게 쌓아올렸습니다. 누가 더 높은 머리를 가졌는지 경쟁이라도 하듯 말이죠. 전쟁을 기념하여 전함 모형물을 머리에 올리는가 하면 새장을 이고 다니기도 하고 진짜 과일을 머리에 매다는 등 오늘

서로 다른 퐁탕주를 얹은 모녀의 그림.

퐁탕주를 화려하게 얹은 여성.

날의 우리는 도저히 이해할 수 없는 스타일을 선보였습니다.

하긴 사돈 남말할 것 있을까요. 조선 시대에도 가채가 날이 갈수록 화려해져 너무 사치스럽다고 법으로 금지시키기까지 했지요. 요즘 사극을 찍을 때 여배우들이 쓰는 가채도 그 무게가 무려 5킬로그램 이상이 나가는 바람에 목이 부러질 우려가 있을 정도라고 하니 아름다워지고 싶어 하는 인간의 욕망은 정말이지 국경도, 시대도 초월하는 것 같네요.

퐁탕주의 화려한 스타일은 아름답고 얼굴도 작아 보였을지는 몰라도 당시 사회에서는 굉장히 위험한 패션이었습니다. 당시는 아직 전깃불을 사용하지 않았던 시절이라 수많은 초를 꽂은 샹들리에가 천장에 매

'유럽판 전족'이라 부를 수 있는 굽높은 신발, 초핀을 신은 사람들.

달려 있었죠. 방안을 밝히기 위해 초에는 당연히 불을 붙였을 테고요. 그런 불 주변을 파우더를 뿌린 머리에 얇디얇은 레이스와 리본을 주렁주렁 달고 지나가다보니 머리에 불이 붙는 경우들이 일어났습니다. 차라리 남자들처럼 빡빡 깎은 머리에 가발을 쓴 것이었다면 가발만 휙 던지고 조금 민망하고 말았을 텐데 자신들의 머리카락을 사용했던 여성들은 그대로 불이 머리와 목, 드레스로 옮겨 붙어 사망하거나 심각한 화상을 입기도 했습니다.

네 번째는 하이힐의 조상격인 초핀(Chopines)입니다. 초핀은 15세기부터 유행한 굽이 있는 여성 신발입니다. 레이스와 구슬 장식이 달리고 벨벳과 비단으로 만들어진 신발인지라 묘사만 들으면 굉장히 예쁠 것 같다는 생각이 듭니다. 크리놀린의 크기가 클수록, 피부가 새하얄수록, 코르셋을 꽉꽉 조이고 머리 위에 올린 장식이 크고 멋질수록 그 여성은 상류층 사람으로 혼자서 움직일 필요가 없다는 뜻이었듯이, 초핀 역시 높이가 높을수록 여성의 지위가 높음을 보여주는 것이었습니다.

르네상스 시대에는 초핀의 길이가 매우 높아져 그 높이가 무려 50센티미터에 이르기도 했다고 합니다. 요즘 여성들은 12센티미터 하이힐도 높다며 힘들어 하는 것을 보면 비웃을 높이가 아닐 수 없습니다. 당연히 이런 신발을 신고 다님으로써 척추가 상하고 발목이 부러지는 일이 자주 일어났고 달리거나 뛸 수도 없었으니 여성을 옥죄는 또 다른 족쇄가 되었던 것입니다. 심지어 조심조심 걸을 때조차 옆에서 잡아주는 하인이 없이는 산책도 불가능했다고 하니 말하자면 '유럽판 전족'인 셈이지요.

즉 여러분이 16~17세기 여성이었더라면 초핀을 신고 코르셋으로 허리를 꽉꽉 조인 다음 파딩게일로 엉덩이를 부풀리고 머리 위에는 퐁탕주를 얹었을 수도 있는 것입니다. 다시 말하자면 초핀 때문에 발목이 부러지거나 코르셋 때문에 폐에 구멍이 뚫리거나 파딩게일 때문에 바람에 날려가거나 퐁탕주 때문에 불에 타죽을 수도 있겠군요. 예뻐보이기 참 힘드네요.

다섯 번째는 유일무이하게 남성의 패션 아이템인 칼라(Collar)입니다. 오늘날의 양복과 비슷한 의상들이 등장하기 시작한 것은 19세기입니다. 자고로 양복이라면 각이 중요하죠. 각 잡힌 옷을 멋들어지게 입은 남성이 주류를 이루면서 양복은 남성의 패션에서 빼놓을 수 없는 의상이 되었습니다. 그런데 바로 그 각 잡기가 남성들을 죽이는 무기가 되곤 하였답니다. 칼라를 단 남성의 딱 떨어지는 매무새는 참 멋있죠. 남성의 옷에 풀을 먹여 각을 잡는 것이 유행을 하기 시작하면서 나타난 가장 큰 불편은 바로 가장 자주 사용하는 부분들이 금세 때가 타고 힘이 죽어버린다는 것이었습니다. 때문에 칼라만 따로 떼어내는 아이디어 상품이 개발되었고 이후 아주 빳빳하게 풀을 먹인 칼라를 사용하는 것이 유행이 되었습니다.

단정하고 깔끔하며 세련된 부유층 남성의 상징이었던 빳빳한 칼라는 매우 불편하며 목을 꼭 조여 왔고 목을 조임으로써 피가 통하지 않

남성 패션의 완성, 칼라.

게 하였습니다. 간혹 술에 취한 사람들이 의자에 앉아 고개를 앞으로 숙이고 잠이 들면 자신도 모르는 사이에 조용히 질식사하는 것이었죠. 많은 남성들이 목이 부어오르거나 피가 통하지 않아 뇌사 상태에 이르기도 하고 심지어 19세기 말에는 한 남성이 전차에서 내리다가 실수로 넘어지면서 빳빳한 칼라에 목이 잘리기도 했다고 합니다.

하지만 여성들이 간이 두 동강나는 한이 있어도 코르셋을 포기하지 못했듯이, 남성들도 '아버지의 살인자'라는 별명을 가진 칼라를 포기하지 못했습니다. 그리고 오늘날에는 넥타이가 남성들을 죽이고 있다고 하지요.

이처럼 아름다움을 위해 건강을 희생하고 때로는 목숨까지 건 역사 속 사람들의 모습은 충격적이지만 사실 오늘날에도 유행을 따르기 위해, 때로는 아름답기 위해 사용하는 많은 물건들이 사실은 우리 건강을

'아버지의 살인자'라 불린 칼라. 그러나 남성들도 '패션'을 포기하지 못했다.

해치고 있습니다. 혈액 순환을 방해하는 스키니진, 눈 건강을 해치는 컬러 렌즈와 서클 렌즈, 척추를 상하게 하는 굽 높은 하이힐 등 다양한 물건들이 보기에는 예쁘지만 사실 건강에는 아주 좋지 않다는 것을 우리는 잘 알고 있음에도 아랑곳하지 않고 사용합니다. 사람은 아름답기 위해서 어디까지 인내할 수 있는 걸까요?

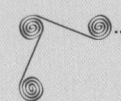

작은 유럽사 3

왕의 광대, 그 위험한 줄타기

왕의 광대, 하면 어떤 모습이 떠오르나요? 화려한 옷을 입고 방실방실 웃고 다니는 바보? 아니면 영화 「왕의 남자」에 등장하는 여성스러운 매력의 남자 광대? 생각 없이 사는 것처럼 보여도 사실 왕의 광대는 굉장히 위험한 직업 가운데 하나였습니다.

대부분의 경우 마치 미친 사람처럼 뛰어놀고 장난치고 노래하고 춤을 췄지만 사람이 무슨 컴퓨터도 아니고 노래하라면 아무 노래나 나오고 춤을 추라면 막 춤이 춰지는 건 아니니까요. 사실 대부분의 광대들은 굉장히 똑똑했고 그 덕분에 그 자리까지 올라갈 수 있었습니다. '농담을 해보거라' 하면 귀 기울여 듣고 있는 500여 명의 사람들을 '빵 터지게' 할 수 있는 농담을 해야 했고, 저글링을 해보거라, 하면 주변에 아무거나 붙잡고 저글링을 해야 했고, 수수께끼를 내보거라, 하면 왕이 난생 처음 들어서 답을 모르면서도 왕이 자존심 상하지 않도록 너무 어렵지는 않은 수수께끼를 내야 했고……. 광대 입장에서는 정말이지 먹고 살기 힘든 더러운 세상이었겠죠?

광대라는 직업은 말을 툭툭 잘 던지고 깜짝 놀랄 만큼 대범해도 광대의 명칭이 '바보(fool)'이니만큼 몰라서 그러려니, 하고 용서되었습니다. 말장난을 많이 해야 하는 역이니 다행스러운 일이었지만 주위 사람들은 이 점을 이용해서 아주 나쁜 소식을 전할 일이 있어도 광대를 시켰고 왕이 분노해 있을 때 달래는 역할도 광대에게 시켰습니다.

헨리 8세의 가족 그림에도 등장하는 광대들. 그림 왼쪽부터 광대 제인 또는 에드워드의 유모로 추정되는 인물, 메리 공주, 에드워드 왕자, 헨리 8세, 제인 세이모어(제인 세이모어 사후에 그려진 그림임), 엘리자베스 공주, 광대 윌 소머스.

    왕의 광대 가운데 역사적으로 가장 유명한 광대는 헨리 8세의 광대였던 윌 소머스였습니다. 그는 헨리가 젊었을 적에 뛰어난 유머 감각으로 헨리에 의해 발탁되어 헨리가 죽을 때까지 섬겼습니다. 때문에 헨리 8세의 여섯 아내들을 옆에서 모두 지켜본 사람 중 하나였죠.

    윌 소머스가 유명해진 이후로 영국 왕실에서는 늘 광대를 가까이에 두었는데요. 때문에 셰익스피어의 작품에도 무려 20명이 넘는 광대가 등장합니다. 셰익스피어의 작품에서 광대는 등장인물간의 갈등을 해소시키는 데 도움을 주거나 남들이 섣불리 말하려 하지 않는 문제를 날카롭게 지적하는 캐릭터죠. 하지만 올리버 크롬웰이 영국을 통치하게 되면서 왕실에서는 연극이나 재미는 사라지고 아주 딱딱한 분위기로 바뀌어 버립니다. 그리고 그와 더불어 광대도 맥이 끊어지고 말지요.

21. 시녀는 아무나 하나요
– 유럽 궁정의 '시녀'와 '마구간 관리인' 이야기

조선 시대의 왕실을 그린 사극들을 한 번 떠올려 보세요. 어두운 밤, 순찰을 돌고 있는 포졸들을 제외하고 궁은 조용하기만 합니다. 붉은 곤룡포를 벗으신 임금님께서는 호롱불 앞에 앉아 책을 읽거나 글을 쓰시죠. 중전마마나 대비마마도 홀로 조용히 밤을 보냅니다.

이제 유럽의 왕실을 그린 영화들을 떠올려 보세요. 신나는 음악이 연주되고 젊고 쾌활한 남녀가 흥에 겨워 춤을 추고 웃으며 음식을 먹고 있죠. 그 수가 적게는 수십 명, 많게는 수백 명은 되는 듯합니다. 이러한 차이를 만든 제도는 궁중 말동무, 다시 말해 '기다림 중인 숙녀들(신사들)'이라는 뜻을 가진 '레이디스(젠틀맨) 인 웨이팅Ladies(Gentlemen) in Waiting'입니다.

예전에 우리나라 궁궐에서는 왕과 왕비, 후궁, 공주와 왕자 등 왕족과 그 밑으로 내시를 비롯해 상궁에서 나인에 이르는 궁녀 등 많은 직원(?)

자신의 궁중 말동무들과 함께 있는 외제니 황후(나폴레옹 3세의 부인)의 모습. 19세기 독일 출신 화가인 프란츠 자비어 빈터할터가 1855년에 그린 그림이다.

들이 살고 있었고, 서양의 귀족에 해당하는 양반들은 아침이면 궁궐에 왔다가 저녁이면 자기 집으로 돌아가는, 말하자면 출퇴근하는 관리였습니다. 때문에 우리나라 궁궐은 특별한 일이 없는 한, 밤은 아주 조용했죠. 그에 반해 서양에서는 귀족들이 왕족과 같은 성에서 거주하였습니다. 왕비나 공주는 남편이 찾지 않는 밤에는 귀족 부인들과 함께 잠을 잤고 왕은 남자 귀족들과 밤새 카드놀이를 즐기기도 했죠.

밤이면 왕족들만 조용히 살았던 조선 왕실의 풍경에 익숙한 우리에게는 이처럼 유럽만의 독특한 '레이디와 젠틀맨'을 설명할 적절한 개념이 없습니다. 때문에 일반적으로 레이디 인 웨이팅은 '시녀'라고 번역되었습니다. 그러나 일반적으로 시녀라는 단어에서 우리는 궁에서 일하는 상궁이나 나인을 떠올리는데, 그런 일을 도맡아 하는 낮은 계층이 따로 있었음을 생각할 때 올바른 명칭은 아닙니다. 그래서 저는 이 책에서 이들을 '궁중 말동무'로 칭하고 있습니다. 그럼 궁중 말동무란 어떤 사람들이었을까요? 왕족 또는 고위 귀족과 함께 했던 말동무들의 임무는 말 그대로 친구의 역할을 하는 것이었습니다. 함께 산책을 하고 사냥을 가고 만찬을 즐기는 등 왕족이나 고위 귀족이 외롭거나 심심하지 않도록 도와주었습니다.

명목상으로 궁중 말동무들은 왕족이나 귀족, 그것도 왕이나 왕비를 따라다닌다면 고위 귀족으로서 '전하의 뛰어나신 성품과 예의범절, 고귀한 기품을 보고 익히며 전하를 보필하기 위해' 존재했습니다. 반드시 동성의 말동무를 두었고 대부분 친척들이 우선적으로 자리를 차지했으며 이들의 수는 직위에 따라 달랐습니다. 굳이 법으로 몇 명이 있어야 된다고 정해진 것이 아니라 권력의 이동에 따라 어느 편에 붙는 것이 더 많은 이득을 가져다주는지 발 빠른 계산을 통해 이 궁중 말동무들의 배치는 바뀌었습니다. 그야말로 피 터지게 권력 싸움하기 제일 좋은 로열 석이었죠. 일반적으로 공작부인에게는 두어 명의 궁중 말동무가 있었는데, '천 일의 앤'으로 유명한 헨리 8세의 두 번째 왕비 앤 불린 같은 경우 60명이 딸려 있었다고 합니다. 즉 앤 불린이 『성경』을 읽어도 60명이 함께 읽고 산책을 나가도 60명이 함께 나가는 진풍경이 펼쳐지곤 했던 것이죠. 그럼 앤 불린을 졸졸 따라다녔다는 60명의 레이디들한테는 어떤 계급이 있었을까요?

1. 그레이트 레이디스(The Great Ladies)
가장 계급이 높으며 나이도 가장 많은 경우가 많았습니다. 평상

디에고 벨라스케스의 유명한 그림인 「시녀들(Las Meninas)」. 스페인의 마르가레타 공주를 둘러싸고 있는 두 여성은 '메이드 오브 아너' 직위의 궁중 말동무이다.

시에 왕비나 공주의 옆에서 보좌를 하기보다는 행사가 있을 때 보필하는 역할이었습니다.

2. 레이디스 오브 더 프라이비 체임버(Ladies of the Privy Chamber)
프라이비 체임버는 궁중의 수많은 방 중에서도 가장 사적인 방으로, 이 계급에 속한 여성들은 왕비가 옷을 갈아입는 일을 거들어주거나 함께 잠을 자기도 하는 등 가장 친밀하게 지냈습니다.

3. 메이드 오브 아너(Maids of Honour)
메이드 오브 아너 같은 경우는 무조건 미혼인 아가씨들로 채워졌습니다. 왕비의 예법을 따라배우고 왕의 젠틀맨 중 괜찮은 남자를 낚을 수도 있었기 때문에 딸을 둔 귀족이라면 누구나 이 자리에 자신의 딸들을 밀어넣고 싶어 했습니다. 또한 아무래도 미혼의 아리따운 여성들이 모여 있다보니 주로 이 계급에 속한 아가씨들로부터 오늘날 우리가 보기에 흥미진진한 메가톤급 스캔들이 뻥뻥 터져나오곤 했습니다. 헨리 8세 이야기에 등장했던 앤 불린, 제인 세이모어, 캐서린 하워드가 전부 왕비의 궁중 말동무였다가 헨리 8세의 눈에 띄어 왕비 자리까지 올라갔으니 그리 확률이 떨어지는 도전은 아니었네요.

4. 체임버러(The Chamberers)
가장 낮은 계급인 체임버러는 하급 귀족들의 부인들이나 딸들이 들어오는 자리였죠. 하녀보다야 높았겠지만 고위 귀족들로 이루어진 궁중 말동무 사이에서는 아무래도 심부름꾼 수준의 취급을 받았을 것입니다.

'시녀'라는 이름을 보았을 때 우리가 일반적으로 생각하는 빨래나 요리, 청소를 하고 편지를 배달하는 하인으로는 하녀나 급사, 견습기사 등이 있었습니다. 하녀(maid)는 여성, 급사(groom)는 남성, 견습기사(page)는 어린 소년으로 구성되어 있었으며 이들은 최대한 그림자처럼 움직여야 했고 하인들만 다니는 통로로 다녔습니다. 우리가 유럽의 궁을 생각할 때 떠올리는 휘황찬란한 복도나 홀을 하인들은 이용할 수 없었습니다. 그러니 그 복도와 홀을 뛰어다니며 전하와 술래잡기나 숨바꼭질을 하던 말동무들과 뒷길로 숨죽이고 걸어 다녔던 시녀들의 신분 차이는 비교가 불가능한 것입니다.

이런 말동무 시스템은 꽃다발 효과를 주어 모두가 예쁘고 잘생겨보였습니다. 이들은 함께 바느질을 하고 식사를 하고 노래를 부르고 춤을 추고 사냥을 했습니다. 왕과 왕비가 함께 있는 자리라면 궁중 말동무들도 함께 했기 때문에 당연히 연인과 부부가 이 사이에서 많이들 생겨났죠. 왕비나 왕이 하는 일이라면 따라다니는 이들은 무조건 같이 했으므로 그 사람의 성격에 따라 지루해 죽느냐 재밌어 죽느냐가 결정되었습니다. 예를 들면 헨리 8세의 첫 번째 왕비였던 캐서린 같은 경우는 만날 몇 시간씩 차가운 돌바닥에 무릎을 꿇고 기도를 하곤 했습니다. 캐서린의 궁중 말동무들도 모두 함께 무릎을 꿇고 기도를 해야 했지요.

월급은 있을 수도 있고 없을 수도 있었습니다. 아무래도 명예직이니까요. 이들은 퇴근하지 않고 언제나 궁정에서 왕족들과 함께 살았습니

엘리자베스 루이즈 비제 르 브룅이 그린 폴리냑 공작부인의 초상(1782), 루이 16세의 왕비인 마리 앙투아네트의 궁중 말동무였다.

다. 이런 궁중 말동무들을 제외하고도 당연히 수많은 사람들이 왕의 즐거움과 필요에 의해 궁정에서 함께 살았는데요. 튜더 왕조 시절의 경우 왕에게 속한 사람은 500명이 넘었고 왕비에게 속한 사람은 150~200명 정도 되었답니다. 그러니 한번 밥을 할 때마다, 청소를 할 때마다, 정말이지 엄청났겠지요.

역사 속에서 가장 유명한 여성 궁중 말동무로는 헨리 8세의 왕비가 된 앤 불린, 제인 세이모어, 캐서린 하워드, 캐서린 파가 있으며 앤 불린과 캐서린 하워드의 죽음을 불러온 제인 파커, 마리 앙투아네트의 말동무였던 랑발 공작부인, 엄청난 미모로 유명했던 폴리냑 공작부인, 우리가 앞에서 만나보았던 포르투갈의 이네스 데 카스트루, 프랑스 루이 15세의 애첩 퐁파두르 후작부인 등이 있습니다.

이들이 왕과 왕비와의 관계를 통해 유명해졌다면 남편이 여왕과 가까워 유명해진 궁중 말동무로는 레티스 놀리스 백작부인이 있습니다. 이 백작부인의 남편은 영국의 처녀왕 엘리자베스 1세와 그렇고 그런 사이였다는 설이 거의 정설인 로버트 더들리 경이었습니다. 엘리자베스 1세의 통치 하에서 로버트 더들리 경의 직

여왕과 염문설이 난 남편을 두었던 레티스 놀리스 백작부인(1585년 무렵).

위는 마구간 관리인이었습니다.

궁중 말동무가 '시녀'라고 번역되어 엄청난 오해를 받았듯이 보통 영국을 배경으로 한 시대극이나 문학 작품에 등장했을 때 "뭐야, 하인이잖아." 하고 무심코 지나갔을 법한 직위들이 있는데요. 시종장(Lord Chamberlain), 집사장(Lord Stewart), 그리고 마구간 관리인(Master of the Horse)이 그것입니다.

시종장이나 집사장이라 하면 왠지 백발이 성성하고 눈에는 외알 안경을 끼고 하얀 콧수염을 멋지게 기른 할아버지일 것만 같고 마구간 관리인은 왠지 피부가 구릿빛으로 그은 20대 남자가 떠오르곤 합니다. 하지만 시종장과 집사장의 경우 백작급 이상의 귀족만이 맡을 수 있는 굉장히 높은 직위였답니다. 이들은 항상 각료 회의에 참석하며 담당하는 업무는 궁이 잘 돌아가도록 관리 감독하고 왕과 신하들 사이의 소통을 책임지며 각종 이벤트들을 주관하는 사람이었죠.

그럼 그들은 '장'이니까 그렇다 치고, 마구간 관리인은 무엇이 그리 대단했을까요? 마구간 관리인은 왕족의 말뿐만 아니라 사냥개, 마차, 마구 등을 관리했습니다. 마구간 관리인 역시 각료 회의에 참석할 권한이 주어지긴 했지만 사실 이런 것 때문에 대단했던 건 아니에요. 지금으로 치면 말은 자동차고 왕족이라면 자고로 언제 어디서 무엇을 하든 야외만 나갔다 하면 말 등에 올랐죠. 때문에 말을 담당하는 관리인은 언제 어디서나 왕의 옆에 딱 붙어다녔습니다. 그야말로 왕의 총애를 받는 자만이 받을 수 있는 직위였고 이 직위가 왕의 총애를 불러오기도 했습니다. 즉 권력과 영향력을 한손에 거머쥘 수 있는 달콤한 자리였던 것입니다. 마구간 관리인 역시 항상 귀족의 자리였고 오늘날 영국의 마구간 관리인은 3대 베스티 남작이 담당하고 있습니다.

즉, 로버트 더들리 경이 마구간 관리인이 되었다는 것은 여왕의 곁에 늘 함께 할 수 있다는 뜻이었죠. 로버트 더들리는 일을 핑계삼아 늘 엘리자베스 1세와 이야기를 나누고 찰싹 붙어 다녔죠. 이후 로버트 더들리는 엘리자베스 1세의 총애를 한 몸에 받으며 백작이 되고 승승장구하게 됩니다. 영국의 유명한 마구간 관리인으로는 로버트 더들리의 형인 존 더들리 백작, 소년왕 에드워드 5세를 살해했다고 자백했던 제임스 타이웰, 헨리 8세의 여동생인 메리 튜더 공주의 남편 서포크 공작 찰스 브랜든 등이 있습니다. 이들의 작위만 봐도 마구간 관리인이 결코 보잘 것 없는 지위가 아니었음을 알 수 있습니다.

'처녀왕' 엘리자베스 1세의 연인일지 모르는 로버트 더들리 경의 초상화. 1560년대에 그려진 그림이다. 여왕의 총애를 한 몸에 받는 직위인 마구간 관리인이었다

이들처럼 우리와는 다른 유럽의 독특한 궁정 생활로 인해 설명 없이는 우리가 쉽게 오해할 수 있는 직업들이 생각보다 많이 있습니다. 이런 직업들이 뜻하는 바를 제대로 알아야 역사의 수많은 스캔들을 제대로 즐길 수 있는데요. '시녀'로 번역되었을 때는 미천한(?) 시녀들이 스페인 출신의 고귀한 공주님을 몰아낸 것처럼 보였던 헨리 8세 시절은 사실 '시녀 전성시대'가 아니라 어느 때와 다름없는 '귀족들의, 귀족들

에 의한, 귀족들을 위한' 피 터지는 권력 싸움이었던 것이죠.

　이처럼 귀족이 아니면 높은 지위로 오르기 힘들었던 그때 그 시절, 우물가에서 만난 평민 아가씨와 사랑에 빠져 정복왕 윌리엄을 포함, 서자만 둘 낳은 악마공 로베르 1세는 당시로서는 참으로 보기 힘든 로맨티스트였던 것입니다.

22. 꿈을 먹고 사는 왕자님
- 바이에른 왕국 루트비히 2세의 동화적인 기행

　머릿속에 동화 속 왕자님을 그려보세요. 동화는 동화일 뿐일까요? 아름다운 성에 살고 있으며 잘생긴 외모와 자상하고 친절한 성격에 낭만적인 왕자님이 현실에도 존재했었답니다. 하지만 예전부터 미모로 유명한 바이에른 왕국의 국왕 루트비히 2세(1845~1886, 재위 1864~1886)는 오히려 그 잘생긴 외모와 자상하고 친절한 성격, 낭만적인 이상향과 아름다운 성(城) 때문에 불운한 삶을 살았습니다.

　루트비히 2세는 1845년 8월의 여름날, 바이에른 왕국의 장남으로 태어났습니다. 아버지는 바이에른의 왕인 막시밀리안 2세였고 어머니는 프로이센의 공주였습니다. 아이를 엄마가 키우는 것은 귀족적이지 못하다는 사회 분위기 탓에 다가오지 않는 어머니와 몹시 바쁜 아버지를 두었던 바이에른 왕국의 왕자님은 밤낮으로 임무와 책임, 군주론 따위만 가르치는 왕궁에서 동화 속 이야기에 푹 빠져들었습니다.

루트비히의 가족 사진. 맨 왼쪽이 훗날의 루트비히 2세다.

　루트비히의 부모님은 장남의 이름을 오토라고 짓고 싶었지만 선대 국왕이었던 루트비히 1세가 손자 이름은 반드시 루트비히로 지으라며 고집을 피웠다고 합니다. 그래서인지 루트비히는 할아버지와 무척 친하게 지냈습니다.

　사진에서 보시다시피 형제가 굉장히 잘 생겼죠? 바이에른 왕가는 미모가 무척 유명한 집안으로 이 집안 사람들에게는 미남 미녀의 칭호가 늘 따라다녔습니다. 가장 유명한 예로는 오스트리아의 마지막 황후인 엘리자베스 시씨(엘리자베스 폰 비텔스바흐)가 있지요. 그런데 루트비히의 집안인 비텔스바흐 가문은 정신병이 유전되어 내려온 가문입니다. 루트비히 2세의 동생인 오토 1세 역시 정신이상자였고 루트비히 2세가 사

훗날 바이에른 왕국의 왕이 된 루트비히와 오토 형제. 사진 위 왼쪽부터 시계 방향으로 어린 시절의 루트비히, 제복을 입은 루트비히와 동생 오토, 정장 차림의 형제, 그리고 미소년으로 성장한 루트비히.

랑했던 할아버지 루트비히 1세 역시 정신이상으로 유명합니다. 이 집안에 특히 정신분열증과 우울증이 유전되어 내려왔다는 것이 유명했기 때문에 단순히 독특했던 루트비히 2세가 미쳤다는 소리를 들은 것일 수

루트비히의 아버지인 막시밀리안 2세가 지은 동화 같은 호엔슈반가우 성.

도 있습니다. 무심한 부모님 밑에서 자란 루트비히 2세였기에 훗날 그가 보인 몇몇 기이한 행동들은 어쩌면 애정결핍으로 인한 것일 수도 있다고 합니다.

그래도 왕자님이 불행하게만 자란 것은 아니었습니다. 아버지 막시밀리안 2세가 지은 아주 아름다운 호엔슈반가우 성에서 동화, 기사, 왕, 공주, 기사도, 영웅, 마법 같은 것에 심취해 있던 왕자님은 아주 행복한 어린 시절을 보냈습니다.

이 성에서 루트비히 왕자는 호숫가를 산책하기도 하고 시도 낭송하며 낭만적인 나날을 보냈고, 동생 오토 왕자와 함께 독일의 영웅시를 읽고 직접 연극을 하기도 하였습니다.

루트비히는 18살인 1864년에 왕으로 즉위하였고, 미국 국민들이 존 F. 케네디를 보고 미남 대통령에 환호했듯이 바이에른 왕국의 국민들도 젊고 잘생긴 왕의 탄생을 무척 반깁니다. 하지만 국민들의 기대와 달리 루트비히 2세는 정치를 잘하는 편이 아니었습니다. 루트비히 2세는 다른 일보다 예술과 문학, 아름다움에만 관심을 가져 예술가들을 후원하는 것을 즐거워했습니다.

어느 날 루트비히 2세는 음악가 바그너를 궁으로 불러들였습니다. 대단한 재능을 가진 뛰어난 음악가이긴 했지만 당시 바그너는 빚을 지고 도망친 적이 한두 번이 아니었고 급진적인 사상가이기도 했기 때문에 사람들은 바그너에게 그리 호감을 품고 있지 않았습니다. 하지만 루트비히는 15살 때 보았던 바그너의 오페라 「로엔그린」으로 받은 감명을 잊지 않고 후견인을 해주면서 빚도 다 갚아 주었죠. 이렇듯 바그너를 너무 총애했기 때문에 일각에서는 루트비히가 동성애자 아니냐는 소문이 돌기도 하였습니다.

예술을 사랑한 왕인 루트비히 2세는 1864년에는 왕의 극장도 만들고 대중에게 셰익스피어, 모차르트, 몰리에르 등을 소개했습니다. 덕분에 뮌헨은 음악과 예술의 도시로 번성하게 되었습니다. 이후 1872년부터 1885년까지 루트비히 2세는 209개의 사적인 공연을 감상 또는 연기하였습니다. 이럼에도 불구하고 뮌헨 사람들은 왕이 정치에는 관심 없이 평판이 나쁜 음악가랑 어울려 다닌다며 실망하여 결국 바그너를 쫓아내기까지 했습니다. 이처럼 루트비히의 모든 것이 불만이었던 도시의 시민들과는 달리 지방에 사는 국민들에게는 인기가 많았습니다. 특히 루트비히 2세는 국민들과 대화하고 선물을 주는 것에서 행복을 느꼈고 지금도 옛 바이에른 왕국이 있던 지방 사람들은 루트비히 2세를 '우리 소중한 전하(Unser Kini)'라고 부른답니다.

결혼도 하지 않고 지내던 루트비히 2세는 젊은 남자들과 친밀하게 지내기 시작합니다. 마구간 관리인 리하르트 호르니히, 헝가리 배우 요제프 카인츠, 귀족이었던 알폰소 벨커 등이 있었죠. 루트비히 2세는 독실한 가톨릭 신자였기 때문에 자신의 동성애적 성향에 대해 엄청나게 괴로워하며 일기장에 상세히 적어두었습니다. 루트비히 2세는 헝가리 배우 요제프 카인츠와 사진을 찍었는데, 당시 천하게 여겨졌던 배우가 감히 왕의 어깨에 손을 올리고 찍은 사진들이 공개되자 큰 파장이 일었습니다. 이때부터 왕을 동성애자라고 가자미눈으로 바라보는 사람들이 늘어났죠.

배우 요제프 카인츠(왼쪽)와 루트비히 2세.

루트비히 2세는 정치하는 걸 정말 싫어했습니다. 가식도 싫었고 철저히 계산해야 하는 것도 싫었고 그저 공상의 세계에 빠져서 몽상을 하는 것을 좋아했죠. 심지어 나라에 전쟁이 났는데도 루트비히 2세는 방에 들어가 아무와도 만나지 않았습니다.

"(왕께서는) 아무도 만나지 않으신다. 그분은 탁시스와 시종 펠크와 함께 장미 섬에 머무르시며 전쟁에는 신경을 쓰지 않으신다.

청원을 위해 찾아온 상원의원들조차 출입을 거부당했다. …… 다른 이들은 국왕의 어린아이 같은 장난 때문에 골치를 썩이지는 않는다. 어쨌든 대신들과 의원들은 방해받지 않고 통치를 하기 때문이다. 허나 그분의 행동이 경솔한 것은 사실이다. 대중의 호의를 잃을 만한 행동이다. (중략) 왕께서는 오페라 「빌헬름 텔」의 무대 꾸미기에 여념이 없으시며 의상을 만들어 입으시고는 방안을 행진하신다. 그 사이 왕국은 (7주전쟁에서 프로이센에 패하여) 3만 명의 프란코니아 거주민과 70만 명의 선거후령 주민들을 잃게 될 지 모른다는 문제에 직면해 있다." [주18]

동화 속 세상을 동경했던 루트비히 2세는 1876년부터는 낮에 자고 밤에 일어나서 생활하기 시작했고 마치 환상 세계에서나 나올 것 같은 것들을 상상해서 만들기 시작했습니다. 아름다운 말이 끄는 황금 마차를 타고 다니기도 하고 15세기를 동경해서 그때 당시의 갑옷이나 옷을 입기도 했죠. 그리고 루트비히 2세는 현실적인 삶보다는 의식적인 절차를 좋아했습니다.

루트비히 2세는 또한 웅장하고 화려한 궁전과 그 생활을 따라하고 싶어 했으며 특히 루이 14세를 무척 좋아했습니다. 치아가 별로 좋지 않았던 루트비히 2세는 루이 14세 역시 치통으로 고생했다는 것을 알자 무척 기뻐했다고 합니다(루이 14세의 치아 건강에 대한 이야기는 164쪽을 참조하세요). 루이 14세와 베르사유 궁전을 좋아하고 프랑스가 자신들의 문화를 얼마나 멋지게 꾸몄는지, 반면에 바이에른에는 얼마나 그런 문화적 상징이 없는지를 생각한 루트비히 2세는 사재를 털어 성을 짓기 시

동화 속 세상에 살았던 루트비히 2세가 은둔을 위해 지은 린더호프 성.

작했습니다. 린더호프 성, 노이슈반스타인 성, 그리고 헤렌킴제 성 등 모두 세 채의 궁전을 지었는데요. 린더호프 성은 846만 937마르크가 들었고, 노이슈반스타인 성은 618만 47마르크, 그리고 헤렌킴제 성은 1,657만 9,674마르크가 들었습니다.

노이슈반스타인 성 같은 경우는 다 짓는 데 무려 17년이 걸렸습니다. 이 성은 루트비히 2세가 꿈꾸던 동화 속 모습이 모두 현실화된 성이었기 때문에 루트비히 2세는 성이 채 완공되지도 않았는데 들어가서 살기 시작했지요. 성을 지을 때 자신의 사재를 털어 지었기 때문에 백성들의 세금은 전혀 들어가지 않았습니다. 하지만 당시 부채에 허덕이고 있던 바이에른은 15세기 기사의 갑옷을 입고 연극을 하며 노는 왕이 아닌, 제대로 된 왕이 필요했죠. 신하들은 왕을 폐위시키기 위해서 루트비히 2

프랑스와 루이 14세를 동경한 루트비히 2세가 베르사유 궁전을 본떠 지은 헤렌킴제 성.

세를 정신병자로 몰아가기 시작했습니다.

　루트비히 2세는 자신이 정신병자가 아니라고 항의했지만 집안 내력으로 정신병이 유전되는 것이 잘 알려진 사실이었기 때문에 설득력이 부족했습니다. 루트비히 2세의 진단서에는 여름에도 코트를 입는 것, 하인들에게 호화판 여행을 시켜준 것, 어린애 같이 밥먹는 것, 정치를 싫어하는 것, 남 앞에서 부끄러움을 심하게 타는 것, 날 추울 때 밖에서 밥 먹는 것, 하인들에게 소리지르고 폭력적인 성향을 보이는 것 등이 쓰여 있었습니다. 현대인의 눈으로 보면 그저 약간 '4차원적인' 사람이었던 듯하지만 그저 폐위시키고 싶어 했던 신하들 눈에는 전부 정신병 그 자체로 보였겠죠.

　신하들은 이제 루트비히 2세가 진료를 받는 것도 까먹는 심각한 정신

루트비히 2세의 꿈이 설계된 노이슈반스타인 성.

병자라고 몰아갔고 1886년 6월에 루트비히 2세는 폐위되고 동생인 오토 왕자가 왕(오토 1세)으로 즉위했습니다. 유폐된 루트비히 2세는 6월 13일에 호숫가로 산책을 나갔고 그후 살아 있는 그를 본 사람은 없었습니다. 결국 루트비히 2세는 그 호수에서 시체로 발견되었죠.

　루트비히의 죽음은 오늘날까지 미스터리로 남아 있습니다. 호수는 수심이 매우 얕았기 때문에 익사할 만한 깊이가 아니었고 시신을 해부했을 때 폐에서는 물도 검출되지 않았으며 루트비히 2세는 이런 얕은 물에서 죽기엔 너무 뛰어난 수영 실력을 갖고 있었습니다. 당시 함께 갔던 다른 한 명은 머리와 어깨에 상처가 나고 목이 졸린 흔적이 있는 시신으로 발견되었습니다. 그래서 루트비히 2세가 총에 맞아 죽었으며 적들이 시신을 호수에 버리고 간 것이라거나 그곳에서 탈출하기 위해 수영을 해서 달아나려고 했으나 당시 호수의 물이 너무 차가워 심장마비나 발작으로 사망했다는 등 온갖 추측이 난무하고 있습니다. 생전에 루트비히 2세는 "나는 현재에도 미래에도 미스터리로 남았으면 좋겠다."라고 말했는데요. 바라던 대로 그의 죽음은 영원한 미스터리가 되었습니다.

당시에는 국고를 거덜 낸다는 소리를 들었던 루트비히 2세의 성들은 오늘날 독일에 어마어마한 관광 수입을 안겨주고 있으니 이 역시 역사의 아이러니 아닐까요?

각주

주1 : Youngs, Deborah, *The Life-Cycle in Western Europe, C. 1300-1500*, Manchester: Manchester University Press, 2006, p. 59

주2 : Kord, Susanne, *Murderesses in German Writing, 1720-1860: Heroines of Horror*, Cambridge: Cambridge University Press, 2009, p. 61~63

주3 : 장 베르동, 『중세는 살아 있다: 그 어둠과 빛의 역사』, 최애리 옮김, 도서출판 길, 2008, 220쪽.

주4 : 아일린 파워, 『중세의 여인들』, 이종인 옮김, 즐거운상상, 2010, 57쪽.

주5 : 아일린 파워, 『중세의 여인들』, 이종인 옮김, 즐거운상상, 2010, 74쪽.

주6 : 페르디난트 자입트, 『중세, 천년의 빛과 그림자: 근대 유럽을 만든 중세의 모든 순간들』, 차용구 옮김, 현실문화, 2013, 147쪽.

주7 : Rival, Paul, *The Six Wives of Henry VIII*, New York: G. P. Putnam's sons, 1936, p. 19

주8 : Weir, Alison, *Henry VIII: The King and His Court*, New York: Ballantine Books, 2001, p. 18

주9 : Anderson, Mark, *"Shakespeare" by Another Name: The Life of Edward de Vere, Earl of Oxford, the Man who was Shakespeare*, New York City: Gotham Books, 2005, p. 30

주10 : Anderson, Mark, *"Shakespeare" by Another Name: The Life of Edward de Vere, Earl of Oxford, the Man who was Shakespeare*, New York City: Gotham Books, 2005, p. 29

주11 : Anderson, Mark, *"Shakespeare" by Another Name: The Life of Edward de Vere, Earl of Oxford, the Man who was Shakespeare*, New York City: Gotham Books, 2005, p. 35

주12 : Fraser, Antonia, *Marie Antoinette*, Toronto: Doubleday, 2002, p. 3

주13 : Haslip, Joan, *Marie Antoinette*, London: Weidenfeld and Nicolson, 1987, p. 143

주14 : 주명철, 『다이아몬드 목걸이 사건과 마리 앙투아네트 신화』, 책세상, 2004, 107쪽.

주15 : Casanova, Giacomo, *The Memoirs of Giacomo Casanova di Seingalt* V.1, Berkeley: The University of California, 1922, p. 26

주16 : Carsten, F.L., *Essays in German History*, London: The Hambledon Press, 1985, p. 171

주17 : Head, Randolph Conrad & Christensen, Daniel Eric, *Orthodoxies and Heterodoxies in Early Modern German Culture: Order and Creativity 1550~1750*, Leiden: Brill, 2007, p. 229, 230

주18 : 비비안 그린, 『권력과 광기』, 채은진 옮김, 말글빛냄, 2005, 394쪽.

참고문헌

김웅종, 『서양의 역사에는 초야권이 없다』, 푸른역사, 2010.
나종일, 『영국의 역사』 하, 한울아카데미, 2009.
다닐로프·코술리나, 『러시아 역사』, 문명식 엮어 옮김, 신아사, 2009.
리처드 작스, 『발가벗은 역사』, 마정화 옮김, 고려문화사, 2009.
리처드 폴 로, 『셰익스피어의 이탈리아 기행』, 유향란 옮김, 오브제, 2011.
만프레트 라이츠, 『중세 산책』, 이현정 옮김, 플래닛미디어, 2006.
브렌다 랄프 루이스, 『폭정의 역사』, 양영철 옮김, 말글빛냄, 2009.
비비안 그린, 『권력과 광기』, 채은진 옮김, 말글빛냄, 2005.
빌 브라이슨, 『빌 브라이슨의 셰익스피어 순례』, 황의방 옮김, 까치, 2009.
생시몽, 『루이 14세와 베르사유 궁정』, 이영림 옮김, 나남, 2009.
슈테판 츠바이크, 『마리 앙투아네트 베르사유의 장미』, 박광자·전영애 옮김, 청미래, 2005.
아일린 파워, 『중세의 여인들』, 이종인 옮김, 즐거운상상, 2010.
유희수, 『사제와 광대: 중세 교회문화와 민중문화』, 문학과지성사, 2009.
윤선자, 『이야기 프랑스사』, 청아출판사, 2006.
이영림, 『루이 14세는 없다』, 푸른역사, 2009.
자크 르 고프 외, 『중세에 살기』, 최애리 옮김, 동문선, 2000.
자크 르 고프 & 장-모리스 드 몽트르미, 『중세를 찾아서』, 최애리 옮김, 해나무, 2005.
장 베르동, 『중세는 살아 있다: 그 어둠과 빛의 역사』, 최애리 옮김, 도서출판 길, 2008.
장 베르동, 『중세의 밤』, 이병욱 옮김, 이학사, 1999.
잭 린치, 『셰익스피어는 셰익스피어가 아니다』, 송정은 옮김, 추수밭, 2009.
조르주 르페브르, 『프랑스 혁명』, 민석홍 옮김, 을유문화사, 1993.
주명철, 『다이아몬드 목걸이 사건과 마리 앙투아네트 신화』, 책세상, 2004.
캐럴리 에릭슨, 『내가 여왕이다』, 박미경 옮김, 역사의아침, 2011.
테오 W. 무디 & 프랭크 X. 마틴, 『아일랜드의 역사』, 박일우 옮김, 한울아카데미, 2009.
페르디난트 자입트, 『중세, 천년의 빛과 그림자: 근대 유럽을 만든 중세의 모든 순간들』, 차용구 옮김, 현실문화, 2013.
F. 블뤼슈 외, 『프랑스 혁명』, 고봉만 옮김, 한길사, 1999.

Amphlett, Hilda, *Hats: A History of Fashion in Headwear*, Buckinghamshire: Courier Dover Publications, 2003.

Anderson, Mark, *"Shakespeare" by Another Name: The Life of Edward de Vere, Earl of Oxford, the Man who was Shakespeare*, New York City: Gotham Books, 2005.

Bartoletti, Susan Campbell, *Black Potatoes: The Story of The Great Irish Famine, 1845-1850*, Houghton Mifflin Harcourt, 2005.

Blumenfeld, Samuel L., *Marlowe-Shakespeare Connection: A New Study of the Authorship Question*, Jefferson, NC: McFarland, 2008.

Bullough, Vern L. & Shelton, Brenda K. & Slavin, Sarah, *The Subordinated Sex: A History of Attitudes Toward Women*, Georgia: University of Georgia Press, 2004.

Cantor, Norman F., *Medieval Lives*, Scranton: HarperCollins, 1995.

Carlyle, Thomas, *History of Friedrich the Second called Frederick the Great*, New York: Harper & Brothers Publishers, 1858.

Carsten, F. L., *Essays in German History*, London: The Hambledon Press, 1985.

Casanova, Giacomo, *The Memoirs of Giacomo Casanova di Seingalt* V.1, Berkeley: The University of California, 1922.

Casanova, Giacomo, *The Story of My Life*, New York: Penguin Group, 2001.

Condra, Jill, *The Greenwood Encyclopedia of Clothing Through World History: 1501-1800*, Westport: Greenwood Publishing Group, 2008.

Doran, Susan, *The Tudor Chronicles*, London: Quercus, 2008.

Douglas, David Charles, *William the Conqueror*, New Haven: Yale University Press, 1999.

Ergang, Robert Reinhold, *The Potsdam führer, Frederick William I, father of Prussian Militarism*, West Sussex: Columbia University Press, 1941.

Ferreira, António, *The Tragedy of Inês de Castro*, Coimbra: UC Biblioteca Geral, 1987.

Fisher, Burton D., *Don Carlo*, Coral Gables: Opera Journeys Publishing, 2002.

Flem, Lydia, *Casanova: The Man who Really Loved Women*, New York: Farrar, Straus and Giroux, 1998.

Fraser, Antonia, *Love and Louis XIV The Women in the Life of the Sun King*, Toronto: Doubleday Canada, 2010.

Fraser, Antonia, *Marie Antoinette*, Toronto: Doubleday, 2002.

Friedman, William F & Friedman, Elizabeth S., *The Shakespearean Ciphers Examined: An*

Analysis of Cryptographic Systems Used as Evidence that Some Author Other Than William Shakespeare Wrote the Plays Commonly Attributed to Him, Cambridge: Cambridge University Press, 2011.

Guy, John, *The Children of Henry VIII*, Oxford: Oxford University Press, 2013.

Hall, Hubert, *Court Life Under The Plantagenets: Reign of Henry the Second*, La Vergne: Lightning Source Incorporated, 2008.

Hall, Stephen S., *Size Matters: How Height Affects the Health, Happiness, and Success of Boys-and the Men They Become*, New York: Houghton Mifflin Company, 2006.

Hann, Danielle, *The Tower Menagerie: The Amazing True Stroy of the Royal Collection of Wild Beasts*, New York: Simon & Schuster, 2003.

Haslip, Joan, *Marie Antoinette*, London: Weidenfeld and Nicolson, 1987.

Head, Randolph Conrad & Christensen, Daniel Eric, *Orthodoxies and Heterodoxies in Early Modern German Culture: Order and Creativity 1550~1750*, Leiden: Koninklijke Brill NV, 2007.

Hicks, Michael A., *Edward V: the Prince in the Tower*, Stroud: Tempus, 2003.

Hilliam, Paul, *William the Conqueror: The First Norman King of England*, New York: The Rosen Publishing Group, 2005.

Hinds, Kathryn, *The Court*, New York: Benchmark Books, 2003.

Hinds, Kathryn, *Elizabeth and Her Court*, New York: Benchmark Books, 2007.

Hop, Jonathan, *The Authorship of Shakespeare's Plays: A Socio-linguistic Study*, Cambridge: Cambridge University Press, 1994.

Kord, Susanne, *Murderesses in German Writing, 1720-1860: Heroines of Horror*, Cambridge: Cambridge University Press, 2009.

Lehman, H. Eugene, *Lives of England's Monarchs: The Story of Our American English Heritage*, Bloomington: AuthorHouse, 2005.

Marjorie Chibnall, *The Empress Matilda: Queen Consort, Queen Mother and Lady of the English*, Hoboken: Wiley, 1993.

Marshall, Peter, *The Magic Circle of Rudolf II: Alchemy and Astrology in Renaissance Prague*, Winter Park, FL: Walker & Company, 2006.

More, Sir Thomas, *The history of the reigns of Edward V. and Richard III*, London: C. Stalker, 1789.

Newman, Paul B., *Daily Life in the Middle Ages*, Jefferson, NC: McFarland, 1961.

O'Callaghan, Joseph F., *A history of medieval Spain*, New York: Cornell University Press, 1975.

Parker, Derek, *Casanova*, Stroud, Gloucestershire: History Press, 2002.

Pérez, Janet & Ihrie Maureen, *The Feminist Encyclopedia of Spanish Literature*, Westport, CT: Greenwood Publishing Group, 2002.

Rayner, Ed & Stapley, Ron, *Who Was Mr. Nobody?: Debunking Historical Mysteries*, Stroud: Sutton Pub Limited, 2007.

Regan, Geoffrey, *The Guinness Book of Royal Blunders*, London :Guinness World Records Limited, 1995

Reyes, E. Christopher, *In His Name*, Bloomington: AuthorHouse, 2010.

Rival, Paul, *The Six Wives of Henry VIII*, New York: G. P. Putnam's sons, 1936.

Rowling, Marjorie, *Life in Medieval Times*, New York: Penguin, 1973.

Ruthven, K. K., *Faking Literature*, Cambridge: Cambridge University Press, 2001.

Salaman, Redcliffe N., *The History and Social Influence of the Potato*, Cambridge: Cambridge University Press, 1985.

Sander, Eckhard, *Schneewittchen: Märchen oder Wahrheit?*, Gudensberg-Gleichen: Wartberg Verlag, 1994.

Starkey, David & Doran, Susan, *Henry VIII: Man and Monarch*, London: British Library, 2009.

Steele, Philip, *A History of Fashion and Costume: The Medieval World*, Hove: Facts On File, Incorporated, 2005.

Steele, Valerie, *The Corset: A Cultural History*, New Haven: Yale University Press, 2001.

Strauss, Barry S. & Osheim, Duane J., *Western Civilization: Beyond Boundaries*, Boston: Cengage Learning, 2010.

Strickland, Agnes, *Matilda of Flanders. Eleanora of Aquitaine*, Philadelphia: Lea & Blanchard, 1841.

Strickland, Agnes, *Lives of the Queens of England, from the Norman Conquest*, Cambridge: Cambridge University Press, 2010.

Summers, Judith, *Casanova's Women: The Great Seducer and the Women He Loved*, London: Bloomsbury Publishing, 2007.

Thierry, Augustin, *History of the Conquest of England by the Normans*, William Hazlitt,

London: Dalby, 1871.

Thorne, Tony, *Countess Dracula: The Life and Times of Elisabeth Bathory, the Blood Countess*, London: Bloomsbury Publishing, 1997.

Thurley, Simon, *The Royal Palaces of Tudor England: Architecture and Court Life 1460-1547*, New Haven: Yale University Press for The Paul Mellon Centre for Studies in British Art, 1993.

Vale, Allison, *Mad Kings & Queens: History's Most Famous Raving Royals*, New York: Sterling, 2008.

Weir, Alison, *Henry VIII: The King and His Court*, New York: Ballantine Books, 2001.

Westermarck, Edward, *The History of Human Marriage,* Whitefish, Montana: Kessinger Publishing, 2010.

Youngs, Deborah, *The Life-Cycle in Western Europe, C. 1300-1500*, Manchester: Manchester University Press, 2006.

Zaide, Gregorio F., *World History*, St. Quenzon: Rex Printing Company, 1965.

스캔들
세계사 1

지은이 _ 이주은
펴낸이 _ 강인수
펴낸곳 _ 도서출판 **피피에**

초판 1쇄 발행 _ 2013년 10월 22일
초판 10쇄 발행 _ 2019년 12월 11일

등록 _ 2001년 6월 25일 (제2012-000021호)
주소 _ 서울시 마포구 서교동 487 (209호)
전화 _ 02-733-8668
팩스 _ 02-732-8260
이메일 _ papier-pub@hanmail.net

ISBN 978-89-85901-66-6 03900
      978-89-85901-68-0 (세트)

· 잘못 만들어진 책은 바꾸어 드립니다.
· 값은 뒤표지에 있습니다.

ⓒ 이주은, 2013

이 책은 신저작권법에 의하여 보호를 받는 저작물이므로 무단전재와 무단복제, 광전자 매체 수록 등을 금하며, 이 책 내용의 전부 또는 일부를 이용하려면 반드시 저작권자와 파피에 출판사의 서면 동의를 받아야 합니다.